中文社会科学引文索引（CSSCI）来源集刊
中国人文社会科学（AMI）核心学术集刊
国家哲学社会科学学术期刊数据库收录集刊
国家哲学社会科学文献中心收录集刊

产 业 经 济 评 论

REVIEW OF INDUSTRIAL ECONOMICS

第 23 卷　第 4 辑　（总第 80 辑）

主编　臧旭恒

中国财经出版传媒集团

经济科学出版社
Economic Science Press

·北京·

图书在版编目（CIP）数据

产业经济评论. 第 23 卷. 第 4 辑／臧旭恒主编.
北京：经济科学出版社，2024. 12. -- ISBN 978 - 7
- 5218 - 6530 - 1

Ⅰ. F062. 9 - 53

中国国家版本馆 CIP 数据核字第 2024FD6413 号

责任编辑：于　源　陈　晨
责任校对：刘　娅
责任印制：范　艳

产业经济评论

第 23 卷　第 4 辑　（总第 80 辑）

主编　臧旭恒

经济科学出版社出版、发行　新华书店经销

社址：北京市海淀区阜成路甲 28 号　邮编：100142

总编部电话：010 - 88191217　发行部电话：010 - 88191522

网址：www. esp. com. cn

电子邮箱：esp@ esp. com. cn

天猫网店：经济科学出版社旗舰店

网址：http://jjkxcbs. tmall. com

北京季蜂印刷有限公司印装

787 × 1092　16 开　12. 25 印张　240000 字

2024 年 12 月第 1 版　2024 年 12 月第 1 次印刷

ISBN 978 - 7 - 5218 - 6530 - 1　定价：55. 00 元

（图书出现印装问题，本社负责调换。电话：010 - 88191545）

（版权所有　侵权必究　打击盗版　举报热线：010 - 88191661

QQ：2242791300　营销中心电话：010 - 88191537

电子邮箱：dbts@ esp. com. cn）

目　　录

CONTENTS

CONTENTS

人工智能如何影响产业转型升级？

——基于人力资本结构和供应链集成的视角

高　健　陈　泽[*]

摘　要： 人工智能作为新质生产力发展的技术支撑和重要基石，其快速发展对于产业转型升级具有重要意义。本文利用 2013～2022 年沪深 A 股上市企业数据，从人力资本结构和供应链集成两个视角，探讨了人工智能对产业转型升级的影响。研究结果显示，人工智能对产业转型升级具有显著的促进作用，该结论在一系列内生性与稳健性检验后仍然成立。机制检验结果显示，人工智能通过优化人力资本结构和加强供应链集成渠道，促进了产业转型升级。融资约束、组织韧性和地区数字经济水平在人工智能推动产业转型升级中具有正向调节作用。异质性检验结果显示，人工智能对非国有企业、低产业链整合水平企业以及小规模企业的转型升级效果尤为显著；在东部地区、低产业链现代化水平地区和适度环境规制地区的企业中，人工智能的促进作用同样更为明显。本文研究结论为人工智能的应用实践和促进产业转型升级提供了借鉴意义。

关键词： 人工智能　产业转型升级　人力资本　供应链集成

一、引　　言

在数字化浪潮的推动下，人工智能技术凭借其独特的优势，已成为推动新质生产力发展的重要引擎。根据艾瑞咨询发布的《2023 年中国人工智能产业研究报告》预测，我国人工智能产业规模将在 2028 年突破 8000 亿元。预计到 2030 年，人工智能将为全球经济贡献 15.7 万亿美元，其中中国和美国将占据这一贡献的 70%（郭凯明，2019）。为深入推进人工智能与实体经济的融合发展，实现产业链和供应链的优化升级，加快现代化产业体系建设，国家持续出台并完善相关政策，支持企业在人工智能技术方面的发展。

* 本文受国家自然科学基金面上项目"信息技术发展、技能转换与农村劳动力产业流向研究"（71973081）、山东政法学院科研项目（2022Q03B）资助。
感谢匿名审稿人的专业修改意见！
高健：山东政法学院商学院；地址：山东省济南市解放东路 63 号，邮编 250014；E-mail：gaojian@ sdupsl. edu. cn。
陈泽（通讯作者）：齐鲁工业大学（山东省科学院）经济与管理学部；地址：山东省济南市大学路 3501 号，邮编 250353；E-mail：chencz1031@163. com。

2022 年 8 月，科技部正式颁布了《关于支持建设新一代人工智能示范应用场景的通知》，标志着支持并启动了一系列示范应用场景的建设工作。2024 年政府工作报告指出，要"深化大数据、人工智能等研发应用，开展'人工智能＋'行动，打造具有国际竞争力的数字产业集群"。人工智能技术与各产业的耦合协调，将会为现有企业带来转型压力，催生新的产业形态和产业模式。人工智能的应用将在制造业、金融服务、医疗健康等多个领域带来显著的效率提升和创新突破，推动产业向更高质量的发展方向迈进。

现有文献对人工智能技术发展影响社会经济和企业经济等领域的作用效应展开了广泛研究，认为人工智能作为新一轮科技革命与产业变革的核心驱动力，能够通过提高生产效率、优化资源配置、推动创新等多种途径，对提升企业生产效能及推动经济增长产生显著推力（姚加权等，2024）。同时，人工智能在制造业、服务业和金融业等关键行业的应用，加快了技术进步和产业升级，进而推动了宏观经济的持续增长，是提升我国宏观经济增长规模的新生力量（陈楠、蔡跃洲，2022）。然而，由于微观层面指标的可得性有限，鲜有文献对人工智能技术影响产业升级的作用效应展开分析，更是缺乏人工智能影响产业升级内在机制的研究。因此，作为推动社会变革的人工智能技术，将会为产业转型升级带来何种影响？其间存在何种机制和渠道？宏观和微观层面的异质性特征会使这种影响产生何种变化？这些问题亟待进一步的探索与分析。

基于上述背景，本文从微观层面深入探讨了人工智能技术对产业转型升级的影响，并对其间的机制路径进行分析，同时考察了融资约束、组织韧性以及地区数字经济水平的调节作用。本文的贡献主要体现在以下几个方面：第一，已有文献多从经济增长、产业转型、劳动供给和老龄化层面对人工智能在经济中的影响进行分析，研究视角多集中于宏观层面的讨论，而本文着重从微观层面对人工智能影响产业转型升级的作用效应进行细致分析，是对现有研究视角的重要补充。第二，本文基于人力资本结构和供应链集成视角，系统地探索了人工智能对产业转型升级影响的内在机制，揭示了人工智能通过优化人力资本结构和加强供应链集成提升产业转型的潜在路径。第三，本文针对差异性企业特性和地域特征展开了异质性分析，以识别人工智能技术在不同情境下的实践效果，从而为促进人工智能技术的广泛应用提供了更加细致和具体的参考依据。

二、文献综述

人工智能作为一种模拟和扩展人类智能的科学技术，通过研究和开发相应的理论、方法及应用系统，广泛应用于金融、工业制造等多个领域，其在金融方面有助于风险评估、投资管理、反欺诈和客户服务，在工业制造领域则能提升生产效率、降低成本和提高产品质量。现有研究聚焦于宏观层面，探讨了人工智能的影响效应，学者们普遍认为，人工智能能够与传统生产方式在多个产业部门进行融合，是推动产业结构升级的关键因素（Aghion et al.，2017），同时能够在缓解老龄化问题的同时推动全要素生产率提升（陈彦斌等，2019）。然而，人工智能对劳动力虽然可能具有一定的替代效应，但该替代效应受限于特定的经济结构环境，仅当经济结构具备相应的适应性、开放性和创新性时，人工智能技术才能显著替代劳动力（郭凯明等，2023）。尽管宏观层面的研究较为丰富，但从微观层面探讨人工智能对企业影响的研究相对有限。

产业转型升级是一个长期动态的过程，其核心在于顺应需求和要素结构的变动，使经济活动从低技术、低附加值环节逐步迈向高技术、高附加值环节，最终实现经济高质量发展。以往研究多从宏观层面探讨了产业转型升级的影响因素及其作用机制，认为环境目标约束、产融结合或国家高新区建设等均是影响地方产业转型升级的重要因素（袁航、朱承亮，2018；余泳泽等，2020；王翌秋、谢萌，2023），这些研究从宏观层面探索了产业转型升级问题，为政策实施提供了有益的建议与启示。但在微观层面上，量化企业升级的研究相对匮乏。仅有部分学者采用调查问卷的量表方法和基于中间变量的替代方法对企业升级进行量化（吴家曦、李华燊，2009；包群等，2014），但前者在应用范围上存在局限，后者则代表性不足。为填补研究空白，本文基于文本分析法，采用企业年报中人工智能的相关词频作为衡量人工智能应用的微观指标，以此考察人工智能对产业转型升级的影响，旨在提供更加细致和可靠的实证证据。

三、理论分析与研究假设

（一）人工智能与产业转型升级

随着人工智能技术的迅猛发展，其在各个行业中的应用越发广泛。作为一项具有革命性的新兴技术，人工智能正在深刻地改变企业的生产方式与产业结构，推动新一轮的产业结构升级。基于员工组织匹配理论，人工智能的发展需要高素质人才支持（肖土盛等，2022），这一需求促进企业更加注重高学历、高技能人才的引进，致使高新技术人才在企业中的比例随之增加，优化了人力资本结构，为企业发展提供了广阔的空间（谭泓、张丽华，2021）。此外，人工智能的发展还依赖于互补性资产和资源的投入，资本与技能的互补性使企业在推动人工智能技术的过程中更加依赖高技能劳动力（刘啟仁、赵灿，2020），进一步优化了人力资本结构，促进了产业结构转型升级。

与此同时，人工智能的应用显著提高了企业内外部的信息交换与处理的效率（Nambisan et al.，2019），并有效识别和防范供应链中的欺诈行为，确保供应链的可靠性与稳定性，从而丰富供应链网络中的合作形式。相比传统的供应链集成体系，基于人工智能的供应链集成体系展现出更高的合理性与灵活性，不仅增强了供应链集成系统的监控能力，还优化了风险管理，使企业能够及时采取纠正措施（李琦等，2021）。通过应用人工智能，企业能够更准确地预测客户需求和供应商状况，提高客户满意度的同时也增强了供应链系统的稳固性，从而促进供应链集成和产业升级。基于以上分析，本文提出以下假设：

假设 1：人工智能技术能够促进产业转型升级。

（二）人力资本结构优化效应

技术创新是推动产业转型升级的关键动力，而人力资本则是支撑技术进步的基础支撑（何小钢等，2020）。劳动经济学研究普遍认为，教育水平是决定劳动者能力的重要因素，员工的学历水平通常与其所从事工作的技术复杂程度呈现显著正相关（赵烁等，2020），高等教育水平的人力资本是企业实现效率变革的核心力量，能够显著促进产业结构升级（陈晋玲、张靖，2019）。人工智能技术进步推动了多领域的创新活动，增加了企业对技术研发人员的需求（姚加权等，2024），在技术密集型部门创造了大量高技能岗位（王林辉等，2020），如机器学习工程师、自然语言处理专家和机器人设计师等。在此背景下，企业的创新能力高度依赖员工的技术水平。而人工智能的发展使低技能劳动者面临较高的替代风险，减少了对中等技能劳动者的依赖，同时增加了对高技能人才的需求，从而优化了企业的劳动力结构（Acemoglu and Restrepo，2018），这一过程推动了企业整体的转型与升级（王永钦、董雯，2020）。基于上述分析，本文提出以下假设：

假设 2：人工智能技术通过优化人力资本的技能结构和教育结构，能够显著促进产业转型升级。

（三）供应链集成效应

供应链集成是企业在一定的经济社会环境中，通过战略导向和资源整合，与供应链上下游合作伙伴形成紧密的供销关系，从而实现价值最大化（陈正林、王彧，2014）。在数字技术的发展背景下，人工智能显著提高了供应链的信息共享与资源利用，使供应链上下游的协调更加高效（巫强、姚雨秀，2023）。人工智能的应用不仅支持对客户需求和供应商状态的精准预测，还强化了上下游之间的紧密关系，提升了整体满意度。随着供应链集成的深入，企业与外部合作伙伴、供应商及客户之间的交互变得更加高效，实现了资源和能力的协同（李琦等，2021）。这一过程不仅推动了企业内部资源和能力的更新，还促进了整个产业链的协同发展与创新，为产业转型升级提供了有力支持。基于上述分析，本文提出以下假设：

假设 3：人工智能技术能够通过加强供应链集成来促进产业转型升级。

（四）融资约束、组织韧性与地区数字经济水平的调节效应

融资约束对企业的技术创新、产品研发等活动会产生抑制作用，进而影响企业的发展质量（任曙明、吕镯，2014），甚至对产业的转型升级构成障碍。现有研究多从实证角度分析了融资约束对企业技术创新、生产效率、投资效率等方面的抑制作用（刘莉、杨宏睿，2022；任曙明、吕镯，2014；张新民等，2017）。然而，也有学者指出，融资约束可能带来积极影响，能够减少管理层的无效投资行为（顾群、翟淑萍，2012），提高企业创新绩效（孙博等，2019），促使企业专注于低风险的技术创新，进而提高创新效率。因此，在资金有限的情况下，企业更为谨慎地将资金投入重要的技术创新项目中，推动自身转型升级。

组织韧性是企业在面对不确定性和复杂经营环境时的重要能力（李平、竺家哲，2021）。人工智能作为推动产业转型升级的驱动力，既为企业提供了机遇，也带来了挑战。组织韧性帮助企业在技术升级和环境变迁中迅速适应。从而应对产业转型过程中的各种风险和不确定性，减少潜在损失。随着数字经济的发展，人工智能技术的应用促进了组织能力升级（单宇等，2021），为人工智能在产业转型的应用中提供了更为坚实的支持。

实体经济与数字经济的深度融合正逐步成为驱动产业转型升级的新引擎（李春发等，2020），数字经济水平较高的地区依托新型基础设施建设和数字技术发展，为企业提供了更多的数字化手段，例如通过人工智能技术提取关键信息、优化决策过程，提高资源配置效率。此外，数字经济的发展依托数据支持和开放共享等特征（陈晓红等，2022），降低了产业转型的成本，优化了人力和物资成本的使用，使企业更高效地获取市场信息和消费者需求。通过提供数字设施、共享数据资源、优化资源配置及降低转型成本等方式，数字经济推动了人工智能在各个领域的应用与创新，为产业转型升级提供了强劲驱动力。基于上述分析，本文提出如下假设：

假设 4：融资约束、组织韧性和地区数字经济水平能够提升人工智能对产业转型升级的推动作用。

四、研　究　设　计

（一）样本选取与数据说明

本文选取中国沪深 A 股上市公司为研究对象，样本时间跨度为 2013 ~

2022 年。为提高数据的有效性，对原始数据进行了如下处理：（1）剔除金融行业；（2）剔除 ST 类上市公司；（3）剔除主要变量缺失严重的公司；（4）对所有连续变量进行前后 1% 的缩尾处理。经过上述处理，共得到 27069 个有效观测样本。全要素生产率采用 OP 法进行测算，人工智能词频及其他企业数据来源于国泰安数据库（CSMAR）。

（二）变量说明

（1）被解释变量：产业转型升级。李永友、严岑（2018）的研究显示，企业在升级过程中的策略选择以及产品、技术、管理和价值链等方面的变化最终将体现在企业生产率上。现有的生产率测度方法包括全要素生产率和劳动生产率两种，其中全要素生产率通常通过 OP 法或 LP 法进行测算（李晓萍等，2015），劳动生产率则通过企业增加值等数据进行计算（包群等，2014）。鉴于全要素生产率的信息丰富性和综合性，本文采用全要素生产率衡量企业转型升级水平。由于最小二乘法和固定效应法存在局限性，OP 法能够有效解决 LP 法无法克服的样本退出问题（蔡晓陈、陈静宇，2023），因此本文选择 OP 法测算全要素生产率，同时使用 LP 法测算的全要素生产率作为稳健性检验的替换指标。

（2）解释变量：人工智能。参考吴非等（2021）和姚加权等（2024）的研究，本文基于文本分析法，以企业年报中人工智能技术相关关键词数量加 1 的自然对数作为衡量企业人工智能的指标。同时，在稳健性检验中，基于上市公司年报中"管理层讨论与分析"（MD&A）部分，构建企业人工智能的替换指标。

（3）控制变量。参考已有研究，本文选取的控制变量如下：企业规模（Size），采用总员工人数的自然对数衡量；两职合一（Dual），董事长与总经理是否为同一个人（是为 1，否则为 0）；董事会规模（Board），以董事会人数的自然对数衡量；资产收益率（ROA），以净资产与资产总额之比衡量；资产负债率（ROL），以负债总额与资产总额之比衡量；账面市值比（BM），以资产总额与企业市值之比衡量；股权集中度（OC），以第一大股东的持股比例衡量。此外，本文纳入了企业层面的固定效应、时间（年份）固定效应、行业固定效应以及地区（省份）固定效应，以控制潜在的内生性问题，相关变量的具体定义如表 1 所示。

表 1　　　　　　　　　　　　变量定义

变量	变量名称	变量符号	变量定义
被解释变量	产业转型升级	ITU	基于 OP 法测算的全要素生产率
解释变量	人工智能关键词频	lnAI	年报中人工智能关键词数量加 1 取自然对数

续表

变量	变量名称	变量符号	变量定义
控制变量	企业规模	Size	企业员工人数取自然对数
	两职合一	Dual	董事长与总经理是否为同一个人
	董事会规模	Board	董事会人数取自然对数
	资产收益率	ROA	净利润/资产总额
	资产负债率	ROL	负债合计/资产总计
	账面市值比	BM	资产总额/市值
	股权集中度	OC	第一大股东持股比例

(三) 模型设定

基于假设 1,为检验人工智能技术对产业转型升级的影响,本文构建基准模型如下:

$$ITU_{it} = \alpha_0 + \alpha_1 AI_{i,t} + \alpha_2 Controls_{i,t} + Firm + Year + Ind + Pro + \varepsilon_{i,t} \quad (1)$$

其中,ITU 表示产业转型升级,i 表示企业,t 表示年份,AI 表示人工智能,$Controls_{i,t}$ 表示控制变量,Firm、Year、Ind 和 Pro 分别表示企业固定效应、年份固定效应、行业固定效应和地区固定效应,$\varepsilon_{i,t}$ 则表示误差项。

五、实 证 分 析

(一) 描述性统计与相关性分析

表 2 展示了描述性统计结果。可以看出,上市公司产业转型升级程度的标准差为 0.8777,表明不同企业之间的转型升级水平存在显著差异。同样,不同企业的人工智能技术开发水平差异显著,最大值为 3.4340,而均值仅为 0.3758,意味着大部分企业的人工智能技术仍处于初步发展阶段,只有少数企业达到了较为成熟的水平。同时,其他控制变量的描述性统计分析结果也均在合理范围之内。

表 2　　　　　　　　　描述性统计

变量	样本量	均值	标准差	最小值	最大值
ITU	24361	6.7451	0.8777	4.9053	9.1480
lnAI	27069	0.3758	0.7569	0.0000	3.4340
Size	27064	7.7101	1.2439	4.8122	11.2079

续表

变量	样本量	均值	标准差	最小值	最大值
Dual	27069	0.2811	0.4495	0.0000	1.0000
Board	27067	2.1171	0.1966	1.6094	2.6391
ROA	27069	0.0366	0.0666	−0.2617	0.2123
ROL	27069	0.4304	0.2038	0.0610	0.9080
BM	27069	0.3218	0.1621	0.0000	0.7798
OC	27069	33.6699	14.6972	8.5396	74.0947

各变量间相关性分析结果如表 3 所示。人工智能技术与产业转型升级在 1% 水平上呈显著正相关关系，与前文假设一致，为后续进一步检验提供了支持。此外，变量之间的相关系数均小于 0.5，表明各变量之间基本未呈现多重共线性现象。

表 3   相关性分析

变量	ITU	lnAI	Size	Dual	Board	ROA	ROL	BM	OC
ITU	1.000								
lnAI	0.024***	1.000							
Size	0.047***	0.001	1.000						
Dual	−0.055***	0.003	−0.124***	1.000					
Board	0.036***	−0.001	0.244***	−0.182***	1.000				
ROA	−0.090***	−0.017***	0.084***	0.033***	0.021***	1.000			
ROL	0.214***	0.005	0.343***	−0.119***	0.136***	−0.364***	1.000		
BM	−0.024***	−0.012**	0.055***	−0.027***	0.037***	0.106***	−0.428***	1.000	
OC	0.057***	−0.012*	0.186***	−0.052***	0.025***	0.139***	0.050***	0.088***	1.000

注：*、**、*** 分别表示 10%、5% 和 1% 的显著性水平。

（二）基准回归结果分析

本文运用固定效应模型探究了人工智能技术对产业转型升级的作用机制，基准回归分析结果详列于表 4。表 4 列（1）结果显示，人工智能（lnAI）的回归系数为 0.0309，在 1% 的水平上显著。当在表 4 列（2）中加入控制变量和年份、企业特征、行业、省份固定效应后，人工智能（lnAI）的系数仍然在 1% 的水平上显著为正。从经济意义来看，在控制其他因素的情况下，企业人工智能技术水平每提高 1%，产业转型升级程度将提高 0.0309，这相当于产业转型升级平均值增加约 1.16%（0.0308 × 0.3758）。

基准回归分析表明，在控制其他条件的情况下，人工智能技术对产业转型升级具有显著的推动作用，本文假设 1 成立。

表 4　　　　　　　　　　　　　　　基准回归结果

变量	ITU		
	（1） 无控制变量	（2） 添加控制变量	（3） PSM 后回归
lnAI	0. 0309 *** （6. 06）	0. 0308 *** （6. 45）	0. 0274 *** （4. 41）
_cons	6. 501 *** （29. 97）	5. 309 *** （25. 09）	6. 186 *** （22. 04）
Controls	No	Yes	Yes
Firm/Year/Ind/Pro	Yes	Yes	Yes
N	24359	24359	13808
R^2	0. 3365	0. 1385	0. 0306

注：*** 表示 1% 的显著性水平。

（三）稳健性检验

1. 工具变量法

为缓解潜在内生性问题对研究结果的影响，本文采用工具变量法进行基准回归结果的稳健性检验。工具变量需要与内生解释变量相关，但与误差项不相关。本文参考黄群慧等（2019）等的研究方法，选取 1984 年各城市的邮电历史数据作为人工智能技术的工具变量。其合理性在于，1984 年各城市每百万人邮局数量为历史性数据，能够反映地区早期信息化水平或通信基础设施的程度，但对产业结构升级无法产生直接影响。由于该值不会随时间发生变化，无法直接作为面板数据的工具变量进行分析。同时考虑到上一年的全国互联网用户数与当前的人工智能技术发展存在较强的相关性，因为互联网用户数的增长反映了信息技术基础设施的完善程度，是人工智能技术推广和应用的重要基础。因此，本文借鉴赵涛等（2020）的研究，通过构建上一年全国互联网用户数与 1984 年各城市每百万人邮政网点数量的交互项，作为衡量当期人工智能技术水平的工具变量。两阶段最小二乘估计（2SLS）的回归结果如表 5 所示，第一段回归结果显示，工具变量（IV）的回归系数在 1% 的水平上显著为正。同时，Anderson LM 和 Cragg-Donald Wald F 检验表明不存在工具变量识别不足和弱工具变量问题，即工具变量能够很好地解释内生变量。第二段回归结果显示，人工智能的回归系数显著为正，表明基准回归结果具有稳健性。

表 5　　　　　　　　　　　　　　　工具变量回归结果

变量	(1) 第一阶段 lnAI	(2) 第二阶段 ITU
IV	0. 0523 *** (6. 16)	
lnAI		0. 2744 ** (2. 25)
_cons	− 0. 1128 (− 0. 22)	7. 4045 *** (19. 50)
Controls	Yes	Yes
Firm/Year/Ind/Pro	Yes	Yes
Anderson LM statistic	38. 066 (0. 00)	
Cragg – Donald Wald F statistic	37. 917 (16. 38)	

注：**、*** 分别表示 5%、1% 的显著性水平。

2. 倾向得分匹配法

为避免样本可能存在的自选择偏差问题，本文引入倾向得分匹配法（PSM）来缓解内生性问题。根据企业年报中是否包含人工智能关键词，将样本划分为实验组和对照组，并将前文所选控制变量作为匹配依据，使用 1∶1 无放回的近邻匹配方法进行匹配。平衡性检验结果显示，PSM 匹配后相关变量的标准差均小于 2%，且所有 t 检验结果均不拒绝处理组和对照组无系统性差异的原假设，实验组和对照组企业在相关可观测特征上未展现出显著的统计差异，表明本文在匹配变量的选取以及匹配方法的应用上均具有较高的合理性和有效性，匹配效果较好。PSM 匹配后的样本数据回归结果如表 4 列（3）所示，表明在缓解自选择偏差后，本文基准结果仍具有稳健性。

3. 核心变量滞后一期

考虑到人工智能与产业结构升级间可能存在互为因果的关系。具体而言，人工智能技术能够为企业创新变革提供技术支撑和高端人才需求，进而推动产业转型升级；反之，在产业转型升级过程中，处于领先地位的企业更有资源和机会去发展人工智能技术，巩固其领先优势。为解决由潜在双向因果关系引发的内生性问题，本文将人工智能技术变量的滞后一期作为核心解释变量纳入回归模型中进行分析。回归结果如表 6 列（1）所示，滞后一期人工智能技术的系数仍然显著为正，表明人工智能技术对产业转型升级的推动作用仍是稳健的。

表 6　　　　　　　　　　　　　　　稳健性检验

| 变量 | ITU | | | |
| | 滞后一期 | 剔除异常年份样本 | 更换变量 | |
	（1） 滞后一期回归	（2） 剔除 2020 年样本	（3） 更换被解释变量	（4） 更换解释变量
lnAI	0.0199 *** （3.90）	0.0316 *** （5.97）	0.0299 *** （6.09）	
lnMDAI				0.0250 *** （4.74）
_cons	5.459 *** （25.41）	5.256 *** （23.56）	4.872 *** （22.37）	5.294 *** （25.01）
Controls	Yes	Yes	Yes	Yes
Firm/Year/Ind/Pro	Yes	Yes	Yes	Yes
N	22198	21146	24359	24359
R²	0.1490	0.1622	0.3810	0.1400

注：*** 表示 1% 的显著性水平。

4. 剔除特殊年份样本

新冠疫情等特殊事件会对社会经济以及企业的发展产生冲击，致使相关数据出现异常波动。为排除特殊年份事件的干扰，本文将发生新冠疫情的 2020 年样本进行剔除。回归结果如表 6 列（2）所示，剔除 2020 年样本后，人工智能技术的回归系数仍然显著为正。

5. 替换核心变量

为避免变量选择偏误产生的影响，本文采用了替代指标进行稳健性检验。首先，使用 LP 法测量的全要素生产率作为被解释变量的替代指标；同时，企业年报中"管理层讨论与分析"部分描述了企业的大部分情况，因此选择年报中 MD&A 部分的人工智能关键词数量加 1 的自然对数作为解释变量的替代指标。回归结果如表 6 中列（3）和列（4）所示，人工智能的系数仍然在 1% 的水平上显著为正，表明本文基准回归结果仍然保持稳健。

（四）异质性分析

1. 企业异质性

（1）产权异质性。国有企业和非国有企业在人工智能技术发展水平上具有差异性，因此其对产业转型升级的影响也有所不同。国有企业通常享有更多政策支持，但同时也受到更多经营保护，其技术设备和人才资源多源于政府支持。而非国有企业更依赖自主创新来提升核心竞争力，具有更多的自主性和发挥空间，能够在先进技术上率先取得突破。因此，非国有企业在转型升级过程中对人工智能技术的依赖性更强，人工智能技术在该类企业中的作用效应也更为显著。本文依据企业产权性质将样本划分为国有企业和非国有企业。回归结果如表 7 列（1）和列（2）所示，人工智能技术在两类企业中均对产业转型升级产生了显著的正向作用，但相较于国有企业，非国有企业的人工智能系数更大，表明人工智能对非国有企业转型升级的作用更为显著。

表 7　　　　　　　　　　　　　　　　企业异质性检验

变　量	非国有企业	国有企业	低产业链整合水平企业	高产业链整合水平企业	小规模企业	大规模企业
	（1）	（2）	（3）	（4）	（5）	（6）
lnAI	0.0285 ***	0.0280 ***	0.0363 ***	0.0121	0.0331 ***	0.0153 **
	（4.27）	（2.94）	（4.45）	（1.51）	（4.78）	（2.21）
_cons	6.243 ***	6.865 ***	5.667 ***	6.461 ***	6.133 ***	6.860 ***
	（25.29）	（36.70）	（20.68）	（22.33）	（27.14）	（46.30）
Controls	Yes	Yes	Yes	Yes	Yes	Yes
Firm/Year/Ind/Pro	Yes	Yes	Yes	Yes	Yes	Yes
N	15962	8392	8905	9288	12615	11739
R^2	0.0323	0.0138	0.0089	0.0155	0.0104	0.0223

注：**、*** 分别表示 5%、1% 的显著性水平。

（2）产业链整合异质性。产业链整合是指企业为实现长期利润最大化，通过资源的优化配置与再分配，持续调整产业链结构以推动产业创新和价值共创的过程（曾楚宏、王斌，2010）。产业链整合水平越高，企业资源就越丰富，经营效率和全要素生产率就越高（张倩肖、段义学，2023），能够更好地推动自身实现转型升级。相比之下，产业链整合水平低的企业需要通过其他方式来促进自身转型升级。因此，人工智能技术对产业转型升级的积极作用在产业链整合水平较低的企业中可能更为显著。为验证这一结论，本文依据产业链整合水平中位数，将样本划分为低产业链整合水平企业和高产业链整合水平企业。回归结果如表 7 列（3）和列（4）所示，低产业链整合水平企业的人工智能技术显著推动了转型升级，而高产业链整合水平企业受人工智能技术的影响有限。

（3）规模异质性。企业规模能够影响其应对政策和环境变化的方式。小规模企业具有更强的灵活性和适应性，且在转型升级时具有低成本优势和快速反应能力。然而，这些企业通常面临人才和资源短缺的问题，而人工智能技术的应用可以在一定程度上弥补这些不足，帮助企业实现跨越式发展。政府对中小型企业转型的政策支持也进一步促进了其向"专精特新"方向发展。因此，本文根据样本企业的资产总额中位数，将其细分为小型企业组与大型企业组，并进行了分组回归，回归结果如表 7 列（5）和列（6）所示，人工智能技术对两类企业的转型升级均起到显著推动作用，但对小规模企业的影响更为显著。

2. 地区异质性

（1）经济发展水平异质性。不同区域在经济发展水平、产业政策和资源环境方面存在差异性。东部地区发展较早，基础设施相对完善，新兴技术敏感度和创新成果转化能力较强，且具有更好的发展环境和技术支持；相比之下，中西部地区发展起步晚，技术和人才水平相对落后，无法有效吸收新兴技术。本文对东部和中西部地区企业进行了异质性检验。回归结果如表 8 列（1）和列（2）所示，结果表明，东部地区企业的人工智能技术对产业转型升级具有显著促进效应，而中西部地区企业的产业转型升级未受到明显影响。

（2）产业链现代化异质性。作为技术变革与产业升级的产物，产业链现代化旨在通过关键技术推动产业基础向高级化迈进，进而增强产业链整体控制力，实现高质量发展（张虎等，2022）。高产业链现代化水平地区通常已经投入了大量资金在现有技术和生产线上，而低现代化水平地区可以通过引入人工智能技术以较低的成本实现转型升级，其相对较低的技术水平致使其产业转型升级的空间也更大，边际效应更强。本文借鉴张虎等（2022）的研究，基于地区产业链现代化水平中位数将样本划分为低现代化水平地区和高现代化水平地区，研究不同产业链现代化水平下，人工智能技术对产业转型升级的差异性影响。回归结果如表 8 列（3）和列（4）所示，低产业链现代化水平地区的企业更能够通过人工智能技术推动自身实现转型升级。

（3）环境规制异质性。学术界关于环境规制对企业的影响的研究并未形成一致结论。一方面研究表明，环境规制对企业技术创新和生产效率的影响不显著或存在负面作用。这归因于环境治理投资无法有效促进技术进步，甚至对技术效率存在抑制效应（解垩，2008）。且对生产率产生了有限甚至负面影响（Shadbegian and Gray，2004；Rassier and Earnhart，2010）。另一方面研究显示，环境规制能够通过倒逼机制推动企业创新和转型升级（李虹、邹庆，2018；余泳泽等，2020），通过合理调控环境规制强度，不仅能够抑制企业污染行为，还能为企业创造公平的市场竞争环境，促使企业加大研发投入，寻求技术突破，实现创新效率变革。本文基于地区环境规制水平的三分位数将样本划分为三个区间，探索不同环境规制水平下人工智能技术对产业转型升级的影响。回归结果如表 8 列（5）至列（7）所示，结果显示，在环境规制强度适中的地区，人工智能技术对产业转型升级的正向作用最为显著，表明过高或过低的环境规制强度会限制人工智能对产业转型升级的推动作用。

表 8   地区异质性检验

变量	东部地区	中西部地区	低产业链现代化水平地区	高产业链现代化水平地区	低环境规制地区	中环境规制地区	高环境规制地区
	(1)	(2)	(3)	(4)	(5)	(6)	(7)
lnAI	0.0357 *** (6.37)	0.0190 (1.63)	0.0337 *** (4.28)	0.0287 *** (3.77)	0.0283 *** (2.58)	0.0317 *** (3.27)	0.0205 ** (2.25)
_cons	6.559 *** (29.56)	5.475 *** (18.81)	6.981 *** (18.53)	6.229 *** (19.77)	6.552 *** (15.20)	6.928 *** (32.97)	8.040 *** (15.74)
Controls	Yes	Yes	Yes	Yes	Yes	Yes	Yes
Firm／Year／Ind／Pro	Yes	Yes	Yes	Yes	Yes	Yes	Yes
N	17826	6528	11966	12383	7791	8221	8337
R^2	0.0433	0.0023	0.0028	0.0360	0.0119	0.0300	0.0057

注：**、*** 分别表示 5%、1% 的显著性水平。

六、进一步分析

（一）作用机制分析

在基准模型的基础上，本文引入了人工智能与人力资本结构，以及人工智能与供应链集成度的交互项，以检验人力资本结构和供应链集成度在推动产业转型过程中的作用机制：

$$ITU_{i,t} = \alpha_0 + \alpha_1 HCS\#_{i,t} \times AI_{i,t} + \alpha_2 HCS\#_{i,t} + \alpha_3 AI_{i,t} + \alpha_4 Controls_{i,t}$$
$$+ Firm + Year + Ind + Pro + \varepsilon_{i,t} \tag{2}$$

$$ITU_{i,t} = \alpha_0 + \alpha_1 SCI\#_{i,t} \times AI_{i,t} + \alpha_2 SCI\#_{i,t} + \alpha_3 AI_{i,t} + \alpha_4 Controls_{i,t}$$
$$+ Firm + Year + Ind + Pro + \varepsilon_{i,t} \tag{3}$$

其中，HCS#包含人力资本技能结构（Htech）和人力资本教育结构（Hedu）两个方面。SCI#包含供应链集成度（SCI）、客户集中度（Customer）和供应商集中度（Supply）三个方面。

一是人力资本结构。企业实现转型需要大量高素质人才，而对于落后企业来说，该需求尤为强烈。人工智能技术可以在高素质人才匮乏的企业中发挥更大作用，通过发展高技术岗位带动企业引入高素质人才，双向推动产业转型升级。因此，优化人力资本结构是人工智能技术推动产业转型升级的重要机制，人工智能技术在低端人力资本结构企业中的推动作用更为显著。为检验这一机制，本文借鉴胡玥等（2022）的研究，从人力资本技能结构和教育结构两个方面衡量人力资本结构（HCS）。人力资本技能结构（Htech）采用技术员工人数与企业总人数之比衡量；人力资本教育结构（Hedu）采用本科以上学历员工人数与企业总人数之比衡量。具体回归结果如表 9 列（1）和列（2）所示，交互项系数在 1% 的水平上显著为负，表明在人力资本水平较低的企业中，人工智能技术对产业转型升级的积极作用更强，假设 2 成立。

表 9　　　　　　　　　　　　　机制效应结果

变量	人力资本结构		供应链集成程度		
	(1) ITU	(2) ITU	(3) ITU	(4) ITU	(5) ITU
lnAI	0.0487 *** (6.37)	0.0627 *** (7.48)	−0.0203 ** (−2.26)	−0.00656 (−0.88)	0.00463 (0.60)
lnAI × Htech	−0.000597 *** (−3.27)				
lnAI × Hedu		−0.000948 *** (−5.62)			
lnAI × SCI			0.00110 *** (3.72)		
lnAI × Customer				0.00124 *** (6.37)	
lnAI × Supply					0.000849 *** (4.27)
_cons	5.380 *** (25.45)	5.114 *** (24.52)	5.177 *** (24.49)	5.251 *** (24.86)	5.209 *** (24.69)
Controls	Yes	Yes	Yes	Yes	Yes
Firm/Year/Ind/Pro	Yes	Yes	Yes	Yes	Yes
N	24156	24156	23577	23577	23577
R^2	0.0352	0.0546	0.0240	0.0376	0.2810

注：**、***分别表示 5%、1% 的显著性水平。

二是供应链集成度。供应链集成度和企业与上下游企业之间的业务规模和稳定性密切相关（陈正林、王彧，2014）。当企业与供应链上下游的业务规模增长且合作关系稳定时，企业的供应链集成动力增强。相反，较小的业务规模和不稳定的合作关系则可能削弱供应链集成意愿。供应链集成体现企业在生产经营过程中与其他主体的信息共享与资源协同，人工智能技术为信息共享和资源协同提供了技术支持，从而增强供应链集成，推动产业转型升级。为了验证上述机制，本文对式（3）进行回归。本文参考胡保亮等（2017）的研究，采用前五大供应商采购额与年度采购总额之比，以及前五大客户销售额与年度销售总额之比的均值作为供应链集成度（SCI）的指标。同时使用客户集中度（Customer）和供应商集中度（Supply）作为替代变量。回归结果如表 9 列（3）至列（5）所示，人工智能与供应链集成的交互项系数均在 1% 的水平上显著为正，表明在供应链集成度较高的企业中，人工智能技术的促进作用更强。假设 3 成立。

（二）调节作用分析

为检验融资约束（KZ）、组织韧性（OR）和地区数字经济水平（DEL）在人工智能与产业转型升级之间的调节效应，本文在基准模型的基础上引入调节变量及其与人工智能的交互项，构建式（4）、式（5）和式（6）：

$$ITU_{i,t} = \alpha_0 + \alpha_1 AI_{i,t} + \alpha_2 KZ_{i,t} + \alpha_3 AI_{i,t} \times KZ_{i,t} + \alpha_4 Controls_{i,t}$$
$$+ Firm + Year + Ind + Pro + \varepsilon_{i,t} \tag{4}$$

$$ITU_{i,t} = \alpha_0 + \alpha_1 AI_{i,t} + \alpha_2 OR_{i,t} + \alpha_3 AI_{i,t} \times OR_{i,t} + \alpha_4 Controls_{i,t}$$
$$+ Firm + Year + Ind + Pro + \varepsilon_{i,t} \tag{5}$$

$$ITU_{i,t} = \alpha_0 + \alpha_1 AI_{i,t} + \alpha_2 DEL_{i,t} + \alpha_3 AI_{i,t} \times DEL_{i,t} + \alpha_4 Controls_{i,t}$$
$$+ Firm + Year + Ind + Pro + \varepsilon_{i,t} \tag{6}$$

其中，KZ 表示融资约束程度，OR 表示组织韧性，DEL 表示数字经济水平。

1. 融资约束

融资约束可能促使企业更加高效和谨慎地使用资金，将资源投入技术创新项目上，以提高技术水平，促进企业长期发展和产业转型升级。本文使用 KZ 指数衡量企业面临的融资约束程度，研究其在人工智能与产业转型升级之间的调节作用。回归结果如表 10 列（1）所示，融资约束与人工智能的交互项系数在 1% 的水平上显著为正，表明企业面临的融资约束越高，其创新决策越谨慎有效，越可能将资源用于人工智能等新兴技术，进而增强产业转型升级的正向作用，假设 4 成立。

表 10　　　　　　　　　　　调节效应结果

变量	ITU		
	（1）	（2）	（3）
lnAI	0.0318 *** (6.66)	0.0295 *** (6.16)	0.0282 *** (5.48)
KZ	-0.0229 *** (-10.93)		
lnAI × KZ	0.00427 ** (2.38)		
OR		-0.0689 (-1.56)	
lnAI × OR		0.110 ** (2.21)	
DEL			-0.148 *** (-2.65)
lnAI × DEL			0.0526 * (1.79)
_cons	5.417 *** (23.68)	5.482 *** (23.80)	5.330 *** (25.18)
Controls	No	Yes	Yes
Firm/Year/Ind/Pro	Yes	Yes	Yes
N	23868	22811	24354
R²	0.1494	0.1676	0.1384

注：*、**、*** 分别表示10%、5%、1%的显著性水平。

2. 组织韧性

组织韧性是企业在不确定性环境中生存与发展的核心能力之一，通过提升适应能力和抗风险能力，为人工智能技术的应用提供支持。本文借鉴现有研究（刘斌、谭书琪，2022；吴晓波、冯潇雅，2022），将组织韧性视为高绩效增长和低财务波动性的二维结构。考虑到累计增长能够反映长期趋势，本文采用3年内累计销售收入增长额作为衡量长期绩效增长的指标，使用股票收益的月标准差衡量财务波动性，以此全面评估企业的稳定性和风险。回归结果如表10列（2）所示，人工智能与组织韧性的交互项系数在1%的水平上显著为正，表明组织韧性在人工智能与产业转型升级之间起到显著的正向调节作用。

3. 地区数字经济水平

数字技术的发展依托于技术设施和资源流通体系的建设，数字经济发达的地区通常具有完善的数字基础设施和创新生态系统，且往往聚集了丰富的数字人才，能够形成良好的创新生态系统，实现地区内高校、科研机构和企业间的紧密合作，有效促进人工智能技术的应用和产业转型升级。本文借鉴王军等（2021）的研究，构建多维度数字经济指标体系，采用熵值法测算数字经济综合指标，研究其在人工智能与产业转型升级间的调节作用。回归结果如表 10 列（3）显示，地区数字经济水平与人工智能交互项系数在 1% 的水平上显著为正。

七、研究结论与政策建议

在数字经济发展浪潮下，人工智能已成为推动产业转型升级的重要动力。已有文献从宏观经济增长、区域产业转型、全要素生产率提升和劳动力结构调整等视角探究了人工智能的影响效应，但微观层面关于人工智能影响产业转型的作用效应以及其间的机制渠道尚未给出明确结论。本文基于 2013～2022 年沪深 A 股上市公司数据，从人力资本结构和供应链集成两个视角，研究了人工智能对产业转型升级的影响及其作用机制。研究结论显示：人工智能对产业转型升级具有显著的积极影响，经内生性与一系列稳健性检验后该结论仍然显著。机制检验结果显示，人工智能能够通过优化人力资本结构和强化供应链集成渠道来推动产业转型升级。异质性检验结果显示，人工智能对非国有企业、低产业链整合水平企业和小规模企业转型升级的推动作用更为明显，且对东部地区、低产业链现代化水平地区和适度环境规制地区的企业的影响更为显著。调节效应分析结果显示，融资约束、组织韧性和地区数字经济水平在人工智能对产业转型升级产生影响的过程中起到显著的正向调节作用。

基于上述结论，本文提出以下政策建议：

第一，深度强化对人工智能的投资与应用。企业应加大对于人工智能技术的投入，注重新型技术的研发与创新，将人工智能应用于生产、管理和销售等各个环节，以提高企业运营效率。企业通过设立人工智能技术应用部门，将人工智能技术融入产品设计、智能生产、市场分析和用户需求预测等方面，形成全面的技术生态。同时，政府应增加对人工智能基础研发、核心算法以及新兴应用领域的资金支出，尤其在数据驱动和机器学习等前沿领域。并推动各层面的产学研协同合作，建立完善的人工智能教育培训体系，为企业提供相应的培训与学习，提高其对人工智能技术的理解与运用能力。通过跨行业、跨部门的合作机制，促进科研机构与企业的联合创新，加速基础研究的市场化应用，为产业转型提供坚实的技术支撑。

第二，优化企业人力资本结构，推动供应链智能化集成。企业应引进具备人工智能应用经验的专业型人才，提升企业内部员工的再培训和技能提升，并建立与人工智能绩效挂钩的激励机制，如专项奖励、晋升机会等，鼓励员工不断提升自身技能素养，使企业更好地适应人工智能技术应用，提高企业竞争力与创新力。此外，企业应通过人工智能技术优化供应链流程管理，降低运营成本和提升供应链竞争力。利用人工智能技术监控供应链各环节，加强企业与供应链上下游合作伙伴的信息共享与协作，推动建立协同创新的产业生态系统，提高供应链的响应速度和市场竞争力。

第三，实施因地制宜的政策支持和区域发展策略。政府应根据不同地区和企业的异质性特征，制定差异化的政策措施。对于非国有企业、低产业链整合水平企业和小规模企业，提供低息贷款、融资担保等资金支持，缓解其在技术转型中的资金压力。同时，在东部沿海地区和中西部地区设计专门的技术转移与扶持平台，帮助中西部企业对接东部资源与技术，为低产业链现代化水平的企业提供技术引进补贴和人才引进奖励，引导各级政府将环境管制保持在适度区间，从而在保持企业与区域特色的基础上推动整体产业优化升级。

参 考 文 献

[1] 包群、叶宁华、邵敏：《出口学习、异质性匹配与企业生产率的动态变化》，载《世界经济》2014 年第 4 期。

[2] 陈晋玲、张靖：《教育层次结构与产业结构优化效应的统计测度》，载《科学学研究》2019 年第 11 期。

[3] 陈楠、蔡跃洲：《人工智能、承接能力与中国经济增长——新"索洛悖论"和基于 AI 专利的实证分析》，载《经济学动态》2022 年第 11 期。

[4] 蔡晓陈、陈静宇：《数字经济产业政策提高了企业全要素生产率吗？——基于研发投入与融资约束视角》，载《产业经济研究》2023 年第 3 期。

[5] 陈晓红、李杨扬、宋丽洁等：《数字经济理论体系与研究展望》，载《管理世界》2022 年第 2 期。

[6] 陈彦斌、林晨、陈小亮：《人工智能、老龄化与经济增长》，载《经济研究》2019 年第 7 期。

[7] 陈正林、王彧：《供应链集成影响上市公司财务绩效的实证研究》，载《会计研究》2014 年第 2 期。

[8] 郭凯明：《人工智能发展、产业结构转型升级与劳动收入份额变动》，载《管理世界》2019 年第 7 期。

[9] 郭凯明、王钰冰、龚六堂：《劳动供给转变、有为政府作用与人工智能时代开启》，载《管理世界》2023 年第 6 期。

[10] 顾群、翟淑萍：《融资约束、代理成本与企业创新效率——来自上市高新技术企业

的经验证据》，载《经济与管理研究》2012 年第 5 期。

[11] 何小钢、罗奇、陈锦玲：《高质量人力资本与中国城市产业结构升级——来自"高校扩招"的证据》，载《经济评论》2020 年第 4 期。

[12] 胡玥、张涵萌、马文杰：《地方政府债务治理改革与企业人力资本升级》，载《经济管理》2022 年第 8 期。

[13] 刘斌、谭书琪：《企业社会责任对组织韧性创新的影响——基于中国制造业上市公司的多维实证分析》，载《企业经济》2022 年第 1 期。

[14] 李春发、李冬冬、周驰：《数字经济驱动制造业转型升级的作用机理——基于产业链视角的分析》，载《商业研究》2020 年第 2 期。

[15] 刘莉、杨宏睿：《数字金融、融资约束与中小企业科技创新——基于新三板数据的实证研究》，载《华东经济管理》2022 年第 5 期。

[16] 李平、竺家哲：《组织韧性：最新文献评述》，载《外国经济与管理》2021 年第 3 期。

[17] 李琦、刘力钢、邵剑兵：《数字化转型、供应链集成与企业绩效——企业家精神的调节效应》，载《经济管理》2021 年第 10 期。

[18] 刘啟仁、赵灿：《税收政策激励与企业人力资本升级》，载《经济研究》2020 年第 4 期。

[19] 李晓萍、李平、吕大国等：《经济集聚、选择效应与企业生产率》，载《管理世界》2015 年第 4 期。

[20] 李永友、严岑：《服务业"营改增"能带动制造业升级吗？》，载《经济研究》2018 年第 4 期。

[21] 任曙明、吕镯：《融资约束、政府补贴与全要素生产率——来自中国装备制造企业的实证研究》，载《管理世界》2014 年第 11 期。

[22] 孙博、刘善仕、姜军辉等：《企业融资约束与创新绩效：人力资本社会网络的视角》，载《中国管理科学》2019 年第 4 期。

[23] 单宇、许晖、周连喜等：《数智赋能：危机情境下组织韧性如何形成？——基于林清轩转危为机的探索性案例研究》，载《管理世界》2021 年第 3 期。

[24] 谭泓、张丽华：《人工智能促进人力资本流动与提升》，载《科学学研究》2021 年第 5 期。

[25] 吴家曦、李华燊：《浙江省中小企业转型升级调查报告》，载《管理世界》2009 年第 9 期。

[26] 王军、朱杰、罗茜：《中国数字经济发展水平及演变测度》，载《数量经济技术经济研究》2021 年第 7 期。

[27] 王林辉、胡晟明、董直庆：《人工智能技术会诱致劳动收入不平等吗——模型推演与分类评估》，载《中国工业经济》2020 年第 4 期。

[28] 巫强、姚雨秀：《企业数字化转型与供应链配置：集中化还是多元化》，载《中国工业经济》2023 年第 8 期。

[29] 吴晓波、冯潇雅：《UCA 情境下运营冗余对组织韧性的影响——持续创新能力的调节作用》，载《系统管理学报》2022 年第 6 期。

[30] 王永钦、董雯：《机器人的兴起如何影响中国劳动力市场？——来自制造业上市公司的证据》，载《经济研究》2020 年第 10 期。

[31] 王翌秋、谢萌：《产融结合能否促进产业结构转型升级？——基于创新效应和资源配置效应》，载《商业研究》2023 年第 1 期。

[32] 解垩：《环境规制与中国工业生产率增长》，载《产业经济研究》2008 年第 1 期。

[33] 肖土盛、孙瑞琦、袁淳等：《企业数字化转型、人力资本结构调整与劳动收入份额》，载《管理世界》2022 年第 12 期。

[34] 袁航、朱承亮：《国家高新区推动了中国产业结构转型升级吗》，载《中国工业经济》2018 年第 8 期。

[35] 姚加权、张锟澎、郭李鹏等：《人工智能如何提升企业生产效率？——基于劳动力技能结构调整的视角》，载《管理世界》2024 年第 2 期。

[36] 余泳泽、孙鹏博、宣烨：《地方政府环境目标约束是否影响了产业转型升级？》，载《经济研究》2020 年第 8 期。

[37] 曾楚宏、王斌：《产业链整合、机制调整与信息化驱动》，载《改革》2010 年第 10 期。

[38] 张虎、张骏、韩爱华：《我国产业链现代化的测度研究》，载《统计研究》2022 年第 11 期。

[39] 赵烁、施新政、陆瑶、刘心悦：《兼并收购可以促进劳动力结构优化升级吗？》，载《金融研究》2020 年第 10 期。

[40] 张倩肖、段义学：《数字赋能、产业链整合与全要素生产率》，载《经济管理》2023 年第 4 期。

[41] 张倩、姚平：《波特假说框架下环境规制对企业技术创新路径及动态演化的影响》，载《工业技术经济》2018 年第 8 期。

[42] 张新民、张婷婷、陈德球：《产业政策、融资约束与企业投资效率》，载《会计研究》2017 年第 4 期。

[43] Acemoglu, D. and Restrepo, P., 2018: The Race between Man and Machine: Implications of Technology for Growth, Factor Shares, and Employment, *American Economic Review*, Vol108, No. 6.

[44] Aghion, P. Jones, B. F. and Jones, C. I., 2017: The Economics of Artificial Intelligence, *Artificial Intelligence and Economic Growth*.

[45] Nambisan, S., Wright, M., and Feldman, M., 2019: The Digital Transformation of Innovation and Entrepreneurship: Progress, Challenges and Key Themes, *Research Policy*, Vol. 48, No. 8.

[46] Rassier, D. G. and Earnhart, D., 2010: Does the Porter Hypothesis Explain Expected Future Financial Performance? The Effect of Clean Water Regulation on Chemical Manufacturing Firms, *Environmental and Resource Economics*, Vol. 45, No. 3.

[47] Shadbegian, R. J. and Gray, W. B., 2004: Pollution Abatement Expenditures and Plant-level Productivity: A Production Function Approach, *Ecological Economics*, Vol. 54, No. 2.

How Does Artificial Intelligence Impact Industrial Transformation and Upgrading?

—From the Perspective of Human Capital Structure and Supply Chain Integration

Jian Gao　Ze Chen

Abstract：Artificial intelligence, as a technical support and important cornerstone for the development of new quality productivity, has significant implications for industrial transformation and upgrading. Using the data of listed companies in Shanghai and Shenzhen A – share markets from 2013 to 2022, this paper examines the impact of AI on industrial transformation and upgrading from the perspectives of human capital structure and supply chain integration at the enterprise level. The research results show that AI has a significant promoting impact on industrial transformation and upgrading, and this conclusion remains valid after a series of endogeneity and tests. Mechanism tests reveal that AI promotes industrial transformation and upgrading by optimizing human capital structure and enhancing supply chain integration. Additionally, financing constraints, organizational resilience, and regional digital economy levels all play a positive moderating role in regulating the positive impact of AI on industrial transformation and upgrading. Heterogeneity test results show that the role of AI in promoting industrial transformation and upgrading is more pronounced in non-state-owned enterprises, enterprises with low levels of industrial chain integration, and small-scale enterprises. It is also more apparent in enterprises located in eastern regions, regions with low levels of industrial chain modernization, and regions with moderate environmental regulations. The conclusions of this paper provide reference significance for the application practice of artificial intelligence and the promotion of industrial transformation and upgrading.

Keywords：Artificial Intelligence　Industrial Transformation and Upgrading　Human Capital　Supply Chain Integration

JEL Classification：L60　D22　D24

第 23 卷第 4 辑
2024 年 12 月

产业经济评论（山东大学）

Review of Industrial Economics

Vol. 23　No. 4

December 2024

我国推动产业链与创新链双链融合效果的
空间差异与动力机制研究

王　垒　李金泽　丁黎黎*

摘　要：推动产业链与创新链双链融合是畅通产业链国内循环和建设现代化产业体系的核心任务。立足双链动态融合演化视角，在系统梳理产业链与创新链双链融合政策历程与演化特征的基础上，科学界定产业链与创新链双链融合的理论内涵与核心特点，从"融合基础—融合动力—融合绩效"全过程，深入剖析我国产业链与创新链双链融合的时变趋势与动力机制。研究发现：我国产业链与创新链双链融合水平持续上升，总体处于协调型融合发展状态。全国三大区域双链融合水平呈现东中西梯度分布特征，其中，东部地区处于产业链与创新链滞后型融合发展状态，创新链支撑能力滞后于产业链发展需求，关键"卡脖子"技术困境制约产业链优化升级；中部地区处于产业链与创新链协调型融合发展状态，技术创新体系与产业链集群同向发力，互为支撑；西部地区处于产业链与创新链超前型融合发展状态，科技成果向现实生产力转化不畅，传统产业转型升级滞后，战略性新兴产业发展动力不足。全国产业链与创新链双链融合水平总体区域差异有所减小，但呈现"先下降—后上升"趋势，且三大区域间双链融合水平差异是导致全国总体差异的主要原因。研究成果为新时期推动产业链与创新链深度融合提供了参考，为建设现代化产业体系提供了路径支撑。

关键词：产业链　创新链　双链融合　融合指数　指标体系

一、引　　言

党的二十大报告指出："强化企业科技创新主体地位，发挥科技型骨干

---

* 本文受山东省社会科学规划研究专项：山东省产业链与创新链深度融合的效果评价、实现机制与实践路径研究（22CCXJ14）资助。

感谢匿名审稿人的专业修改意见！

王垒：中国海洋大学经济学院；地址：青岛市崂山区松岭路 238 号，邮编 266100；E-mail：wlei. 123@163. com。

李金泽：中国海洋大学经济学院；地址：青岛市崂山区松岭路 238 号，邮编 266100；E-mail：lijinze1010@163. com。

丁黎黎（通讯作者）：中国海洋大学经济学院；地址：青岛市崂山区松岭路 238 号，邮编 266100；E-mail：3292057969@qq. com。

企业引领支撑作用，营造有利于科技型中小微企业成长的良好环境，推动创新链产业链资金链人才链深度融合。"当今世界正经历百年未有之大变局，在全球贸易保护主义上升、世界经济低迷、逆全球化浪潮下，我国产业链"断链""掉链""堵链"风险上升，关键"卡脖子"技术受制于人，长期制约产业链供应链韧性和安全水平提升（中国社会科学院工业经济研究所课题组、张其仔，2021）。发展新质生产力归根结底要着力提升自主创新能力，围绕产业链关键领域、关键环节、关键技术，布局"补短板"和"建长板"并重的创新链，推动产业链与创新链双链融合，实现产业链建链、补链、延链、强链，是畅通产业链国内循环和建设现代化产业体系的核心任务（刘志彪、孔令池，2023），也是培育发展新业态新模式新动能，因地制宜发展新质生产力的根本路径。

新时期推动产业链与创新链双链融合是构建以国内大循环为主体、国内国际双循环相互促进的新发展格局的关键环节。推动产业链与创新链双链融合，一方面，立足"非对称"赶超战略，要以畅通国内大循环为核心，针对产业链韧性不足，上下游传导不畅、协同不够等问题，以创新链为动力，推动短板产业补链、优势产业延链，传统产业升链、新兴产业建链（陶锋等，2023）；另一方面，立足创新驱动发展战略，要以提升国际循环质量和水平为核心，针对关键技术"卡脖子"难题和科技创新"孤岛效应"问题，以产业链需求为牵引，培育前沿核心技术竞争优势，驱动全球价值链向中高端环节攀升（盛朝迅，2019）。

伴随着新一轮科技革命与产业革命孕育兴起，如何推动产业链与创新链有效衔接，实现产业链与创新链双链融合？双链融合本质上是一个动态融合演进过程，强调"融合基础—融合动力—融合绩效"全过程融合，包含前期融合基础建设、中期融合动力提升、后期融合绩效改善。当前，我国产业链与创新链双链融合既面临创新平台与产业平台数量不足、营商环境与创新环境不完善等融合基础障碍（周君璧等，2022），也存在基础创新投入不足、产学研衔接不畅等融合动力不足难题，同时也面临前沿科技成果转化不顺畅、战略性新兴产业发展动力不足等融合绩效不高问题（张煜、苏竣，2022）。因此，深入剖析产业链与创新链双链融合的理论逻辑，科学研判双链融合的时变趋势与动力机制，系统揭示当前双链融合在融合基础、融合动力、融合绩效三个维度的障碍问题，这对于进一步推进产业链与创新链深度融合具有重要现实意义。

既有研究围绕产业链与创新链双链融合理论内涵、现实问题、效果评价开展系列研究。在双链融合理论内涵层面，部分学者认为产业链与创新链以DNA双螺旋结构，相互依存、共同演进，协同推进两链整体效能提升（史丹等，2022；孙琴等，2023），部分学者则认为，产业链与创新链双链融合核心在于创新链，双链融合的重点在于围绕产业链，将科技创新与产业创新融合，打通从科技强到产业强、经济强、国家强的通道，解决好从"科学"到"技术"的转化难题（洪银兴，2019）。在双链融合现实问题层面，既有研究认为，当前存在双链融合韧性不足，双链主体——企业衔接产业链创新链成效不足等突出问题，亟须强化科技创新与制度创新"双轮驱动"（张晓兰、黄伟熔，2023），推动产业链与创新链有效衔接。在双链融合效果评价层面，学界主要基于耦合协调模型测度产业链与创新链双链协调程度（柳毅等，2023）。

综上所述，学界在产业链与创新链融合机理与现实问题等方面开展了部分研究，但相关研究仍存在一定不足：第一，现有文献对于双链融合理论内涵、政策体系、演化历程的系统化研究不足，且在融合内涵与融合路径层面尚未达成共识；第二，现有关于双链融合效果评价的文献，主要集中于耦合协调模型，从协调性层面分析产业链与创新链双链衔接程度，这在一定程度上忽视产业链与创新链双链动态融合演进的特点。基于此，本文在系统梳理我国产业链与创新链双链融合政策历程与演化特征的基础上，科学界定双链融合的理论内涵与核心特点，从融合基础、融合动力、融合绩效三个维度，系统揭示双链融合时变趋势与动力机制，并采用 Dagum 基尼系数和 Kernel 密度估计等方法深入剖析我国双链融合的区域差异与时空演化态势。

本文可能的边际贡献主要集中在三个层面：第一，立足双链动态融合演化视角，从"基础—动力—绩效"全过程，系统揭示双链融合的理论内涵与内在层次，突破传统静态"耦合协调"视域下产业链与创新链耦合协调度研究。第二，立足地域禀赋特点，深度解析我国三大区域产业链与创新链东中西梯度分布特征与融合类型差异，系统剖析我国产业链与创新链双链融合动力机制。第三，立足产业链与创新链融合发展阶段的时变趋势与动力机制，系统提出新时期推动产业链与创新链深度融合的路径机制，为提高产业链供应链韧性与安全水平提供一定参考。

二、我国产业链与创新链双链融合的政策历程与演化特征

我国产业链与创新链双链融合，融合演进总体呈现由初期布局阶段到融合发展阶段，再到深度融合阶段的梯度演化特征。

（一）产业链与创新链初期布局阶段（2012～2015 年）

伴随着我国经济发展进入新常态，面向"三期叠加"形势，亟须转换增长动力，从依靠土地、资源、劳动力等传统要素驱动，调整为依靠科技创新要素驱动，推动经济高质量发展。基于此，党的十八大报告明确提出实施创新驱动发展战略，着力构建以企业为主体、市场为导向、产学研相

结合的技术创新体系，推动创新链上下游主体协同合作。2015 年国务院印发《中国制造 2025》指出，围绕产业链部署创新链，围绕创新链配置资源链，加强关键核心技术攻关，加速科技成果产业化，提高重点领域和关键环节的创新能力。至此，我国产业链与创新链双链融合的顶层设计与政策体系初步形成。

产业链与创新链初期布局阶段，立足创新驱动发展战略需求，明确提出推动产业链与创新链双链融合的政策导向，为新时期推动双链融合提供政策方向指引。一方面，针对创新驱动发展动力不足，创新主体功能定位不清等突出问题，明确企业技术创新主体地位，推动形成企业、高校、科研机构等多元创新主体上下游分工协作的创新链条；另一方面，针对制造业全球价值链低端锁定，产业转型升级滞缓等突出问题，明确提出围绕产业发展重大需求部署创新链，为创新链"赋能"产业链奠定前期基础。

（二）产业链与创新链融合发展阶段（2016~2020 年）

伴随着新一轮科技革命和产业革命孕育兴起，科技创新与实体经济融合发展需要驱动产业链与创新链双链融合。2016 年中共中央、国务院印发《国家创新驱动发展战略纲要》明确提出，坚持科技创新和体制机制创新"双轮驱动"，建设面向科技自立自强的"国家创新体系"，推动资源配置从以研发环节为主向产业链、创新链、资金链统筹配置转变，实现产业分工从价值链中低端向中高端攀升。同年，国务院印发《"十三五"国家科技创新规划》明确提出："以技术市场、资本市场、人才市场为纽带，以资源开放共享为手段，围绕产业链部署创新链，围绕创新链完善资金链，……构建多主体协同互动与大众创新创业有机结合的开放高效创新网络"，这标志着科技创新与实体经济、产业链与创新链融合发展的兴起。在国家创新驱动发展战略导向下，中央政府围绕产业链、创新链逐步出台政策链，完善资金链、教育链、人才链，推动双链融合纵向延伸。2017 年 12 月，国务院办公厅《关于深化产教融合的若干意见》指出，深化产教融合，促进教育链、人才链与产业链、创新链有机衔接。2016 年 5 月，习近平总书记在全国科技创新大会、两院院士大会、中国科协第九次全国代表大会上的讲话强调，创新是一个系统工程，创新链、产业链、资金链、政策链相互交织、相互支撑。①至此，以产业链与创新链双链融合为核心，以政策链为导向，以资金链、教育链、人才链为支撑的链式网络结构系统形成，驱动科技创新与实体经济融合发展。

产业链与创新链融合发展阶段，立足科技创新与实体经济融合发展现实需求，推动形成产业链、创新链、政策链、教育链、人才链相互交织、互为

---

① 习近平：《为建设世界科技强国而奋斗》，载《人民日报》2016 年 6 月 1 日 02 版。

支撑的链式网络结构。在上述链式结构引导下，我国以国家级新区、国家高新技术产业开发区等核心平台建设为基础，以优势产业、主导产业链主企业牵头，推进高校、科研院所和产业链上下游企业联合组建创新共同体，围绕国际前沿技术和重大"卡脖子"技术集中攻关，推动产业链现代化水平提升。

（三）产业链与创新链深度融合发展阶段（2021 年至今）

党的十九届五中全会提出："加快构建以国内大循环为主体、国内国际双循环相互促进的新发展格局。"新发展格局对于产业链与创新链深度融合提出新的要求，一方面，要以畅通国民经济循环为核心，以创新链为动力支撑，推动短板产业补链、优势产业延链，传统产业升链、新兴产业建链，实现产业链国内循环；另一方面，要以积极融入国际大循环为目标，以产业链需求为牵引，积极融入全球科技创新网络，实现创新能力与创新效率提升。党的二十大报告指出，"强化企业科技创新主体地位，发挥科技型骨干企业引领支撑作用，营造有利于科技型中小微企业成长的良好环境，推动创新链产业链资金链人才链深度融合"。在四链深度融合导向下，我国产业链与创新链以资金链、人才链为支撑，逐步迈向深度融合阶段。

产业链与创新链深度融合发展阶段，立足加快构建新发展格局现实需求，围绕增强国内国际双循环这一核心目标，推动产业链与创新链深度融合：一方面，强化产业链创新链人才链资金链一体化部署，以加快建设现代化产业体系为目标，实现产业有序链接、高效畅通；另一方面，强化国际科技创新合作，以"一带一路"科技创新合作为抓手融入全球创新链。

三、产业链与创新链双链融合的理论内涵与融合维度

（一）产业链与创新链双链融合的理论内涵

科学界定产业链与创新链双链融合的理论内涵，首先需要明确产业链与创新链的内涵与构成。作为一种特殊的社会分工协作模式，产业链本质上是一条以价值创造和价值分配为核心，涵盖产品生产、交换、流通、分配、消费全过程的链式网络，包括主体和结构两个核心要素，其中，主体要素是指构成产品社会分工网络的重要节点，例如企业、地区或国家，而结构要素则反映产业链重要节点间的关联关系，串联产业链各个重要节点，形成上下游产品分工协作网络（中国社会科学院工业经济研究所课题组、张其仔，2021）。而创新链则是一条由基础技术研究、前沿技术转化、产品市场开发和价值实现等多环节形成的链式结构，涵盖技术创意、技术研发、实体产品产业化和市场化等技术研发创新和成果转化全过程（洪银

兴、任保平，2023）。从构成创新链的重要节点和关联关系看，创新链实质上是由创新主体、创新资源、创新活动等节点共同组成，各个节点在创新生态环境基础上相互作用，协同共进，促进科技创新、产业创新、企业创新、市场创新、产品创新、业态创新、管理创新持续涌现，推动产业链迈向价值链中高端。在系统界定产业链与创新链内涵与构成的基础上，如何理解推动产业链与创新链双链融合的理论内涵？从产业组织理论和组织创新理论看，理解"双链融合"的关键在于双链共同主体——企业如何协调提升产业链、创新链重要节点间的关联关系，推动产业链与创新链，供应链与价值链深度融合。

推动产业链与创新链双链融合，核心在于强化企业创新主体地位，围绕产业链供应链关键环节、关键领域、关键产品，布局"补短板"和"建长板"并重的创新链，融合形成"基础研究—应用研究—中试—商品化—产业化—生产—销售—服务"全链条。

一方面，双链融合强调围绕产业链部署创新链，推动产业链建链、补链、延链、强链。具体而言，立足"非对称"赶超战略，针对产业链堵点和卡点，以链长企业为主体，牵头建设高水平产业共性技术平台，推动创新资源自由集聚和有效配置，通过产学研深度融合，协同推进创新主体与企业主体联动发展，破解"卡脖子"技术瓶颈，提高产业链自主可控能力（中国社会科学院工业经济研究所课题组、曲永义，2022）。同时，立足"引领式"发展导向，以科技创新为动力，推动产业链向上下游延伸，在产业链上游强化基础原材料、零部件、基础工艺等产业基础领域科技创新支撑，提升产业基础能力；在产业链下游拓展延伸战略新型制造业、新兴数字产业，拉长产业链条，提升产业附加值（盛朝迅，2019）。

另一方面，双链融合强调围绕创新链布局产业链，围绕创新链完善资金链，消除科技创新"孤岛效应"。具体而言，立足创新驱动发展战略，针对我国创新资源分散、重复、低效，创新主体功能定位不清等突出问题，充分发挥双链主体——企业在资金配置中的核心作用，以资金链为牵引，引导创新要素在创新链内部合理分配，形成涵盖企业、政府、高校、新型研发机构、创新创业服务机构等多主体协同创新体系，提升创新质量和创新效率。同时，以产业链需求为导向，协调产业链上下游创新分工与协作关系，形成上游产业技术进步以下游产业技术需求为导向，下游产业技术升级以上游产业技术水平为支撑的链式创新结构，推动上下游企业实现基础创新与应用创新相结合，推动创新成果落地转化，引导产业链与创新链有效衔接（刘志迎、施佳蓉，2023）。关于双链融合理论内涵的理解有两点需要注意：

1. 链条关系

如何理解产业链、创新链、资金链、人才链"四链"间的内在联系？本文认为，产业链与创新链"双链融合"是"四链融合"的核心内容，而资金链与人才链作为双链融合的内部驱动要素，推动双链深度融合。具体而言，推动双链融合，亟须围绕产业链部署创新链，围绕产业链、创新链完善资金链、人才链，以资金链为牵引，以人才链为支撑，推动产业链上下游企业、创新链上下游主体协同合作，实现双链精准对接。第一，围绕产业链部署创新链，以产业链为载体，以创新链为动力，推动短板产业补链、优势产业延链，传统产业升链、新兴产业建链。第二，围绕产业链、创新链完善资金链，加大政府科技成果转化引导基金支持力度（吴超鹏、严泽浩，2023），以财政科研资金为引导，推动全社会资金向科技创新集聚，驱动产业链上下游企业，高校、科研机构等创新主体协同创新。第三，围绕产业链、创新链完善人才链，提高政府对科技人才的重视力度，以创新型科技人才培育为核心，推动产业链、创新链与人才链有效对接，化解人才供给与需求不匹配难题。综上，在"四链融合"中，产业链为实体经济载体，创新链为科技创新动力，人才链与资金链有效嵌入创新链与产业链，推动实体经济与科技创新相融合。

2. 融合类型

从融合类型看，我国产业链与创新链双链融合可以划分为协调型、滞后型、超前型三种类型（中国社会科学院工业经济研究所课题组、张其仔，2021）。协调型是指区域产业链与创新链精准对接，相互协调。双链协调发展模式下，以企业为主体、市场为导向、产学研深度融合的技术创新体系与以价值链攀升为导向、产业链供应链韧性与安全性水平不断提升的现代化产业链体系同向发力，互为支撑：创新链赋能产业链，驱动产业基础高级化水平与产业附加值水平不断提升（张虎等，2022）；产业链引领创新链，保障关键核心技术自主可控，驱动基础研究能力与应用基础研究水平不断提升（孙琴等，2022）。滞后型是指区域创新链支撑能力滞后于产业链发展需求，区域产业链升级高度依赖全球创新链，关键核心技术受制于人。创新链滞后模式下，创新驱动发展动力不足，创新密集型行业、高端制造业行业面临产业链"断链"和产能失速双重风险（张其仔、许明，2020）。超前型是指国内的创新链结构升级超前于产业链供应链结构升级，科技成果向现实生产力转化不畅。创新链超前模式下，科研成果与市场需求不匹配，传统产业转型升级滞后，战略性新兴产业发展动力不足，制约产业链升级。

（二）产业链与创新链融合维度

从双链融合理论内涵出发，可以进一步界定双链融合维度。双链融合本质上是一个动态融合过程，包括三个相互联系且层层递进的融合维度：融合基础、融合动力、融合绩效。

1. 融合基础

产业链与创新链双链融合的首要环节在于立足区域禀赋优势，整合区域产业要素与创新资源，以产业平台与创新平台建设为基础，以区域经济社会发展为支撑，串联形成产业链与创新链。融合基础，即驱动产业链与创新链形成的外部基础因素，包括核心平台基础、基础设施建设、外部环境基础、经济社会基础四个方面。

（1）核心平台基础，作为整合产业要素和创新要素，串联产业链、创新链关键环节的现实载体，一方面通过区域产业平台基础，以国家级开发区、国家科技孵化器等建设为核心，强化主导产业政策导向，推动产业链向上下游延伸，形成产业要素集聚、产业链上下游协同、供应链紧密高效的产业链式结构；另一方面通过区域创新平台基础，以国家级高新区等建设为核心，引领创新链上下游创新主体分工协作，形成创新要素合理配置，创新主体协同高效、产学研高度融合的创新链式结构（张杰等，2021）。

（2）基础设施建设，作为支撑区域产业链与创新链深度融合的物质基础，一方面通过交通基础设施与网络基础设施建设，推动生产要素跨区域自由流动，支持产业链供应链上下游有效衔接（Roller and Waverman，2001；文雁兵等，2022）；另一方面，通过教育基础设施与创新基础设施建设，推动人力资本积累与创新要素供给，优化劳动力素质结构，支撑创新链自主创新能力提升（Bianchi et al.，2022；亢延锟等，2023）。

（3）外部环境基础，作为保障市场公平竞争，激发创新创业活跃度的环境基础，一方面通过优化城市营商环境，消除企业寻租影响，降低市场中存在的制度性成本，提高市场创新创业活力，促进高新技术企业、专精特新"小巨人"企业进入（"中国城市营商环境评价研究"课题组，2021）；另一方面通过加强知识产权保护执法力度，提升知识产权保护意识，降低科技研发溢出损失，激发创新主体创新动力，推动创新效率提升（Ang et al.，2014）。

（4）经济社会基础，作为支撑产业链与创新链形成延伸与深度融合的现实基础，一方面通过经济增长、工业发展、制造业集聚，支撑现代化产业体系与新型工业化发展，为传统产业转型升级，新兴产业培育壮大奠定产业基础条件（刘新智等，2018）；另一方面通过人口增长红利与现代城市化建设，为产业链、创新链优化升级提供劳动力基础与发展空间。

2. 融合动力

（1）双链融合的核心内容在于立足融合基础，在区域产业链与创新链初步形成的基础上，系统形成以企业为主体、以政府为引导，产业链与创新链有效衔接的融合动力机制，协同推进产业链与创新链优化升级。本文认为，产业链与创新链融合动力机制包括研发创新投入、产学研深度合作、产业政策扶持、金融支持力度四个方面。

　　①研发创新投入，作为科技创新能力与产业竞争能力提升的核心力，推动资金链有效嵌入产业链与创新链，实现产业链与创新链深度融合。自《国家中长期科学和技术发展规划纲要（2006—2020 年）》颁布以来，我国全社会研发创新投入连年高速增长，但根据国家统计局发布的《中华人民共和国2020 年国民经济和社会发展统计公报》，2020 年我国研发创新投入占国内生产总值（GDP）比例仅为 2.4%，企业研发创新投入不足问题尚未根本性解决（韩珣等，2022），特别是我国区域间研发创新投入总体规模呈现非均衡分布特征，东西部地区间差距在缩小，但南北地区间差距逐渐拉大①；同时，囿于融资约束，科技型中小企业研发创新投入不足，制约产业链延链升级。因此，新时期围绕创新链完善资金链，仍需鼓励企业加大研发创新投入，聚焦产业链与创新链不同环节，精准投入创新资金，推动创新资金有效配置与高速增长。

　　②产学研深度合作，作为有效衔接创新链上下游主体的核心路径，有助于畅通基础研究—应用基础研究—产品成果转化链条，推动双链深度融合。然而，当前以高等院校为主要载体的基础研究对企业创新活动存在"脱节"现象（张杰、白铠瑞，2022），这表明创新链上下游链条"断裂"，无法有效支撑创新驱动发展战略。因此，新时期推动双链深度融合，亟须强化产学研深度合作，以校企合作为抓手，通过税收和财政补贴政策鼓励企业加大支持高校基础研究资金投入，挖掘创新增长潜力（余泳泽，2015）。

　　③产业政策扶持，作为地方政府沿链治理的核心手段，以链长制为核心，以数字经济政策为导向，加大政府创新补贴，提高科技人才重视力度，驱动产业链与创新链深度融合。具体而言，链长制下，地方政府，一方面以区域重点产业链龙头企业为牵引，开展产业链招商，吸引产业链不同环节企业进入本地产业链，引导产业链跨区域布局和产业集群融合共建（刘志彪、孔令池，2021）；另一方面以数字经济政策为导向，采取创新补贴、人才引进等多种形式，引导数字技术与制造业融合发展，助推重点产业链数字化、智能化转型，实现双链深度融合。

　　④金融支持力度，作为支持科技创新，做优做强实体经济的重要抓手，依托数字普惠金融和金融科技发展，驱动科技创新与产业链延链升级。新时期加大金融政策支持力度，提高数字普惠金融水平和金融科技水平，支持科技型中小微企业创新创业活动，引导金融资源自由有序流向前沿创新活动，为新兴产业建链、传统产业升链提供资金支撑（Fuster et al.，2019；宋敏等，2021）。

　　（2）双链融合的最终目标在于驱动产业链与创新链精准对接，以科技创新与实体经济深度融合，推动新型工业化发展，建设现代化产业体系。产业

---

① 参见《中国区域创新能力评价报告 2021》，科学技术文献出版社 2022 年版。

链与创新链融合绩效主要表现在前沿技术产出、科技成果转化、产业绿色发展、产业迭代升级四个方面。

①前沿技术产出。产业链与创新链双链融合，有助于驱动产业链、创新链上下游分工协作，攻坚关键"卡脖子"技术瓶颈，提高前沿技术产出。一方面，双链融合有助于强化企业创新主体地位，扩大科研创新投入，推动形成产业链链主企业、高等院校、研发机构协同合作，产业链头部企业与中小企业协同创新的链式创新合作模式，增加创新专利产出数量，提高创新效率与创新能力（张其仔、许明，2020；高仲宜，2023）。另一方面，双链融合有助于化解创新链和产业链脱节问题，驱动创新链多元主体围绕产业链关键共性技术、前沿引领技术、颠覆性技术等核心技术集中攻关，促进创新专利质量提升，提高科技储备供给（郑江淮、钱贵明，2023）。

②科技成果转化。在驱动前沿技术产出增长的基础上，双链深度融合有助于化解产业链与创新链链条中断、科技与产业脱节、成果转化不畅等突出问题，推动产业链供应链韧性与竞争能力提升。一方面，双链融合通过加大政府创新补贴投入，引导创新资源流向产业链优势企业与高技术密集型产业，促进前沿科技创新成果产业化、市场化，驱动制造业产品创新，增加高技术产业新产品产值，畅通科技创新—产业创新—产品创新演化路径（毛其淋、许家云，2015；Guo et al.，2016）。另一方面，双链融合通过技术创新与产品创新深度融合，驱动制造业产品出口质量提升，推动全球价值链中低端环节向中高端环节攀升；同时，驱动前沿尖端技术成果转化，形成具有自主知识产权的优势产业，建立以自主核心高端技术为主导的全球价值链，推动产业链尖端产品出口份额提升（洪银兴，2019）。

③产业绿色发展。在驱动产业链供应链竞争力提升的同时，双链融合有助于驱动制造业企业绿色技术改造与绿色技术创新，推动产业链绿色低碳发展。一方面，在"双碳"目标驱动下，双链融合有助于充分发挥前沿技术驱动成效，以绿色生产技术溢出为核心，推进钢铁、化工等传统制造业产业链绿色化技术改造，降低生产过程中的电耗、能耗，培育形成高效节能绿色产业链集群（万攀兵等，2021）；另一方面，双链融合有助于发挥绿色创新驱动成效，以绿色专利创新为核心，推动企业末端污染治理，推动制造业企业绿色清洁生产。

④产业迭代升级。围绕产业链供应链关键环节布局"补短板"和"建长板"并重的创新链，有助于推动形成以产业链龙头企业为引领，中小企业融通发展的产业链新业态，推动产业迭代升级。一方面，双链融合有助于增强产业链上下游资源整合能力，驱动创新要素流向产业链龙头企业、领军企业，以"引领式"发展为导向，推动跨国公司 100 强企业、中国制造业 500强企业、独角兽企业数量增长，切实发挥产业链链主企业"固链、强链"效应（中国社会科学院工业经济研究所课题组、曲永义，2022）；另一方面，

双链融合有助于激发中小企业创新创业活力，围绕产业链缺失环节、薄弱环节，推动战略性新兴企业、雏鹰企业、瞪羚企业数量增长，推动产业链"延链、补链"，实现产业迭代升级（赵晶等，2023）。

四、产业链与创新链双链融合测度指标体系和评价方法

（一）指标体系

在系统阐述双链融合理论内涵与融合维度的基础上，本文参考产业链现代化水平评价指标体系（张虎等，2022）、创新系统与经济发展系统耦合协调度评价指标体系（葛鹏飞等，2020）、产业发展质量评价指标体系（付晨玉、杨艳琳，2020），并结合各省推动产业链与创新链双链融合政策文件①，基于 2016～2020 年省级面板数据②，构建产业链与创新链双链融合综合评价指标体系，从前期融合基础、中期融合动力、后期融合绩效三个维度测度我国产业链与创新链双链融合水平。如表 1 所示，我国产业链与创新链双链融合综合评价体系，包括 3 个一级指标，即融合基础、融合动力和融合绩效，12 个二级指标，51 个三级指标。

表 1　　　　　　　　产业链与创新链双链融合综合评价指标体系

一级指标	二级指标	三级指标
融合基础	核心平台基础	产业平台基础：①国家级经济开发区数量 ②国家级科技孵化器数量 ③国家新型工业化产业示范基地数量
		创新平台基础：①国家级高新技术开发区数量 ②国家级技术转移机构数量 ③高等院校与科研院所数量
	基础设施建设	①交通基础设施：高速公路与普通铁路路网密度 ②网络基础设施：人均电信业务总量、每百人互联网宽带用户 ③教育基础设施：普通中学数量 ④创新基础设施：科学研究和技术服务业固定资产投资

---

① 相关省级政策文件主要包括：广西壮族自治区《关于加快推动广西产业链与创新链融合发展的实施方案的通知》；陕西省《加快中试基地建设推进产业链创新链深度融合实施方案》；浙江省《关于推动创新链产业链融合发展的若干意见》；山东省《关于推动创新链与产业链深度融合加力提速工业经济高质量发展的若干措施》。

② 根据前文产业链与创新链双链融合阶段划分，本文选取产业链与创新链融合发展阶段（2016～2020 年）作为研究区间，探究我国产业链与创新链融合发展阶段的时变趋势与动力机制，为推动产业链与创新链深度融合提供参考。同时，研究区间横跨整个"十三五"时期，有助于降低 5 年经济周期的影响。

续表

一级指标	二级指标	三级指标
融合基础	外部环境基础	①市场中介组织的发育和法律制度环境 ②政府与市场的关系 ③产品市场发育程度 ④要素市场发育程度 ⑤非国有经济发展程度 ⑥知识产权意识
	经济社会基础	①经济发展水平：夜间灯光水平 ②工业基础水平：第二产业增加值占 GDP 比重 ③产业集聚水平：制造业产业集聚水平 ④城市化水平：建成区面积占行政土地面积比重 ⑤人口密度水平：城市人口数量/行政土地面积
融合动力	研发创新投入	①规模以上工业企业 R&D 人员全时当量 ②规模以上工业企业研发经费投入占 GDP 比重 ③规模以上工业企业 R&D 经费内部支出总额
	产学研深度合作	①规模以上工业企业 R&D 经费外部支出总额 ②规模以上企业开展产品或工艺创新合作企业占比 ③科研机构与高校经费 R&D 来自企业资金的占比
	产业政策扶持	①是否实行链长制 ②政府数字经济政策指数 ③政府创新补贴 ④政府科技人才重视力度
	金融支持力度	①数字普惠金融水平 ②金融科技发展水平 ③金融机构网点数量
融合绩效	前沿技术产出	创新数量：①国内发明专利申请量 　　　　　②国内发明专利授权量 创新质量：①数字经济专利申请数量 　　　　　②上市公司企业专利质量
	科技成果转化	①产业链新产品数量：规模以上工业企业新产品开发项目数 ②技术密集型产业产值比重：高技术产业新产品销售收入/GDP ③产业链头部技术尖端性水平：制造业出口技术复杂度 ④产业链尖端产品出口：高技术产品出口额占商品出口额比重
	产业绿色发展	①单位生产总值能耗 ②单位工业增加值电耗 ③单位工业增加值二氧化硫排放
	产业迭代升级	产业链龙头企业数量：①跨国公司 100 强企业数量 　　　　　　　　　②中国制造业 500 强企业数量 　　　　　　　　　③独角兽企业数量 战略新型制造业数量：①战略性新型企业数量 　　　　　　　　　②雏鹰企业数量 　　　　　　　　　③瞪羚企业数量

资料来源：笔者根据相关资料整理所得。

1. 融合基础

作为推动双链融合的先决条件，本文从核心平台基础、基础设施建设、外部环境基础、经济社会基础四个方面来度量产业链与创新链融合基础，剖析推动产业链与创新链融合发展的外部基础因素，共计 21 个三级指标。其中，①核心平台基础，采用国家级经济技术开发区数量、国家级科技孵化器数量、国家新型工业化产业示范基地数量衡量地区产业平台基础；采用国家级高新技术开发区数量、国家级技术转移机构数量、高等院校与科研院所数量衡量地区创新平台基础。②基础设施建设，采用高速公路与普通铁路路网密度衡量交通基础设施；采用人均电信业务总量代表数字技术发展水平、互联网宽带接入端口数代表互联网普及率，综合衡量网络基础设施；采用普通中学数量衡量教育基础设施；采用科学研究和技术服务业固定资产投资衡量科研创新基础设施。③外部环境基础，参考历年《中国市场化指数》，采用省级市场中介组织的发育和法律制度环境、政府与市场的关系等指标衡量营商环境水平；参考董直庆和王辉（2021），采用"知识产权保护"关键词百度搜索指数测度知识产权保护意识。④经济社会基础，采用 DMSP/OLS 夜间灯光数据衡量地区经济发展水平；采用第二产业增加值占 GDP 比重衡量第二产业基础水平；采用制造业区位熵衡量制造业产业集聚水平；采用建成区面积占行政土地面积比重衡量城市化水平；采用城市人口数量占行政土地面积比重来衡量人口密度水平。

2. 融合动力

作为推动产业链与创新链双链融合的动力机制，本文从研发创新投入、产学研深度合作、产业政策扶持、金融支持力度四个方面来度量产业链与创新链"融合动力"，围绕"企业—研发机构—政府"三大主体，探索我国推动产业链与创新链融合发展的驱动机制，共计 13 个三级指标。其中，①研发创新投入，参考方创琳等（2014）及其他研究，采用规模以上工业企业 R&D 人员全时当量、规模以上工业企业研发经费投入占 GDP 比重、规模以上工业企业 R&D 经费内部支出总额，从创新人员投入、创新规模投入、企业内部创新支出三个层面衡量；②产学研深度合作，采用规模以上工业企业 R&D 经费外部支出总额、规模以上企业开展产品或工艺创新合作企业占比、科研机构与高校经费 R&D 来自企业资金的占比，从企业外部创新支出、区域产学研合作强度、企业支持高校科研机构基础研究资金投入三个层面衡量。③产业政策扶持，参考刘志彪和孔令池（2021），采用是否实行链长制作为地区产业链政策代理变量；参考金灿阳等（2022），采用数字经济相关词频在政府工作报告中的词频数量衡量政府数字经济政策的支持力度，采用政府创新补贴衡量政府对企业创新的支持力度；参考吴非等（2021），采用"基础研究""科技人才"等 28 个关键词在政府工作报告中的词频数衡量政府对科技人才重视力度。④金融支持力度，采用《北京大学数字普惠金融指数》衡量数字普惠金融水平；参考宋敏等（2021），采用地区金融科技公司数量衡量金融科技发展水平，采用金融机构网点数量衡量地区金融发展水平。

3. 融合绩效

作为产业链与创新链双链融合的最终目标，本文从前沿技术产出、科技成果转化、产业绿色发展、产业迭代升级四个方面来度量产业链与创新链融合绩效，系统评价我国产业链与创新链深度融合的经济影响，共计 17 个三级指标。①前沿技术产出，本文从创新数量与创新质量双重层面出发，采用国内发明专利申请量和授权量衡量创新产出数量，采用地区数字经济专利申请数量衡量地区数字技术创新产出质量；参考程文银等（2022），采用区域内上市公司专利质量平均值衡量区域创新质量。②科技成果转化，参考肖文和林高榜（2014），采用规模以上工业企业新产品开发项目数、高技术产业新产品销售收入/GDP、制造业出口技术复杂度、高技术产品出口额占商品出口额比重，从制造业产品创新与出口质量升级两个维度衡量。③产业绿色发展，参考张虎等（2022），采用单位生产总值能耗、单位工业增加值电耗、单位工业增加值二氧化硫排放，从节能与减排双重维度衡量。④产业迭代升级，参考叶振宇和庄宗武（2022），采用跨国公司 100 强企业数量、中国制造业 500 强企业数量、独角兽企业数量衡量产业链龙头企业数量，采用战略性新型企业数量、雏鹰企业数量、瞪羚企业数量衡量战略性新型制造业数量。

（二）评价方法

熵值法，作为一种客观赋权法，能够反映不同指标间的差异性和重要程度，且不受主观因素的影响，不存在专家打分或排斥某些指标的风险，计算结果更加客观可靠。基于此，本文借鉴张虎等（2022）的研究，采用熵值法确定指标权重，具体步骤如下：

第一步，针对原始数据进行极差标准化处理，以消除不同指标间量纲和量级差异，使得数据具有可比性。

$$正向指标处理方法：x'_{ij} = \frac{X_{ij} - \min(X_{1j}, \cdots, X_{nj})}{\max(X_{1j}, \cdots, X_{nj}) - \min(X_{1j}, \cdots, X_{nj})}$$

$$负向指标处理方法：x'_{ij} = \frac{\max(X_{1j}, \cdots, X_{nj}) - X_{ij}}{\max(X_{1j}, \cdots, X_{nj}) - \min(X_{1j}, \cdots, X_{nj})}$$

其中，X_{ij} 表示第 i 个省份第 j 个指标的数值，$\max(X_{1j}, \cdots, X_{nj})$ 和 $\min(X_{1j}, \cdots, X_{nj})$ 分别表示第 j 个指标的最大值和最小值，x_{ij} 表示第 i 个省份第 j 个指标经过标准化处理后的数值。

第二步，采用熵值法计算各指标的信息熵和权重。

（1）计算第 j 项指标的熵值：$e_j = -k \sum_{i=1}^{n} p_{ij} \ln(p_{ij})$，$j = 1, \cdots, m$；$k = 1/\ln(n) > 0$，满足 $e_j \geq 0$；

（2）计算信息熵冗余度（差异）：$d_j = 1 - e_j$，$j = 1$，$\cdots$，m

（3）计算各项指标的权重 w_j：$w_j = d_j \big/ \sum_{j}^{m} d_j$，$j = 1$，$\cdots$，$m$

第三步，根据各指标的权重和标准化后的原始数据，计算各省份产业链与创新链双链融合水平的综合得分。$s_i = \sum_{j=1}^{m} w_j x_{ij}$，$i = 1$，$\cdots$，$n$，其中，$s_i$ 表示第 i 个省份产业链与创新链融合水平的综合得分。

五、我国产业链与创新链双链融合水平的时空演进与动力机制

立足双链融合综合评价指标体系，本文选取了 2016 ~ 2020 年 30 个省份面板数据，从全国总体、三大区域、各个省份等层面，定量评价我国产业链与创新链双链融合水平，系统分析双链融合的时变趋势与驱动因素。

（一）全国产业链与创新链双链融合水平总体趋势与动力机制

如图 1（a）所示，从全国总体水平看，2016 ~ 2020 年我国产业链与创新链双链融合水平持续上升，从 2016 年 15.76% 提高到 2020 年 21.38%，增长 35.66%，总体处于产业链与创新链协调型融合发展状态。自 2016 年国务院印发《"十三五"国家科技创新规划》明确强调"围绕产业链部署创新链，围绕创新链完善资金链，……构建多主体协同互动与大众创新创业有机结合的开放高效创新网络"以来，我国产业链、创新链、政策链、教育链、人才链相互交织、互为支撑，产业链与创新链双链融合水平不断提升，有效推动实体经济与科技创新深度融合，实现产业链现代化水平提升。

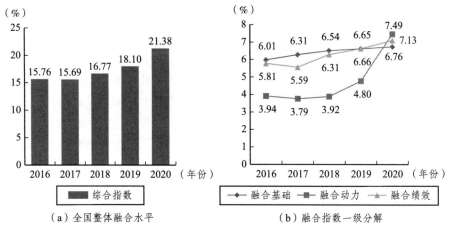

（a）全国整体融合水平　　　　（b）融合指数一级分解

图 1　全国产业链与创新链双链融合水平时变趋势与一级指数分解

注：得分数据均已进行百分数转化。

资料来源：笔者根据相关资料整理所得。

为系统揭示我国产业链与创新链双链融合水平总体趋势的内在驱动因素，本文将全国总体融合指数分解为融合基础、融合动力、融合绩效三个一级指数［见图 1（b）］，系统分析各一级指数的增长贡献。从一级指数来看，融合基础指标贡献最大但增长较慢，融合动力指标贡献较小但增长较快，融合绩效指标贡献与增速居中。这表明，新时期推动产业链与创新链双链融合的核心动力机制逐步由融合基础过渡到融合动力，亟须以产业政策与金融政策为支撑，加大企业研发创新投入、深化产学研合作，推动产业链与创新链深度融合。进一步地，本文分析融合基础、融合动力、融合绩效三个一级指数的增长动力机制。

（1）产业链与创新链融合基础，从 2016 年 6.01% 上升到 2020 年 6.76%，复合年增长率为 3.00%。产业链与创新链融合基础增长主要依赖于创新基础设施和核心平台数量指标。其中，创新基础设施，作为深入实施创新驱动发展战略、科技兴国战略、人才强国战略的重要基础，已成为产业链与创新链融合质量提升的核心着力点，这表明推动产业链与创新链深度融合亟须扩大科学研究和技术服务业固定资产投资，以科技创新投资项目增长带动创新发展质量提升。同时，以国家级科技孵化器、国家级高新技术开发区等为核心的产业平台基础与创新平台基础，有助于整合产业要素和创新要素，串联产业链、创新链关键环节，推动产业链与创新链有效衔接，因此核心平台建设已成为双链融合的重要平台载体。

（2）产业链与创新链融合动力，从 2016 年 3.94% 上升到 2020 年 7.49%，复合年增长率为 17.39%。产业链与创新链融合动力增长主要依赖于链长制政策、金融科技发展水平、规模以上工业企业 R&D 经费内外部支出总额指标。其中，链长制政策以地方政府牵头作为产业链链长，以产业链优势企业作为链主，有助于凝聚地方政府力量与产业主体市场力量，聚焦重点产业链科技需求与创新短板优化资源配置，打造链接上中下游企业及关联配套企业的重点产业集群。金融科技水平提升有助于整合产业链上中下游企业信息，构建金融供给体系及风险评估体系，为新兴产业建链、传统产业升链提供资金支撑，促进前沿科技成果产业化、市场化，推动产业链与创新链深度融合。规模以上工业企业 R&D 经费内外部支出总额，从创新资金总量分配角度，反映企业在前瞻性基础研究和自主科技创新方面的投入水平，有助于明确企业创新主体地位，强化产学研深度融合，充分发挥创新作为第一动力的关键作用。

（3）产业链与创新链融合绩效，从 2016 年 5.81% 上升到 2020 年 7.13%，复合年增长率为 5.26%。产业链与创新链融合绩效增长主要依赖于产业迭代升级。其中，以独角兽企业、跨国公司 100 强企业、中国制造业 500 强企业为核心的产业链龙头企业，创新实力与市场竞争力位于领先地位，有助于发挥产业链链主企业"固链、强链"效应。而以雏鹰企业、战略性新

兴企业、瞪羚企业为核心的战略新型制造业，对于重大前沿技术突破和国家
重点发展领域长远发展具有支撑能力和引领作用，有助于推动产业链"延
链、补链"，实现产业迭代升级。

（二）全国三大区域产业链与创新链双链融合水平时变趋势与动力机制

如图 2 所示，从全国三大区域双链融合水平看，2016～2020 年我国三大
区域产业链与创新链双链融合水平整体呈现上升态势。其中，东部地区先略
有下降后稳步上升，逐年增幅呈上升态势，从 2016 年 25.99% 上升至 2020
年 33.43%，增幅 28.62%，复合年增长率为 6.50%。中部地区先略微下降
后大幅上升，逐年增幅波动上升，从 2016 年 12.97% 上升至 2020 年 20.43%，
增幅为 57.51%，复合年增长率为 12.03%。西部地区平稳增长，逐年增幅
先升后降，从 2016 年 7.55% 上升至 2020 年 10.02%，增幅为 32.71%，复合
年增长率为 7.33%。综合全国三大区域融合水平与增幅比例，东部地区产业
链与创新链双链融合水平具有显著优势，居于三大区域中的领先地位；中部
地区双链融合水平居中，但增速最快，增幅最大；西部地区增速较慢，且与
东中部地区的区域差异具有逐步扩大趋势。基于此，我国三大区域产业链与
创新链双链融合发展水平呈现东中西梯度分布特征，因此新时期推动产业链
与创新链深度融合，亟须深化三大区域间协同合作，建立健全跨区域协同创
新机制，以产业链飞地经济园区建设为抓手，推动产业链与创新链总体融合
水平不断提升。

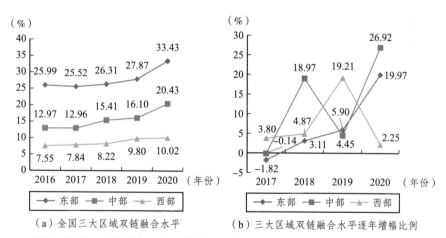

（a）全国三大区域双链融合水平　　（b）三大区域双链融合水平逐年增幅比例

图 2　全国三大区域产业链与创新链双链融合水平时变趋势与逐年增幅比例

注：得分数据均已进行百分数转化。
资料来源：笔者根据相关资料整理所得。

为进一步探究我国三大区域间产业链与创新链双链融合水平的差异与成
因，本文将三大区域的双链融合水平分解为融合基础、融合动力、融合绩效

三个一级指数，从均值水平与增长速度出发，剖析三大区域在各维度上的优势与不足。

如表 2 所示，从全国三大区域一级指数比较看，东部地区在融合基础、融合动力、融合绩效三个维度上均值排名明显领先其他区域。改革开放 40 多年来，东部地区依靠自身区位优势和先发优势，积极融入全球产业链与创新链，同时拥有多项国家重大区域战略优先扶持，诸如京津冀协同发展战略、长三角一体化战略等，产业基础与创新基础良好，三个维度的平均水平位于前列，但其三个维度的增速明显落后于中部与西部地区，这表明东部地区目前处于产业链与创新链滞后型融合发展状态，东部地区创新链支撑能力滞后于产业链发展需求，区域产业链升级高度依赖全球创新链，关键"卡脖子"技术困境制约产业链优化升级，亟须针对产业链堵点和卡点，强化重大科技创新项目攻关，以前沿科技创新引领东部地区"非对称"发展，实现全球价值链向中高端环节攀升。

表 2　　　　　　　　2016～2020 年产业链与创新链各维度融合水平与排名

测度维度		三大区域			全国
		东部	西部	中部	
融合基础	均值	8.79	4.15	6.42	6.45
	排名	1	3	2	
	增速	8.14%	28.29%	15.63%	12.56%
	排名	3	1	2	
融合动力	均值	7.60	2.34	4.28	4.79
	排名	1	3	2	
	增速	85.83%	87.77%	133.98%	89.90%
	排名	3	2	1	
融合绩效	均值	11.43	2.20	4.88	6.30
	排名	1	3	2	
	增速	10.48%	26.69%	55.63%	22.78%
	排名	3	2	1	
综合指数	均值	27.83	8.69	15.58	17.54
	排名	1	3	2	
	增速	28.62%	32.69%	57.50%	35.68%
	排名	3	2	1	

资料来源：笔者根据相关资料整理所得。

中部地区，三大指数均值位于三大区域居中水平，总体处于产业链与创新链协调型发展状态。与西部地区相比，中部地区融合基础占有相对优势，核心平台基础、基础设施建设、外部环境基础等指标发挥后发优势，同时中部地区积极推动实行链长制，产业链与创新链融合发展基础良好、动力充足，融合动力、融合绩效增速位于三大区域前列。但与东部地区相比，中部地区产业链与创新链融合短板集中于企业研发创新投入和政府创新补贴不足，产业链龙头企业和战略性新兴企业引领发展绩效较低，因此亟须推动产业链与创新链有效衔接，以国内前沿创新技术为基础，加快推动前沿创新成果产业化、市场化，实现产业迭代升级。

西部地区，囿于地理区位因素，前期经济基础与产业基础薄弱，创新驱动发展能力偏弱，尚未将现有产业链聚合形成现代化产业集群与新兴战略产业集群，因此西部地区在融合基础、融合动力、融合绩效三个维度上的均值位于较低水平，总体处于产业链与创新链超前型融合发展阶段，即国内创新链结构升级超前于西部地区产业链供应链结构升级，科技成果向现实生产力转化不畅，传统产业转型升级滞后，战略性新兴产业发展动力不足。近年来，伴随着西部大开发和向西开放战略深入实施，西部地区交通基础设施与网络基础设施大幅度提升，这对于融合基础指数提升起到了较大的推动作用，融合基础指数增速位于三大区域前列，这表明新时期推动西部地区产业链与创新链双链融合发展仍需重视前期融合基础建设。但对于西部地区而言，产业链与创新链融合短板主要集中在产业链龙头企业数量不足，金融科技发展水平较低，政府创新补贴、链长制等产业政策扶持力度不足，产业链与创新融合动力亟待提升，亟须有效对接东部地区产业梯度转移，完善产业链扶持政策与产业配套能力建设，建立健全特色优势产业链条，深入推动西部地区产业链与创新链、资金链与人才链衔接融合。

（三）我国各省份产业链与创新链双链融合水平时变趋势与动力机制

如表 3 所示，从我国各省份产业链与创新链双链融合水平看，2020 年 30 个省份①产业链与创新链双链融合水平处于 3.76 ~ 62.05 之间，各省份双链融合水平均值为 21.382，共有 13 个省份高于全国平均水平，其中广东（62.05）、江苏（52.85）、北京（50.62）排名前三，同时结合各省份区域分布，可以看出，我国产业链与创新链双链融合水平呈现明显的"东高西低、南高北低"的非均衡分布态势，双链融合高水平省份主要集中于东南沿海地区，西北地区省份融合水平普遍较低。

---

① 我国的西藏、香港、澳门、台湾地区数据本文未选用。

表 3　2016～2020 年 30 个省份产业链与创新链深度融合水平及排名变化

省份	2020 年得分	2020 年位次	△(2016)	区域	省份	2020 年得分	2020 年位次	△(2016)	区域
广东	62.05	1	1	东	上海	19.29	16	−9	东
江苏	52.85	2	1	东	湖北	19.13	17	−7	中
北京	50.62	3	−2	东	四川	15.63	18	−7	西
浙江	49.41	4	0	东	内蒙古	12.99	19	7	西
山东	35.01	5	0	东	陕西	11.85	20	−4	西
安徽	33.56	6	3	中	重庆	11.20	21	−4	西
天津	27.00	7	−1	东	云南	8.93	22	1	西
福建	25.46	8	5	东	山西	8.61	23	−1	中
河南	25.16	9	−1	中	吉林	8.11	24	−3	中
湖南	23.64	10	2	中	贵州	7.48	25	0	西
江西	23.52	11	7	中	甘肃	6.93	26	−2	西
河北	21.77	12	3	东	新疆	6.23	27	0	西
黑龙江	21.74	13	6	中	宁夏	5.38	28	0	西
广西	19.85	14	6	西	海南	4.49	29	0	东
辽宁	19.81	15	−1	东	青海	3.76	30	0	西

资料来源：笔者根据相关资料整理所得。

　　为进一步探究我国各省份产业链与创新链双链融合水平的趋势差异与内在成因，本文将全国各省份双链融合水平分解为融合基础、融合动力、融合绩效三个一级指数，从一级指标时变特征视角，分析我国产业链与创新链融合水平动力机制（见图 3）。

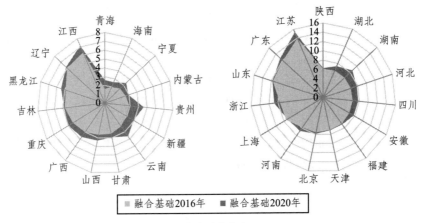

（a）融合基础

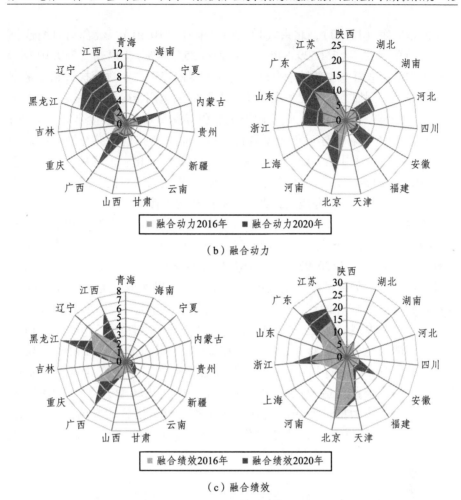

（b）融合动力

（c）融合绩效

图 3 2016～2020 年 30 个省份产业链与创新链双链融合水平分解指数
资料来源：笔者根据相关资料整理所得。

从融合基础维度看，2016～2020 年产业链与创新链融合基础均值排名前三位的是江苏（14.76）、广东（12.49）、山东（11.99），融合基础增速排名前三位的是青海（65.58%）、贵州（58.01%）、云南（42.29%）。我国各省份产业链与创新链融合基础提升主要依赖于核心平台基础建设和网络基础设施建设，融合基础水平较高与增速较快的相关省份对于双链融合的创新基础投资的力度较高。例如，山东省在 2016 年积极响应《国家创新驱动发展战略纲要》，推动实施"十个一百"科技创新品牌培育工程；江苏省在"十三五"时期根据工业和信息化部《信息通信行业发展规划》，推行信息化和工业化深度融合十大工程，信息通信业转型升级不断推进；青海省围绕"宽带中国""数字青海"建设推动 4G、大数据、AI、"双千兆"等网络基础设施布局，扎实推进产业数字化转型发展。

从融合动力维度看，2016～2020 年产业链与创新链融合动力均值排名前三位的是广东（17.20）、北京（12.28）、浙江（10.91），融合动力增速排名前三位的是黑龙江（529.84%）、江西（254.34%）、福建（230.10%）。我国各省份产业链与创新链融合动力提升主要依赖于产业政策扶持和金融支持力度提升。例如，黑龙江省在"十三五"时期运用金融科技解决产业链与创新链"断链"风险难题，设立政府创新引导基金促进科技企业蓬勃发展；福建省在 2016 年着力建设创新型省份，持续扩大科技创新券补助范围，加大对前沿科技企业补贴力度，推动前沿科技创新产业化、市场化发展；北京市在 2018 年颁布《促进金融科技发展规划》，推进人工智能、大数据、区块链等数字技术在金融行业应用，助力产业链智能化转型。

从融合绩效维度看，2016～2020 年产业链与创新链融合绩效均值排名前三位的是北京（24.08）、广东（18.51）、浙江（17.79），融合绩效增速排名前三位的是江西（120.97%）、新疆（88.44%）、安徽（69.71%）。我国各省份产业链与创新链融合绩效提升主要依赖于以产业链龙头企业和战略性新兴制造业为核心的产业迭代升级。例如，广东省在 2016 年颁布《战略性新兴产业发展"十三五"规划》，大力发展战略性新兴产业，推动产业发展动能与竞争优势转换；江西省在 2016 年明确提出《江西省强攻工业制造升级三年行动计划》，实施工业强省战略，以重点产业链龙头企业为牵引，推进全省制造业高端化、绿色化、智能化转型升级；新疆 2016 年颁布《关于大力推进大众创业万众创新若干政策措施的实施意见》，以"一带一路"建设为核心，持续深化与中亚国家在创新技术层面的合作交流，推动战略性新兴产业发展。

六、我国产业链与创新链双链融合水平空间差异和来源分析

为深入揭示我国产业链与创新链双链融合水平的空间差异与来源，本文采用 Dagum 基尼系数分解法，探究 2016～2020 年我国总体、三大区域内、三大区域间的双链融合水平差异。

图 4（a）显示，全国产业链与创新链双链融合水平总体区域差异有所减小，基尼系数从 2016 年 0.387 下降至 2019 年 0.361，降幅为 6.72%，随后又上升至 2020 年 0.381，增幅为 5.54%，呈现"下降—上升"趋势。三大区域内部产业链与创新链双链融合水平基尼系数基本保持不变，呈现"下降—上升"趋势，该系数从 2016 年 0.09 下降至 2018 年 0.083，降幅为 7.78%，随后又上升至 2020 年 0.091，增幅为 9.64%。从贡献率来看，组内贡献率 Gw 平均为 23.68%，组间贡献率 Gb 平均为 67.98%。组间贡献率 Gb 占据主要部分，这表明东、中、西三大区域间产业链与创新链双链融合水平差异是导致全国总体差异的主要原因。而东、中、西部三大区域内部的双链融合水平差异对于全国整体差异的影响相对较小。全国及三大区域内部双链

融合水平总体差异存在"先降后升"趋势，可能的原因在于，现阶段我国产业链与创新链"双链融合"尚处于融合初步阶段，双链融合初期融合水平提升主要依赖于前期融合基础提升，伴随着中西部核心平台基础等融合基础条件改善，东中西地区融合水平差异逐步缩小，但随着东部地区融合发展动力逐步提升，东部地区现代产业集群与战略性新兴产业集群逐步形成，东中西地区融合水平差异逐步拉大。

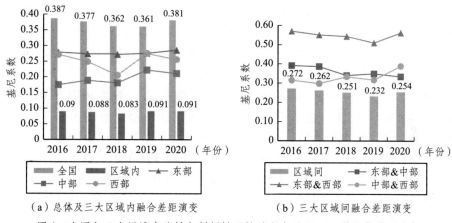

（a）总体及三大区域内融合差距演变　　　　（b）三大区域间融合差距演变

图 4　全国与三大区域产业链与创新链双链融合水平 Dagum 基尼指数及分解

资料来源：笔者根据相关资料整理所得。

具体而言，东部地区，基尼系数在 2016～2020 年先下降后上升，从 2016 年 0.279 下降到 2018 年 0.272，降幅为 2.51%，再上升到 2020 年的 0.286，增幅为 5.15%，这表明东部地区双链融合水平差异在 2016～2018 年有所缩小，但在 2019～2020 年有所扩大，可能的原因在于东部地区双链融合初期阶段，区域内部各省份以前期融合布局为主，着力构建链长企业、高等院校、科研院所等创新联合体，围绕产业链关键环节、关键领域、关键产品集中攻关，但伴随着部分省份关键"卡脖子"技术突破，产业链与创新链双链融合绩效凸显，东部区域内部各省份间融合水平差距逐步扩大。中部地区，基尼系数在 2016～2020 年逐步上升，从 2016 年 0.175 波动上升到 2020 年 0.211，增幅为 20.57%，中部地区内部各省份间融合发展差距逐步扩大，可能的原因在于，中部地区安徽、湖南、江西等省份紧抓产业链与创新链融合发展机遇，以国内创新链为依托，以链长制为核心，围绕重点产业链短板弱项和缺失环节，强化产业政策与金融政策支持，推动产业链与创新链双链融合水平有效提升，因此中部地区内部省份间融合差距扩大。西部地区，基尼系数在 2016～2020 年先下降后上升，从 2016 年 0.272 下降到 2018 年 0.205，降幅为 24.63%，再上升到 2020 年 0.256，增幅为 24.88%，这表明西部地区双链融合水平差异在 2016～2018 年有所缩小，但在 2019～2020 年有所扩大。可能的原因在于西部地区产业链与创新链融合发展前期阶段，以融合基础提升为驱动力，区域内部各省份间融合差异随经济发展与产业基础提升而逐步缩小，但新疆、青海等省份创新驱动发展动力不足，产业链与创新链双链衔接不当，制约西部地区整体融合水平提升，导致省份间差异逐步扩大。

图 4（b）显示，我国三大区域间产业链与创新链双链融合水平基尼系数总体有所下降，呈先下降后略微上升趋势，该系数从 2016 年 0.272 下降至 2019 年 0.232，降幅为 14.71%，随后又上升至 2020 年 0.254，增幅为 9.48%，这表明产业链与创新链双链融合导向下，东中西梯度分布差异逐步缩小，但东部地区仍处于领先地位，中西部地区逐步追赶。具体而言，东—中部区域组间基尼系数在 2016～2020 年波动下降，从 2016 年 0.391 下降到 2018 年 0.34，再上升到 2019 年 0.349，随后又下降到 2020 年 0.334，总体降幅为 14.58%。这表明东—中部区域间的双链融合差异在 2016～2020 年总体存在下降趋势。东—西部区域组间基尼系数在 2016～2020 年呈现先下降后上升态势，从 2016 年 0.57 下降到 2019 年 0.51，降幅为 10.53%，再上升到 2020 年 0.562，增幅为 10.20%。这表明东—西部区域间的双链融合差异在 2016～2019 年有所缩小，但伴随着东部地区产业链双链融合绩效凸显，东西区域间融合差异仍将逐步扩大。中—西部区域间的组间基尼系数在 2016～2020 年波动上升，从 2016 年 0.315 上升到 2020 年的 0.388，增幅为 23.17%。这表明中—西部区域间双链融合差异在 2016～2020 年整体上存在扩大的趋势。综上，我国三大板块产业链与创新链双链融合呈现东部地区领先，中部地区加速追赶，西部地区差距逐步拉大态势。

七、我国产业链与创新链双链融合水平的时空演化分析

为揭示各地区产业链与创新链双链融合水平时空演化特征，本文采用 Kernel 核密度估计法，系统分析全国和三大区域产业链与创新链双链融合水平的动态演进过程。

如图 5（a）所示，全国产业链与创新链双链融合水平核密度曲线的中心位置在 2016～2017 年集中在 0.1 附近，2018～2020 年主峰中心逐渐向右偏移，且主峰高度呈下降趋势，曲线宽度逐渐扩大，在曲线右侧 0.4～0.5 附近伴有侧峰出现。这表明，从全国层面看，我国省份产业链与创新链双链融合水平逐年上升，但广东、福建、浙江、辽宁等省份双链融合水平发展势头强劲，使得全国层面的双链融合水平差距逐步拉大，因而侧峰宽度增加、高度下降、中心右移。

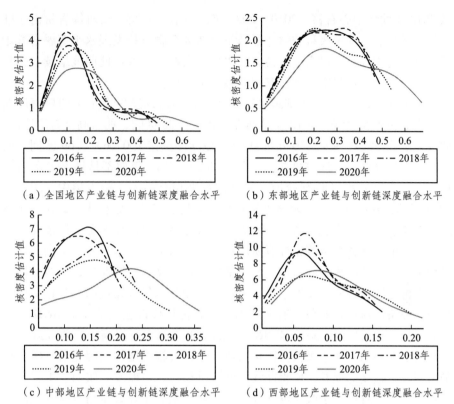

图 5 全国和三大区域产业链与创新链双链融合水平动态演进

资料来源：笔者根据相关资料整理所得。

如图 5（b）所示，东部地区产业链与创新链双链融合水平核密度曲线的中心位置在 2016～2018 年集中在 0.3 附近，2019～2020 年集中在 0.25 附近，同时在 2016～2018 年曲线宽度集中在 0.2～0.4，2019～2020 年曲线整体宽度拉大，高度降低，并且出现较明显的主峰与侧峰，主峰略微左移，侧峰略微右移。这表明东部地区 2016～2018 年各省份双链融合水平分布区间较为集中，2019～2020 年广东、福建、浙江、江苏、北京等省份由于融合动力、融合绩效等指标有所提高，与其他省份差距拉大，导致侧峰出现并向右偏移，这与东部地区基尼系数分析相符合。

如图 5（c）所示，中部地区产业链与创新链深度融合水平的核密度曲线的中心位置整体呈现波动性向右偏移的态势，而曲线宽度在 2019～2020 年明显拉大，曲线高度逐渐降低。这说明，中部地区各省份双链融合水平 2016～2018 年发展较为一致，2019～2020 年部分省份双链融合水平增幅较大，与其他省份差距拉大。2016～2017 年，安徽、湖南等省份政府创新补贴、制造业 500 强企业数量有所下降，导致 2017 年曲线中心左移，高度下降。2017～2018 年，湖南率先实行链长制，双链融合水平有所提高，因而导致 2018 年曲线中心右移。2019～2020 年，河南、安徽、江西等省份由于陆续推行链长制，国家级科技孵化器数量、地区金融科技发展水平等融合基础及融合动力指标有所提高，双链融合水平较大幅度提升，使曲线继续右偏且宽度逐渐扩大，这与中部地区基尼系数分析相符合。

如图 5（d）所示，西部地区产业链与创新链深度融合水平的核密度曲线的中心位置在 2016～2018 年分布在 0.06～0.08 区间，曲线高度有所增加，曲线宽度收窄，2019～2020 年曲线的中心位置右移至 0.06～0.09 区间，曲线高度有所降低，曲线宽度扩大。说明 2016～2018 年西部地区部分落后省份双链融合发展水平略有增加，但整体水平相差不大，较为集中，2019～2020 年部分省份双链融合水平增幅较大，与其他省份差距拉大。2016～2018年，贵州、云南、宁夏等省份国家级科技孵化器数量、地区金融科技发展水平、人均电信业务总量等指标有所增加，驱动双链融合水平有所提高，接近平均水平，推动曲线中心右移，高度增加，宽度收窄。2019 年，广西、内蒙古等省份地区金融科技发展水平、人均电信业务总量继续提高，并且实行链长制，战略性新型企业数量有所增加，内蒙古规模以上工业企业 R&D 人员全时当量、规模以上工业企业 R&D 外部支出总额有所提高，广西壮族自治区政府创新补贴、国家级科技孵化器数量有较大幅度增加，因此双链融合水平出现较大幅度的提升，使得曲线宽度有所扩大。2020 年，陕西、重庆等融合水平较高的省份由于政府创新补贴、产业链龙头企业数量略有缩减，使得双链融合水平略微下降，因此 2020 年曲线右偏与宽度扩大的趋势受到阻碍，促使西部地区内部各省份之间双链融合水平差异出现缩减，这与西部地区基尼系数分析相符合。

八、主要结论与政策建议

本文在系统梳理我国产业链与创新链双链融合政策历程与演化特征的基础上，科学界定产业链与创新链双链融合的理论内涵与核心特点，从融合基础、融合动力、融合绩效三个维度，构建我国产业链与创新链双链融合综合评价指标体系，采用熵值法对 2016～2020 年我国 30 个省份产业链与创新链双链融合水平进行测度，并进一步采用 Dagum 基尼系数和 Kernel 密度估计等方法深入剖析我国产业链与创新链双链融合区域差异与时空演化态势。

研究发现，我国产业链与创新链双链融合水平持续上升，总体处于产业链与创新链协调型融合发展状态。全国三大区域产业链与创新链双链融合水平整体上升，但三大区域间呈现东中西梯度分布特征。其中，东部地区在融合基础、融合动力、融合绩效三个维度的均值水平位于前列，但其三个维度的增速明显落后于中部与西部地区，这表明东部地区目前处于产业链与创新链滞后型融合发展状态，创新链支撑能力滞后于产业链发展需求，区域产业链升级高度依赖全球创新链，关键"卡脖子"技术困境制约产业链优化升级；中部地区三个维度均值位于三大区域居中水平，融合动力、融合绩效增速位于三大区域前列，总体处于产业链与创新链协调型发展状态，技术创新体系与产业链体系同向发力，互为支撑；西部地区三个维度均值位于较低水平，总体处于产业链与创新链超前型融合发展阶段，国内创新链结构升级超前于西部地区产业链供应链结构升级，科技成果向现实生产力转化不畅，传统产业转型升级滞后，战略性新兴产业发展动力不足。进一步地，全国产业链与创新链双链融合水平总体区域差异有所减小，但呈现"先下降—后上升"趋势，且三大区域间双链融合水平差异是导致全国总体差异的主要原因，这意味着新时期推动产业链与创新链深度融合，亟须深化三大区域间协同合作，建立健全跨区域协同创新机制，以产业链飞地经济园区建设为抓手，推动产业链与创新链双链融合水平不断提升。基于上述结论，本文提出以下政策建议：

（1）动态推进产业链与创新链全过程、全方位深度融合。双链融合本质上是一个动态融合过程，涵盖融合基础、融合动力、融合绩效三个相互联系且层层递进的融合维度。新时期推动产业链与创新链双链融合，亟须从融合基础、融合动力、融合绩效三重维度精准发力：一是强化双链融合基础建设，围绕核心平台基础搭建、基础设施建设、营商环境优化等关键环节奠定双链融合现实载体基础；二是促进双链融合动力提升，系统形成以企业为主体、以政府为引导，产业链与创新链有效衔接的融合动力机制；三是推动双链融合绩效提升，畅通前沿科技成果转化链条，推动产业迭代升级，以科技创新与实体经济深度融合，推动新型工业化发展，建设现代化产业体系。

（2）一体化推进产业链、创新链、人才链、资金链"四链深度融合"。推动产业链和创新链"双链融合"，亟须围绕产业链部署创新链，围绕产业链、创新链完善资金链、人才链，以资金链为牵引，以人才链为支撑，以双链共同主体——企业为核心，围绕产业链供应链关键环节、关键领域、关键产品，推动产业链上下游企业、创新链上下游主体协同合作，实现产业链与创新链精准对接，推动产业链与创新链，供应链与价值链深度融合。

（3）因地制宜，精准施策，协同推进三大板块产业链与创新链深度融合。立足东中西三大区域产业链与创新链融合类型，分门别类制定产业链与创新链双链融合提升路径：东部地区亟须针对产业链堵点和卡点，强化重大科技创新项目攻关，以前沿科技创新引领东部地区"非对称"发展，实现全球价值链向中高端环节攀升；中部地区亟须紧抓产业链与创新链双链融合重要机遇"窗口期"，以国内前沿创新技术为基础，加快推动前沿创新成果产业化、市场化，实现产业迭代升级；西部地区亟须有效对接东部地区产业梯度转移，完善产业链扶持政策与产业配套能力建设，建立健全特色优势产业链条，深入推动西部地区产业链与创新链、资金链与人才链衔接融合。

参 考 文 献

[1] 程文银、胡鞍钢、陈雪丽：《知识产权强国背景下中国高价值专利发展：测度与实证分析》，载《北京工业大学学报（社会科学版）》2022 年第 5 期。

[2] 董直庆、王辉：《城市财富与绿色技术选择》，载《经济研究》2021 年第 4 期。

[3] 方创琳、马海涛、王振波等：《中国创新型城市建设的综合评估与空间格局分异》，载《地理学报》2014 年第 4 期。

[4] 付晨玉、杨艳琳：《中国工业化进程中的产业发展质量测度与评价》，载《数量经济技术经济研究》2020 年第 3 期。

[5] 葛鹏飞、韩永楠、武宵旭：《中国创新与经济发展的耦合协调性测度与评价》，载《数量经济技术经济研究》2020 年第 10 期。

[6] 高仲宜：《数字化转型与制造业企业技术创新：一般性创新还是实质性提升》，载《产业组织评论》2023 年第 2 期。

[7] 洪银兴：《围绕产业链部署创新链——论科技创新与产业创新的深度融合》，载《经济理论与经济管理》2019 年第 8 期。

[8] 洪银兴、任保平：《数字经济与实体经济深度融合的内涵和途径》，载《中国工业经济》2023 年第 2 期。

[9] 韩珣、李建军、彭俞超：《政策不连续性、非金融企业影子银行化与企业创新》，载《世界经济》2022 年第 4 期。

[10] 金灿阳、徐蔼婷、邱可阳：《中国省域数字经济发展水平测度及其空间关联研究》，载《统计与信息论坛》2022 年第 6 期。

[11] 亢延锟、侯嘉奕、陈斌开：《教育基础设施、人力资本与共同富裕》，载《世界经济》2023 年第 7 期。

[12] 柳毅、赵轩、杨伟：《数字经济对传统制造业产业链创新链融合的影响——基于中国省域经验的实证研究》，载《浙江社会科学》2023 年第 3 期。

[13] 刘志迎、施佳蓉：《产业链技术创新量表开发》，载《科学学研究》2023 年第 11 期。

[14] 刘新智、刘雨松、陈政等：《"四化"同步发展对农户收入增长的效应及空间差异——基于中国省际面板数据的研究》，载《经济地理》2015 年第 9 期。

[15] 刘志彪、孔令池：《双循环格局下的链长制：地方主导型产业政策的新形态和功能探索》，载《山东大学学报（哲学社会科学版）》2021 年第 1 期。

[16] 毛其淋、许家云：《政府补贴对企业新产品创新的影响——基于补贴强度"适度区间"的视角》，载《中国工业经济》2015 年第 6 期。

[17] 陶锋、王欣然、徐扬等：《数字化转型、产业链供应链韧性与企业生产率》，载《中国工业经济》2023 年第 5 期。

[18] 盛朝迅：《推进我国产业链现代化的思路与方略》，载《改革》2019 年第 10 期。

[19] 史丹、许明、李晓华：《产业链与创新链如何有效融合》，载《中国中小企业》2022 年第 2 期。

[20] 孙琴、刘戒骄、胡贝贝：《中国集成电路产业链与创新链融合发展研究》，载《科学学研究》2023 年第 7 期。

［21］宋敏、周鹏、司海涛：《金融科技与企业全要素生产率——"赋能"和信贷配给的视角》，载《中国工业经济》2021 年第 4 期。

［22］王小波、孔莉霞：《城市数字经济发展对制造业集聚水平的影响》，载《经济地理》2023 年第 9 期。

［23］万攀兵、杨冕、陈林：《环境技术标准何以影响中国制造业绿色转型——基于技术改造的视角》，载《中国工业经济》2021 年第 9 期。

［24］吴非、胡慧芷、林慧妍等：《企业数字化转型与资本市场表现——来自股票流动性的经验证据》，载《管理世界》2021 年第 7 期。

［25］吴超鹏、严泽浩：《政府基金引导与企业核心技术突破：机制与效应》，载《经济研究》2023 年第 6 期。

［26］文雁兵、张梦婷、俞峰：《中国交通基础设施的资源再配置效应》，载《经济研究》2022 年第 1 期。

［27］肖文、林高榜：《政府支持、研发管理与技术创新效率——基于中国工业行业的实证分析》，载《管理世界》2014 年第 4 期。

［28］叶振宇、庄宗武：《产业链龙头企业与本地制造业企业成长：动力还是阻力》，载《中国工业经济》2022 年第 7 期。

［29］余泳泽：《中国区域创新活动的"协同效应"与"挤占效应"——基于创新价值链视角的研究》，载《中国工业经济》2015 年第 10 期。

［30］周君璧、汪明月、胡贝贝：《平台生态系统下新型研发机构价值创造研究》，载《科学学研究》2023 年第 8 期。

［31］中国社会科学院工业经济研究所课题组、张其仔：《提升产业链供应链现代化水平路径研究》，载《中国工业经济》2021 年第 2 期。

［32］中国社会科学院工业经济研究所课题组、曲永义：《产业链链长的理论内涵及其功能实现》，载《中国工业经济》2022 年第 7 期。

［33］张其仔、许明：《中国参与全球价值链与创新链、产业链的协同升级》，载《改革》2020 年第 6 期。

［34］张杰、毕钰、金岳：《中国高新区"以升促建"政策对企业创新的激励效应》，载《管理世界》2021 年第 7 期。

［35］"中国城市营商环境评价研究"课题组、李志军、张世国等：《中国城市营商环境评价的理论逻辑、比较分析及对策建议》，载《管理世界》2021 年第 5 期。

［36］张杰、白铠瑞：《中国高校基础研究与企业创新》，载《经济研究》2022 年第 12 期。

［37］张虎、张毅、韩爱华：《我国产业链现代化的测度研究》，载《统计研究》2022 年第 11 期。

［38］张晓兰、黄伟熔：《我国产业链创新链融合发展的趋势特征、经验借鉴与战略要点》，载《经济纵横》2023 年第 1 期。

［39］张煜、苏竣：《创新链视角下产学研合作、高校创新与技术进步》，载《科学学研究》2023 年第 7 期。

［40］郑江淮、钱贵明：《"两个世界悖论"破解与关键核心技术创新：理论与实践》，载《经济学家》2023 年第 5 期。

［41］赵晶、孙泽君、程栖云等：《中小企业如何依托"专精特新"发展实现产业链补链强链——基于数码大方的纵向案例研究》，载《中国工业经济》2023 年第 7 期。

[42] Ang, J. S. , Cheng, Y. , and Wu, C. , 2014: Does Enforcement of Intellectual Property Rights Matter in China? Evidence from Financing and Investment Choices in the High-tech Industry, *Review of Economics and Statistics*, Vol. 96, No. 2.

[43] Bianchi, N. , Lu, Y. , and Song, H. , 2020: The Effect of Computer-assisted Learning on Students' Long-term Development, *Journal of Development Economics*, Vol. 158.

[44] Fuster, A. , Plosser, M. , Schnabl, P. , and Vickery, J. , 2019: The Role of Technology in Mortgage Lending, *Review of Financial Studies*, Vol. 32, No. 5.

[45] Guo, D. , Guo, Y. , and Jiang, K. , 2016: Government-subsidized R&D and Firm Innovation: Evidence from China, *Research Policy*, Vol. 45, No. 6.

[46] Roller, L. H. , and Waverman, L. , 2001: Telecommunications Infrastructure and Economic Development: A Simultaneous Approach, *American Economic Review*, Vol. 91, No. 4.

Spatial Differences and Driving Mechanisms in the Effects of Promoting the Integration of Industrial Chain and Innovation Chain in China

Lei Wang   Jinze Li   Lili Ding

Abstract: Promoting the integration of the industrial chain and the innovation chain is the core task of smoothing the domestic circulation of the industrial chain and building a modern industrial system. Based on the perspective of dynamic integration and evolution of the dual chains, the research scientifically defines the theoretical connotation and core characteristics of the integration of the industrial chain and the innovation chain by systematically sorting out the policy history and evolutionary characteristics of the dual-chain integration. It deeply analyzes the time-varying trend and dynamic mechanism of the integration of the industrial chain and the innovation chain in China from the whole process of "integration foundation-integration power-integration performance". The research finds that the level of integration of the industrial chain and the innovation chain in China continues to rise, and is generally in a coordinated state of integration development. The level of dual-chain integration in the three major regions of the country shows a gradient distribution pattern from east to west. In the eastern region, it is in a state of lagging integrated development between the industrial chain and innovation chain. The support capacity of the innovation chain lags behind the development demands of the industrial chain. The predicament of key "bottleneck" technologies restricts the optimization and upgrading of the industrial chain. In the central region, there is a coordinated integration of the industrial chain and innovation chain. The technological innovation system and industrial chain clusters exert mutual support. In the western region, there is an advanced integration of the industrial chain and innovation chain. The transformation of scientific and technological achievements into real productive forces is not smooth, and the transformation and upgrading of traditional industries lag behind, and there is a lack of development impetus for strategic emerging industries. Furthermore, the overall regional difference in the level of integration of the dual chains in China has narrowed, but it shows a "first decline-then rise" trend, and the difference in the level of integration of the dual chains among the three major regions is the main reason for causing the overall difference in China. The research results provide reference for promoting deep integration between industrial chain and innovation chain in new era, and provide path support for building modern industrial system.

Keywords: Industrial Chain　Innovation Chain　Dual Chain Integration　Integration Index Indicator System

JEL Classification: L60　O25　R11

第 23 卷第 4 辑
2024 年 12 月

产业经济评论（山东大学）
Review of Industrial Economics

Vol. 23　No. 4
December 2024

产业集聚、贸易开放与企业环境绩效

——来自长三角城市群的证据

魏　伟　　曹姝敏[*]

摘　要：本文利用 1998～2012 年长三角城市群的制造业企业微观数据，将产业集聚与出口层面的对外开放纳入统一的框架内，探究开放条件下产业集聚对企业环境绩效的影响效果和作用机制。我们的研究发现产业集聚和贸易开放均能够显著抑制企业二氧化硫的排放强度，贸易开放与产业集聚在改善企业环境绩效上表现出良好的互动效应，贸易开放能够强化产业集聚对于企业环境绩效的改善效应，相关结论具有很好的稳健性。贸易开放和产业集聚能更显著改善一定经济发展水平和沿海城市内的制造业企业环境表现，对于资本密集型和低污染行业内的企业环境表现作用更为明显。在作用机制方面，贸易开放通过减少污染物产生量来增强产业集聚的企业环境正效应，通过更清洁的生产技术和更多的治污设备，从源头上提高资源利用效率来减少污染物产生量，集聚与开放通过一系列外部效应使得行业内企业获得其他企业的技术溢出从而改善环境绩效。本文为开放条件下的产业集聚驱动企业环境绩效提升提供了重要的理论基础，为其他城市群经济绿色高质量发展提供了可参考的示范性路径。

关键词：产业集聚　贸易开放　长三角城市群　企业环境绩效

一、引　言

对外开放作为中国经济发展的重要战略，在推动中国成为世界第二大经济体的过程中发挥着重要作用。2001 年加入世界贸易组织（WTO）以后，我国对外贸易更是蓬勃发展。国家统计局数据显示，2022 年中国货物和服务净出口对经济增长贡献率高达 17.1%。随着中国对外开放程度的加深，以出

---

* 本文受华中师范大学湖北经济与社会发展研究院 2022 年重点立项课题"新发展格局下湖北构建国内国际双循环战略链接的对策研究"（22HZJS11）和国家社科基金一般项目"企业环境行为视角下城市群产业集聚的环境效应评价与绿色发展机制研究"（21BJL063）资助。感谢匿名审稿人的专业修改意见！

魏伟：华中师范大学湖北经济与社会发展研究院（特约）研究员，华中师范大学经济与工商管理学院教授；地址：湖北省武汉市洪山区雄楚大道 382 号，邮编：430079；E-mail：weiweipex@ ccnu. edu. cn。

曹姝敏：中信证券股份有限公司湖北分公司；地址：湖北省武汉市武昌区中北路 9 号，邮编：432100；E-mail：1379541498@qq. com。

口为导向的产业及其相关产业链条带动了国内以城市群、园区和产业集群为标志的集聚经济快速发展。中国城市群经济的兴起，以及各大区域发展战略（如"长江经济带""中部崛起""西部大开发""粤港澳大湾区"等）的提出，都是集聚经济推动中国发展的重要表现。集聚和开放分别代表经济增长的内在模式与外在条件，一直在中国经济的高速发展历程中扮演重要角色，是中国经济实现高速增长的两大重要手段。而近年来，我国经济已由高速增长阶段转向高质量发展阶段，绿色发展开始成为重要趋势，环境保护成为中国经济转型发展的重要约束条件。因此，随着当前中国经济发展目标的转变，集聚、开放这两大传统发展路径对于包含着绿色目标的经济发展是否也能够表现出令人期待的效果呢？基于这一疑问，本文基于微观企业的研究视角，探究在贸易开放的外部环境下，城市群产业集聚与中国企业绿色发展之间的关系。具体而言，本文聚焦国内最为成熟和典型的长三角城市群。2018年，长三角一体化发展上升为国家战略。2019 年中共中央政治局会议进一步强调了长三角一体化发展的示范作用，并提出紧扣"一体化"和"高质量"两大关键词。长三角城市群作为"一带一路"、长江经济带发展战略的交汇之地以及长三角一体化发展战略的主体，在中国具有举足轻重的战略地位，其高度集聚与开放的发展态势为本研究提供了相当典型的样本。

　　学者们对产业集聚与环境污染之间的关系已经开展了多维度的研究，因为研究对象、研究方法的差异，得到的研究结论也有所不同，大致可以归纳为三个方面：一是集聚经济具有环境的正外部性，制造业集聚（Zeng and Zhao，2009）、产业协同集聚（蔡海亚等，2018）在一定程度上可以改善环境污染，降低企业污染排放强度（苏丹妮等，2021）。二是集聚经济会导致污染的集中。Virkanen（1998）通过对芬兰南部工业区的环境问题进行研究，发现集聚是该地区大量空气污染和水污染的直接原因。Frank（2001）以欧盟城市集聚区为样本也得出了类似结论。三是集聚经济对企业环境绩效具有非线性影响。一些学者从产业集聚对环境污染的门槛效应入手，发现产业集聚与环境污染呈倒 U 形关系（齐亚伟，2015；原毅军等，2015；林伯强等，2019）。而李伟娜（2010）、邵帅等（2019）则发现经济集聚与大气污染之间存在倒 N 形曲线关系。此外，部分学者从规模经济（杨帆等，2016）、产业转移（孙晓华等，2018）等异质性视角展开分析，探究集聚经济对污染排放的异质性。在实证方面，当前国内已有文献中对于产业集聚的测度大多采用第一代集聚指数（区位 Gini 系数、区位熵、赫芬达尔指数等）和第二代集聚指数（EG 指数、MS 指数等），而限于数据可得性，以第三代集聚指数为测度指标的文献并不多，即使是以第二代集聚指数为测度标准，其区域和行业的细化程度也不高。就国内而言，中国产业的集聚形成受到空间尺度和行业层次影响程度较深，因此对于国内产业集聚的测度，应当更加注意这两个方面的细化研究。

　　就贸易开放与环境的关系而言，已有很多研究表明国际贸易、外商直接投资对污染减排具有积极作用（Antweiler et al.，2001；盛斌等，2012；景维民等，2014）。大部分学者研究发现对外开放以及贸易壁垒的下降有利于减少本地企业碳排放（Almulali et al.，2015）、降低出口企业的污染排放（Holladay，2016；陈登科，2020）。另一部分学者则是基于污染天堂假说，认为自由贸易只是污染在国家之间的重新分配，使全球范围内的污染行业不断地向发展中国家转移，从而加剧环境污染（Lucas et al.，1992；Cole，2004）。国内学者也得到了相似的结论。如李锴、齐绍洲（2011）以中国省区环境污染为研究对象，发现对外开放增加了中国省份的二氧化碳（CO_2）排放量和碳强度。杨子晖等（2017）则发现污染天堂假说只在中国部分省份成立。

　　已有研究对于本文认识和理解集聚与开放对企业环境绩效的影响提供了有益思路，但仍然存在其不完善的部分。第一，同时考虑集聚与开放对经济活动影响的研究主要集中在对经济增长方面，如对企业全要素生产率（TFP）、地区 GDP 的影响等，研究结论也具有很大差异。如张公嵬、梁琦（2010）利用中国制造业 28 个行业的数据研究出口、集聚和 TFP 增长的关系，得到出口和集聚负向影响 TFP 增长的结论。赵永亮等（2014）基于出口集聚双重视角探究企业的学习能力表现，则发现集聚出口环境下的企业具有明显的生产率优势。第二，就集聚和开放对企业环境表现这一研究范畴内，当前的理论和实证研究也并不空白，但很多学者并未将两大因素同时纳入研究框架，而是更多关注每个因素对结果的单一影响，并且研究结论也并不一致。如 Chertow（2008）、Karkalakos（2010）、Hosoe（2010）等研究基本显示出了产业集聚和开放经济的技术效应和结构效应对环境的正向作用。Fagbohunka（2012）的研究则并不支持集聚与开放对企业环境表现的正面作用。钟娟等（2019）则仅对产业集聚、开放、FDI 的污染减排效应进行了单一的探讨。而基于理论分析，集聚与开放的相互作用对于结果变量的影响也是值得关注的部分。第三，在对集聚这一概念进行具体量化的过程中，国内学者大多采用比较传统的测度方法，如区位熵，而忽略了产业集聚内涵以及测度方法的演化进程，缺乏一定的前沿性。第四，综合各学者的研究视角来看，国内大多数关于集聚、开放与环境污染的研究都停留在省市层面或产业层面，而较少关注更加细化的区域或微观企业的环境影响。为了弥补现有研究在以上方面的不足，本文基于微观企业的研究视角，在区域层面细化到县域，行业层面细化到三位数甚至四位数，并采取较前沿的集聚测度方法（主要包括 Herfindahl 指数、EG 指数和 DO 指数），将集聚与开放的交互作用纳入研究框架，探讨开放条件下产业集聚与企业环境绩效的关系，以期为相关研究作出贡献。

二、典型事实和机理分析

（一）典型事实

1. 长三角城市群环境污染状况

图 1 显示了长三角城市群 1998～2012 年省级层面的环境表现，以二氧化硫排放量为主要观测指标。整体来看，长三角地区省均二氧化硫排放量整体呈现上升趋势，1998～2000 年、2005～2008 年为两个下降阶段，2000～2005 年、2008～2011 年为两个上升阶段，后一阶段污染排放的上升幅度有所减缓。

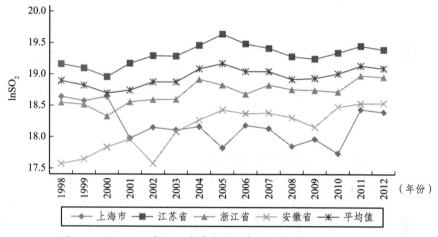

图 1　1998～2012 年长三角城市群二氧化硫排放量（省级层面）

　　分省来看，上海市二氧化硫排放量整体呈现下降趋势，其他 3 个省份则均有不同程度的上升，其中安徽省二氧化硫污染排放的上升幅度最大。4 个省份中，江苏省的污染排放量是唯一高出长三角城市群平均值的。

　　图 2 显示了长三角城市群 1998～2012 年省级层面的工业产值变动[①]。可以看到，长三角地区省均工业总产值呈现上升趋势，2005 年经历了一个小幅下降的阶段后，上升趋势有所放缓，此时也正是该地区二氧化硫排放量有所减少的阶段。分省来看，安徽省工业总产值的上升幅度最大，其他 3 个省市的变动趋势则基本与长三角城市群平均水平一致。江苏省的工业总产值高出平均水平，上海市的工业总产值在 2005 年以前略高于平均水平，2005 年以

---

① 为了剔除价格波动，此处工业总产值为经过了以 1998 年为基期的省份－行业维度的工业品出厂价格指数（PPI）平减处理后的实际值，其中 1998～2004 年的 PPI 按行业维度补齐。除此之外，本文中涉及价格的变量均经过类似处理转化为 1998 年为基期的实际值。

后有所回落。结合图 1 与图 2 的变化趋势，样本期内工业总产值上升最大的安徽省也正是二氧化硫排放量上升最大的省份；工业总产值高出平均水平的江苏，其二氧化硫排放量也高出平均水平。这在一定程度上揭示了长三角城市群经济增长与环境污染的同步变化。

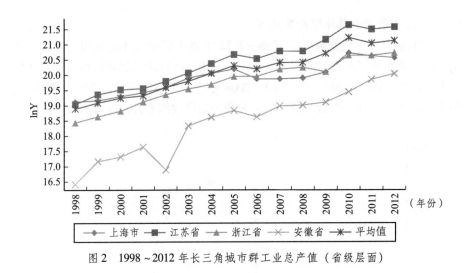

图 2　1998~2012 年长三角城市群工业总产值（省级层面）

2. 长三角城市群产业集聚与环境污染

长三角城市群 1998~2012 年制造业产业集聚水平整体变动情况如图 3 所示①，从两个指数值以及逐年变动趋势（见图 3）可以看出：第一，H 指数测算结果在 0.008~0.018 之间，EG 指数测算结果在 0.016~0.071 之间，H 指数的测算结果整体小于 EG 指数；第二，样本期内 H 指数呈现下降趋势，EG 指数呈现上升趋势。这两点表明长三角城市群制造业的产业集聚水平受到行业内大规模企业的影响越来越小，逐渐形成了产业在地理空间上真正的集聚。

由于 H 指数在行业间不可比，而 EG 指数在行业间可比，因此本文接下来以 EG 指数为主要指标对长三角城市群产业集聚水平进行更细化的度量与更具体的分析。如图 3 所示，长三角城市群产业集聚水平的大幅提高从 2000 年开始，2004 年、2008 年有不同程度的小幅回落，2010 年到达峰值，之后呈现出大幅下降再缓慢提升的趋势。但总体来说样本期间该区域产业集聚水平不断提高，数值从 0.022（1998 年）上升到 0.071（2010 年）再回落到 0.048（2012 年）。一般认为，EG 指数值大于 0.05 为高度集聚。2004 年开始长三角城市群 EG 指数约为 0.05，2006 年以后超过 0.05，也就是说长三角城市群制造业产业从当年开始进入高度集聚水平。

---

① 此处产业集聚指标选取 H 指数、EG 指数，为省级两位数制造业行业相应指数求均值得到。

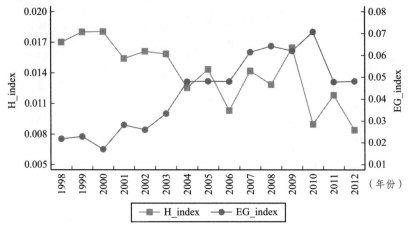

图 3   1998~2012 年长三角城市群制造业产业集聚水平

通过计算长三角城市群市级的企业密度（企业数量/区域面积）和产值密度（工业总产值/区域面积）可以发现，长三角城市群制造业企业在空间上形成东高西低的集聚格局，沿海沿江城市的企业密度和产值密度也基本高于其他地区。同一年份内，长三角城市群各城市单位面积内拥有的企业数量与产出基本对应。其中，上海市拥有的企业数量和产出水平远远高出其他城市，这与其长期以来的经济发展水平和区划地位匹配；浙江省中部如杭州市、绍兴市以及江苏省南部如苏州市，相比于其周边城市则表现出更少的企业数量拥有更高的产出水平这一特征。结合区域层面的 H 指数和 EG 指数来看，这一特征可能意味着相应地区的高产业集聚水平更多是由区域内大规模企业的存在导致的，即企业规模对集聚测度结果的影响比较大。

同时，2001~2012 年，长三角城市群单位面积拥有的制造业企业数量呈上升趋势。从聚集范围变动来看，制造业企业呈现向沿海、沿江城市集聚的倾向，最终形成了江苏省南部、上海市和浙江省东北部的集聚区域范围。上海市、浙江省宁波市和嘉兴市、江苏省的苏州市和常州市单位面积拥有的制造业企业数量基本处于长三角城市群领先地位。随着时间的动态发展，浙江省的企业聚集区域有向西南部迁移的倾向。安徽省各城市单位面积拥有的制造业企业数量则基本居于长三角城市群各城市的尾部。

图 4 分析了 1998~2012 年以来长三角城市群产业集聚水平与环境污染水平的协同变化，同样以省份平均 EG 指数作为产业集聚水平的衡量指标，以省份平均二氧化硫排放量作为环境污染指标。从变动幅度可以明显看出：在低集聚水平的情况下，长三角城市群产业集聚水平的提高带来了污染排放量的大幅增加；在高集聚水平的情况下，长三角城市群产业集聚水平则与污染排放水平呈现反向走势。这一区域层面的协同关系符合现有研究发现的产业集聚与环境污染呈现倒 U 形关系的观点，也是 EKC 理论的核心观点。

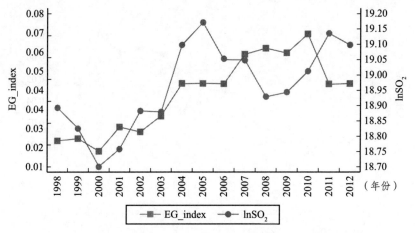

图 4　1998 ~ 2012 年长三角城市群产业集聚与环境绩效

3. 长三角城市群贸易开放与环境污染

国际贸易表现为商品和服务的流通，随着贸易在国家与国家之间的开展，本国的商品和服务面临着更大的国际市场，不仅要满足本国内部需求，也要满足国际需求，需求作用于供给，从而使得本国需要更多的资源进行商品和服务的生产与提供，资源消耗对环境带来负面影响。从这一方面来说，出口对环境的影响要明显大于进口。因此，本文关于贸易开放水平的分析主要聚焦于出口层面的开放，包括出口的集约边际与扩展边际①。图 5 和图 6 显示了 1998 ~ 2012 年长三角城市群贸易开放的变化特征和环境变化特征，分别以出口规模和出口企业数量作为长三角城市群贸易开放表现的指标。

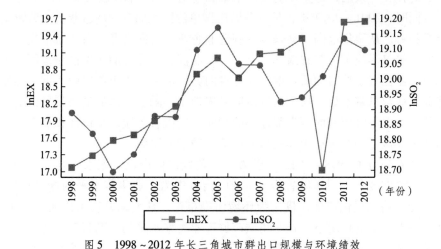

图 5　1998 ~ 2012 年长三角城市群出口规模与环境绩效

---

① 此处扩展边际指企业进入出口市场，集约边际指出口企业在出口贸易额上的变化。

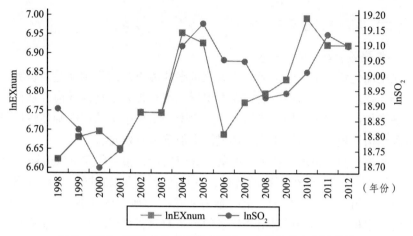

图 6　1998～2012 年长三角城市群出口企业数量与环境绩效

从图 5 中可以看出，长三角城市群出口规模与二氧化硫排放量整体呈现同步上升趋势。此处需要说明的是，2010 年的出口规模数据呈现出与邻近年份相差过大的异常状况，可能说明相关指标在统计上存在系统性误差或面临一些不可观测的宏观因素影响，本文的稳健性检验将考虑这一现实因素，并予以解决。

根据图 6 所示，长三角城市群出口企业的数量整体呈现上升趋势，2001 年中国加入 WTO，也是在这段时间以后长三角城市群出口企业数量的上升幅度有了明显的增加，但在 2004～2006 年，长三角城市群出口企业的数量有一个较大的下降趋势，该区域的二氧化硫排放量也在第二年随之下降。

对比图 5 与图 6，可以发现，相比于出口规模与二氧化硫排放量的协同变动趋势而言，长三角城市群制造业出口企业数量变动与二氧化硫排放量的协同关系更为明显，表现为在样本期大多数年份都呈现出较为一致的同增同减关系。

我们计算了长三角城市群各年的市级制造业出口企业比重和出口密度（出口额/区域面积）情况。从城市空间来看，长三角城市群的开放程度呈现出东高西低、北高南低的空间格局，并且显现出两大出口集聚群，一是位于城市群东北部的上海—苏州城市圈；二是位于城市群东南部、浙江省东部的绍兴—宁波—台州城市圈。对比同一年份的出口企业比例和出口密度，出口企业比例与出口密度呈现出较为一致的布局。静态来看，上海市、江苏省苏州市以及浙江省绍兴市、宁波市的出口企业比例和出口密度一直较高，安徽省各城市的开放水平处于末端位置。动态来看，长三角城市群各城市的开放水平都有不同程度的提高，随着时间的推移，出口企业分布有向东南方向扩张的趋势。

（二）理论分析与研究假设

1. 集聚效应与 EKC 理论

在全球化背景下，经济活动的集聚带来的最直观的作用就是对资源配置的改善、技术知识的溢出以及空间组织形态变化带来的规模效应，从而对区域经济增长产生促进作用。当然，过度集聚和集聚结构的扭曲则使得区域面临资源结构性短缺或资源错配、环境污染加重等系列问题。

有关集聚与经济增长的关系由集聚效应揭示，相关研究可以追溯到 1920 年 Marshal 对企业集聚外部性的解释，其认为企业得以在同一区位集聚，有三大原因：第一，专业化的产品与服务；第二，地方化的劳动力池；第三，人力资源累积产生的知识溢出和技术创新。前两者可以概括为产业集聚的资源正外部性，后者是产业集聚的技术正外部性。以前两者为核心进行延伸的学者有 Krugman、Baldwin 等，以 Krugman 为代表的新经济地理学派将空间因素纳入一般均衡分析，对产业集聚形成及其促进经济增长的途径进行了分析，认为企业一般选择市场规模大的区位进行生产活动，并且通过前后向关联效应使得企业的规模效应得以发挥，从而进一步吸引企业集聚，形成正向循环，最终促进经济增长。以后者为核心进行研究的学者（Karkalakos、Porter、Chertow）认为集聚产生的知识溢出效应通过提升产业竞争力、进一步优化资源配置和激励企业技术创新等方面对国民经济高速增长产生重要的作用。而以集聚为手段的经济增长也暴露出相当多的问题。一方面，企业过度集聚会使得其对资源的竞争加剧，从而在规模效应之上形成拥挤效应，同时资源的过度集中也导致了企业对资源的过度消耗。另一方面，集聚带动经济增长的过程中，其环境负外部性也同步体现。

关于经济增长与环境污染之间的关系则由 EKC 理论揭示，其核心观点是当一个国家或地区的经济发展水平较低时，其环境污染程度也相应较低，此时随着经济的增长，环境污染也逐渐加剧；而当经济发展到一定水平，即到达一定的阈值时，随着经济的增长，环境污染程度又有所减缓，环境质量得到改善。EKC 理论最终表现为环境污染与经济增长之间的倒 U 形关系。在此基础上，Grossman and Krueger（1991）进一步将经济增长对环境质量的影响分解为通过规模效应、技术效应与结构效应三种途径：第一，规模效应。经济增长以对资源利用的增多为前提，因此更多的产出必然意味着更多的污染排放。第二，技术效应。高经济增长与高环保技术和高效率技术密切相关。技术的进步一方面改善资源使用效率从而减少产出的污染排放总量，另一方面清洁技术的进步则进一步降低产出的单位排放量。第三，结构效应。经济增长会改变投入与产出之间的结构关系，即早期重工粗放和资源型企业的发展会由技术密集和服务型企业的发展取代，从而最终改善环境质量。其中，规模效应带来的影响是负向的，技术和结构效应带来的影响是正向的，总效应则取决于各效应相对力量的强弱。

总而言之，集聚效应解释了集聚对经济增长的影响，EKC 理论则解释了经济增长与环境污染之间的关系，从而构建起了产业集聚—经济增长—环境污染的影响链和产业集聚—技术溢出与污染结构变化—环境改善的影响链。在本文的框架内，长三角城市群的典型事实揭示了产业集聚水平与区域环境污染水平的倒 U 形关系，符合 EKC 理论的观点，而产业集聚水平与企业环境绩效之间的关系还有待进一步检验。由此，本文提出：

假说 1：在长三角城市群制造业企业样本中，产业集聚水平的提高会影响企业环境绩效，并且二者之间可能存在倒 U 形关系。

2. 出口学习效应与污染天堂假说

贸易开放使得企业面临更广阔的国际市场，需求作用于生产使得企业能够通过扩大生产规模来获取规模经济。同时，也被要求适应不同的市场提出的对其产品和服务的不同要求。当企业面临更低标准的国际市场而降低标准不会在国内受到惩罚时，其表现可能变坏，如产生创新惰性、生产低质产品、管理松懈、疏于环境治理等；而当企业面临更高标准的国际市场时，为了能够进入该市场，企业将受到激励从而表现得更好，如主动进行研发投资或从出口中学习先进的国际经验和技术、主动提高产品质量标准和环保标准等。因此，出口的企业相比于非出口企业往往有着更高的企业生产率，其技术水平、管理水平等各方面也更先进，这种现象被称为"出口学习效应"（张杰等，2016；钱学锋等，2011）。出口学习效应揭示了出口层面的贸易开放对企业表现的改善，企业的环境绩效作为企业表现的一部分，在面临更高环保要求的国际市场时也将得到改善。

关于贸易开放与环境污染的另一代表性理论是由 Walter and Ugelow（1979）提出的污染天堂假说。该假说建立在自由贸易的基础上，探讨了产业转移带来的污染转移问题。其核心内容是发达国家会将本国污染密集型的产业向环境标准低的发展中国家转移，使得发展中国家的环境污染加剧，而本国的环境质量得到改善。这一假说的内在逻辑与 EKC 理论是一致的，结合来看，可以认为，一个国家或地区经济增长到一定水平，其环境质量得到改善，除了该国家或地区本身的绿色技术发展之外，另一重要原因可能在于其污染密集型产业得到了迁移，因此其环境质量改善并不是由于污染物排放量绝对值的减少，而是污染物排放从该国家或地区转移到了其他国家或地区。在污染天堂假说中，低环境标准的发展中国家的污染加剧是发达国家转移污染型产业后的被动后果。而 Dua and Esty（1997）则认为经济一体化的过程使发展中国家为了保持贸易竞争力而主动降低环境标准，从而出现了"向下竞争"或"向底线赛跑"的局面，这一观点主要突出了一个国家或地区为了谋求经济发展而主动牺牲环境的战略政策，是从动机上对污染天堂假说进行的一种新补充。

贸易开放对环境污染的影响同样被 Grossman and Krueger（1995）分解为

规模效应、技术效应和结构效应：第一，规模效应。贸易规模的增加导致更多的资源消耗，从而产生更多的环境污染。第二，技术效应。贸易开放有利于技术的扩散，包括清洁技术和污染技术。第三，结构效应。贸易开放带来的专业化分工使得产业的结构在更大的范围内重构，表现为，在清洁产业具有比较优势的国家或地区更注重于生产清洁型产品，在污染产业具有比较优势的国家或地区更注重于生产污染型产品。其中，贸易开放的规模效应同样带来负效应，技术效应的影响是双向的，结构效应则表现出国家或地区以及产业的异质性。除了以上分类，也有学者提出了贸易开放与环境污染之间的其他机制，如资源配置效率和环境规制（Runge，1994）、法规效应和收入效应（Panaytou，2000）等。

出口学习效应揭示了贸易开放给企业环境表现带来的正向影响，认为出口倒逼企业主动谋求技术进步，从而改善企业环境污染行为。污染天堂假说则认为贸易开放使得污染随着企业或产业的转移在更广阔的区域内进行重新分布。因此，贸易开放—技术改进—环境改善的影响链和贸易开放—污染转移—环境污染的影响链均有其道理。在本文框架内，长三角城市群的典型事实揭示了出口层面的贸易开放与区域环境污染之间的协同关系，而企业层面的出口与企业环境绩效之间的关系以及开放条件下产业集聚对企业环境绩效的影响有待进一步实证检验。由此，本文提出假说2：

假说2：在长三角城市群制造业企业样本中，出口层面的贸易开放会影响企业环境绩效。

（三）机制框架

1. 效应分解

基于理论分析，产业集聚与贸易开放对环境的影响均能拆解为规模效应、技术效应和结构效应三大部分。很多学者也在实证中采用效应分解的方式对宏观的产业环境污染和微观的企业环境污染进行解构，来挖掘影响企业环境绩效的微观机理。因此，为了构建本研究中集聚开放影响企业环境绩效的微观机制，笔者沿用这种效应分解的方式并采取以下思路：在产业层面上则将环境污染总效应分解为规模效应、结构效应和技术效应三种子效应，这三种效应成为企业面临的外部效应，反映企业受到行业内其他企业的影响；在企业内部将环境污染总效应分解为规模效应、技术效应两种子效应，这两种效应成为企业面临的内部效应，反映企业自身受到的影响。在此基础上探究产业集聚与贸易开放影响企业环境绩效的具体作用机制。产业层面和企业层面的效应分解过程参考 Levinson（2009）、Fan et al.（2019）的做法，分别进行如下设定：

（1）产业环境污染分解公式。产业层面的环境污染被分解为规模效应、结构效应和技术效应三个部分，具体分解过程为：

$$P = \sum_s p_s = \sum_s y_s e_s = \gamma \sum_s v_s e_s \qquad (1)$$

其中，第一个等号表示制造业产业的总污染（P）等于各行业产生的污染之和（p_s），第二个等号表示各行业产生的污染之和等于各行业产出（y_s）与单位产出污染值（e_s）之积，第三个等号表示总污染最终分解为制造业产业总产值（γ）、各行业产值占总产值之比（v_s）与单位产出污染值（e_s）三个部分。将以上方程求导，得到：

$$dP = v'e \cdot d\gamma + \gamma e \cdot dv' + \gamma v' \cdot de \qquad (2)$$

等式右边第一项为规模效应，是总污染的变化由制造业产业总体规模变化来解释的部分；第二项为结构效应，是总污染的变化由制造业产业结构变化解释的部分；第三项为技术效应，是总污染的变化由技术变化解释的部分。

（2）企业环境污染分解公式。根据 Fan et al.（2019），企业层面的环境污染被分解为规模效应和技术效应两个部分，因此式（1）、式（2）改写为：

$$p_{i,t} = y_{i,t} \times \frac{p_{i,t}}{y_{i,t}} \qquad (3)$$

两边取对数，得到：

$$\log(p_{i,t}) = \log(y_{i,t}) + \log\left(\frac{p_{i,t}}{y_{i,t}}\right) \qquad (4)$$

其中，等式左边为企业的污染物排放量；等式右边第一项为企业的工业总产值，表示企业内部规模效应带来的企业污染变化，等式右边第二项为企业单位产出的污染排放量，表示企业内部技术效应带来的企业污染变化。

2. 机制框架

在上述效应分解的基础上，本文从微观企业的视角，以企业选址决策和出口决策的后果来判断在集聚和开放的背景下企业的环境绩效，并进一步探讨相应产业和区域的宏观绿色发展格局，结合现有理论和实证，机制框架梳理如图 7 所示。

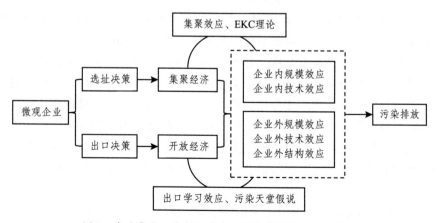

图 7　产业集聚、贸易开放与企业环境绩效的机制框架

　　在该框架下，处于集聚环境下的微观企业能够获得产业集聚带来的资源溢出和技术溢出，从而提高企业自身的产出，但也可能导致其环境产出同步提高，带来环境负外部性，而技术溢出又可能使得企业改善环境技术，带来环境正外部性。处于开放环境下的微观企业为了服务其出口目的主动进行技术革新或从出口中学习到先进的清洁技术，从而产生环境正外部性，但也可能因为出口规模的扩张和污染的转移而产生环境负外部性。总的来说，出口集聚环境使企业面临着一系列内部效应和外部效应，这些效应通过规模经济、知识溢出、技术进步、生产率提高、资源重新配置、产业结构调整等多种途径，最终影响企业的环境绩效。由此，本文提出：

　　假说 3：贸易开放与产业集聚在改善企业环境绩效上表现出良好的互动效应。具体而言，同种开放水平下，高集聚水平企业比低集聚水平企业的环境绩效更好；同种集聚水平下，出口企业比非出口企业环境绩效更好。

　　假说 4：产业集聚与贸易开放对长三角城市群制造业企业环境绩效的影响通过企业内部效应和企业外部效应两大途径体现，其中企业内部效应表现为内部规模效应和内部技术效应，反映企业自身受到集聚与开放的直接影响；企业外部效应表现为行业规模效应、行业结构效应和行业技术效应，反映企业受到行业内其他企业溢出带来的间接影响。

三、研 究 设 计

（一）样本和数据来源

　　本文的样本为 1998～2012 年长三角城市群的制造业企业，其中地区维度细分到县域层面，行业维度细分到四位数行业，相应数据来源于各城市统计年鉴和统计公报。企业层面的基本信息、经济数据和环境数据来源于中国工业企业数据库、中国工业企业污染数据库①。

　　为了获得本研究的基础数据，本文将两大数据库进行匹配并做如下处理：第一步，以中国工业企业数据库为基准，参考 Brandt 等学者的贯序匹配法，根据法人代码、企业名称、邮政编码、地区代码、法定代表人姓名、主要产品等基本信息对同一企业进行识别，在此基础上对于存在 2 年以上间隔未成功识别的企业，进一步分别按照法人代码和企业名称进行识别，以提高后续匹配成功率。第二步，处理中国工业企业污染数据库的异常值、缺失值和重复值，将其与第一步中经过清洗的工企面板数据进行匹配，对于无法唯一识别的数据根据企业名称等信息进行二次匹配。第三步，调整行业代码统

---

① 中国工业企业污染数据库是中国特有且目前国内研究使用较少的环境数据库，含有丰富的企业环境行为信息，且数据质量较为可靠（陈登科，2020）。

计口径。本文将四位数行业代码统一为 GB/T4754 - 2002 标准，并只保留位于两位数 13 ~ 42 间的制造业行业。第四步，统一行政区划代码。对于撤县设市、县市合并等行政区划的变动，本研究以民政部网站公布的 2003 年行政区划及其代码为基准，通过合并、替代、删除或增加等方式，将 1998 ~ 2012 年中国工业企业数据库的 6 位数地区代码进行统一。第五步，对数据进行价格平减、处理异常值、插补缺失值等操作①。

（二）模型设定与变量定义

根据本研究的目的和逻辑框架，拟建立的基本模型如下：

$$ENV_{ijt} = \alpha_1 + \beta_1 IA_{jt} + \beta_2 EX_{it} + \theta'X + \mu_i + v_t + \varepsilon_{ijt} \qquad (5)$$

其中，下标 i、j、t 分别表示企业、产业、年份，被解释变量 ENV_{ijt} 为企业环境绩效指标，采用二氧化硫排放强度作为度量指标。核心解释变量 IA_{jt} 为产业集聚指数（Industry agglomeration index），基准回归中采用以从业人数为权重的县域三位数行业 EG 指数，稳健性检验中采用其他维度的 EG 指数和 DO 指数。核心解释变量 EX_{it} 为企业出口指标，包括是否出口和出口规模两类。'X 为一系列控制变量，包括企业、区域、行业层面的指标。μ_i、v_t 分别表示企业、年份固定效应；ε_{ijt} 为随机扰动项。

为了探究产业集聚对企业环境绩效的非线性关系以及开放条件下产业集聚对企业环境绩效的影响，本文在基本模型的基础上进一步引入相应变量的平方项及交互项，设定相应的模型如下：

$$ENV_{ijt} = \alpha_1 + \beta_1 IA_{jt} + \beta_2 IA_{jt}^2 + \theta'X + \mu_i + v_t + \varepsilon_{ijt} \qquad (6)$$

$$ENV_{ijt} = \alpha_1 + \beta_1 IA_{jt} + \beta_2 EX_{it} + \beta_3(IA_{jt} \times EX_{it}) + \theta'X + \mu_i + v_t + \varepsilon_{ijt} \qquad (7)$$

在机制分析中，本文以效应分解为依据，挖掘产业集聚与贸易开放对企业环境表现的影响途径。其中，企业层面环境总效应分解为规模效应和技术效应两个部分，反映集聚与开放通过企业内部效应影响其环境表现的作用机制；同时考虑行业层面的规模效应、结构效应和技术效应对企业的影响，反映集聚与开放通过企业外部效应影响其环境表现的作用机制。设定相应的模型如下：

$$Z_{ijt} = \alpha_1 + \beta_1 IA_{jt} + \beta_2 EX_{it} + \beta_3(IA_{jt} \times EX_{it}) + \theta'X + \mu_i + v_t + \varepsilon_{ijt} \qquad (8)$$

其中，Z_{ijt} 为机制变量。

1. 企业环境绩效指标构建

企业环境绩效指标为本文的被解释变量，采用工业二氧化硫作为衡量企业环境污染的主要指标，以排放强度（污染物排放量/实际工业总产值）的

① 本文以 1998 年为基期将所涉及的名义变量进行价格平减处理；异常值的处理主要包括对企业的筛选，如剔除人数少于 8 人、关键指标小于 0 的企业；缺失值主要采用线性插值法和均值法进行补充；剔除异常、缺失过于严重且无法找到合适的替代处理方法的样本。

形式衡量。

2. 贸易开放指标构建

本文的开放程度指标采用是否出口的指示变量和出口规模的连续变量两类。企业是否出口由其出口贸易额是否为 0 指代，当企业出口贸易额为 0 时，表示企业为非出口企业，否则为出口企业；企业出口规模由企业出口贸易额的具体大小衡量。交互项中的贸易开放指标采用出口规模。

3. 产业集聚指标测度

本文基于集聚指数测度方法的发展，选取赫芬达尔指数（H 指数）、EG 指数、DO 指数对样本的集聚程度进行测算，需要说明的是，为了获取企业污染数据，笔者将工企数据库与污染数据库进行了匹配，同时损失了相当数量的企业样本，这种损失对集聚指数的测度有一定的影响。为了集聚指数测度的准确性，笔者采用原始的工企数据库样本进行计算，然后再将测算结果匹配到本文的样本中。

（1）H 指数测算。H 指数由赫希曼提出，后经赫芬达尔做了进一步阐释，其测算的是产业的市场集中程度，以企业的市场份额反映市场结构，侧重大企业对市场的影响，是对产业内企业规模不平衡现象的简单描述，其测算公式为：

$$H^s = \sum_i z_i^2 \tag{9}$$

其中，i 表示企业个数，z_i 表示企业 i 规模占该行业规模的比重。衡量规模的指标一般有从业人数、工业总产值、工业增加值等，本文选取从业人数和工业总产值，下同。

（2）EG 指数测算。Ellison and Glaeser（1997）认为企业选址倾向会导致空间上的不均衡格局。该倾向由两种力量导致：第一，自然力量，即对自然资源的需求。第二，集聚外部性，即对其他企业的需求。第二种力量的结果是，当某地区已经有一定的企业集聚规模时，其他企业选择该地区的概率会增高。假设企业追求利润最大化，则其也将选择给自己带来最大利润的地区，其利润的决定因素为：第一，区域禀赋；第二，区域内企业形成的集聚经济；第三，企业自身禀赋。据此，EG 指数基于企业区位选址理论，考虑企业基于区位禀赋和集聚外部性进行的选址决策，将企业经济活动汇总，其公式被设定为：

$$\gamma_{EG} = \frac{G_{EG}^s - H^s}{1 - H^s} \tag{10}$$

其中，$G_{EG}^s = \dfrac{\sum\limits_{r=1}^{R} (\lambda_r^s - \lambda_r)^2}{1 - \sum\limits_{r=1} \lambda_r^2}$ 为总体集聚程度，反映行业地理分布情况。

r 为地理单元，λ_r^s 为区域 r 中 s 行业规模占该行业总规模的比重，λ_r 为区域 r

所有行业规模占所有行业规模比重。$H^s = \sum_i z_i^2$ 表示产业赫芬达尔指数，反映行业内企业规模分配情况。

（3）DO 指数测算。Duranton and Overman（2005）提出了基于连续空间的集聚指数——DO 指数，该指数采用密度函数形式测算基于距离的企业密度分布，其核心思想是如果个体集聚在一起，那么它周围的其他个体会比随机分布情况下多。相比于前两代集聚指数，DO 指数满足行业间可比、控制经济活动总体集聚程度、控制行业集中程度、不受空间尺度改变的影响、能对结果进行显著性检验这五个标准（陈建军等，2017；袁海红等，2014）。其测算过程为：

第一步，对于 S 产业内的 n 个企业，计算两两企业之间的欧式距离，得到 n(n-1)/2 个不同的距离数，利用高斯核平滑估计距离的分布，得到基于距离的密度估计值：

$$\hat{K}(d) = \frac{1}{n(n-1)h} \sum_{i=1}^{n-1} \sum_{j=i+1}^{n} f\left(\frac{d-d_{i,j}}{h}\right) \tag{11}$$

其中，$d_{i,j}$ 是企业 i 和企业 j 之间的距离，h[①] 是给定的最优带宽，f 是高斯核函数。由于本文的样本量总体较大，因此采取随机抽样[②]的方法从总样本中抽取部分样本进行估计。

考虑到企业规模对企业分布形式的影响，因此将企业从业人数作为权重，将式（11）变形为：

$$\hat{K}^{emp}(d) = \frac{1}{h\sum_{i=1}^{n-1}\sum_{j=i+1}^{n}(e_i+e_j)} \sum_{i=1}^{n-1} \sum_{j=i+1}^{n} (e_i+e_j)f\left(\frac{d-d_{i,j}}{h}\right) \tag{12}$$

其中，e_i 和 e_j 分别为企业 i 和企业 j 的从业人数[③]。

第二步，基于蒙特卡洛模拟建立局部置信区间，具体做法是从全样本中随机抽取 n 个企业的位置数据作为 S 产业内 n 个企业的替代数据，根据式（12）计算出随机分布下的核密度估计值，将以上做法重复进行 1000 次，并将估计结果按升序进行排序，选择 95% 与 5% 作为置信区间的上下限（$\overline{K}(d)$、$\underline{K}(d)$）。此时，在某一距离 d 上，若有 $\hat{K}(d) > \overline{K}(d)$，表明 S 产业在距离 d 上集聚（95% 的置信水平上）；若有 $\hat{K}(d) < \underline{K}(d)$，表明 S 产业在距离 d 上分散（95% 的置信水平上）。因此，定义集聚指数 γ(d) 和分散指数 φ(d) 分别为：

$$\gamma(d) \equiv \max(\hat{K}(d)-\overline{K}(d),\ 0) \tag{13}$$

---

① 借鉴 Silverman（1986）和孟美侠等（2019）的做法，选取 $h = \frac{1}{25}\mathrm{std}(K) \times \left(\frac{4}{3n}\right)^{\frac{1}{5}}$。

② 随机抽取 1998～2012 年每年两位数行业内 50% 的企业作为 DO 指数测算的基础样本。

③ 本文借鉴孟美侠等（2019）的做法，将权重以加法形式代替乘法形式；借鉴 Duranton and Overman（2005）的做法，剔除企业从业人数少于 10 的企业，以减少极端值的影响。

$$\varphi(d) \equiv \max(\underline{K}(d) - \hat{K}(d),\ 0) \tag{14}$$

第三步，构造全局置信区间。第二步中定义的集聚指数与分散指数只反映了局部的信息。为了能够描述产业 S 在全局的集聚和分散状况，还需进一步建立全局置信区间。具体做法是：对多个距离上的局部极值进行插值，得到 95% 的全局置信区间 $\left[\overline{\overline{K}}(d),\ \underline{\underline{K}}(d)\right]$。定义集聚指数 $\Gamma(d)$ 和分散指数 $\Psi(d)$ 为：

$$\Gamma(d) \equiv \max(\hat{K}(d) - \overline{\overline{K}}(d),\ 0) \tag{15}$$

$$\Psi(d) \equiv \begin{cases} \max(\underline{\underline{K}}(d) - \hat{K}(d),\ 0),\ \text{if } \sum_{d=0}^{d=\overline{d}} \Gamma(d) = 0 \\ 0,\ \text{其他} \end{cases} \tag{16}$$

其中，$\overline{d}$ 是两两企业间距离的中位数，作为区分集聚与分散的门槛值。

第四步，构造衡量产业集聚程度的指标。第二、第三步中定义的集聚指数与分散指数均是基于距离的函数，无法直接用来作为本文产业集聚的度量指标。为了明确得到此指标，本文借鉴孟美侠等（2019）的做法，根据基于距离的概率密度函数，确定产业 S 在 0 到距离 m 的产业集聚指标，具体计算公式为[①]：

$$\theta_S = 100 \times \left(\frac{\int_0^m \hat{K}(d)d(d)}{\int_0^{400} \hat{K}(d)d(d)} \right) \tag{17}$$

其中，m 取 30 千米、35 千米、40 千米作为稳健性检验。

4. 控制变量

参考现有文献，本文从企业、区域、行业三个维度选取合适的控制变量，主要包括企业规模、企业年龄、企业融资约束、企业类型；区域的经济发展水平、基础设施水平；行业规模、多样化程度、外向程度、集中程度。具体含义和构造过程如表 1 所示。

表 1   变量说明

	变量名称		构造方法
被解释变量	企业环境指标	二氧化硫排放强度（lnSO₂）	企业二氧化硫排放量/实际工业总产值，取对数
解释变量	产业集聚指数	集聚指数（IA）	详见 3.1.1
	贸易开放指标	是否出口（exdum）	企业出口为 1，否则为 0
		出口规模（lnex）	企业出口贸易额，取对数

---

① 根据孟美侠等（2019），实证中第三步得到的 DO 指数用来衡量产业集聚会存在经济含义不明确以及对于随机行业和分散行业均以 0 值代替的问题。采用式（11）的好处是可以将随机和分散行业的集聚程度用具体数值表示出来，从而解决数据删失导致的估计结果偏误问题。

续表

变量名称			构造方法
控制变量	企业层面	企业规模（lngm）	企业实际固定资产，取对数
		企业年龄（lnage）	当年减去企业成立时间加 1 取对数
		企业融资约束（fc）	（流动资产—流动负债）/总资产
		企业类型（SOE、FOE）	国有为 1，否则为 0；外资为 1，否则为 0
	区域层面	经济发展水平（lnpgdp）	实际人均地区生产总值，取对数
		基础设施水平（lnroad）	年末道路面积/年末总人口，取对数
	行业层面	行业规模（lnscale_ind3）	三位数行业实际工业总产值，取对数
		多样化程度（RDI_ind3）	1/｜城市其他行业从业人数/区域其他行业从业人数 - 区域其他行业从业人数/区域从业总人数｜，其中行业维度为三位数行业
		外向程度（Fdi_ind4）	四位数行业外资企业产值/行业总产值
		集中程度（lnH_ind4）	四位数行业赫芬达尔指数，取对数

四、实　证　分　析

（一）基准结果

表 2 报告了基准回归结果。首先，表 2 中列（1）至列（2）为式（1）的回归结果，检验了产业集聚和贸易开放的环境效应，结果显示，长三角城市群制造业产业集聚和出口规模扩张对企业二氧化硫的排放具有抑制作用，在控制了一系列企业—行业—区域层面特征后结果仍然稳健。其次，表 2 中列（3）至列（4）为式（2）的结果，平方项检验了产业集聚对企业环境绩效的非线性影响。产业集聚的平方项对污染物的影响系数为负但不显著，且系数值接近于 0，这表明长三角城市群制造业产业集聚对企业二氧化硫排放强度的影响无法呈现出显著的非线性关系。因此，产业集聚与企业环境绩效的倒 U 形关系在长三角城市群制造业企业样本中无法得到验证。总体来看，产业集聚能够显著减少企业二氧化硫的排放强度，但二者不具有显著的倒 U 形关系。表 2 中列（5）至列（6）为式（3）的结果，交互项检验了产业集聚与贸易开放对企业环境绩效的互动效应。其中列（6）为考虑出口的扩展边际带来的影响。在是否出口和出口规模两类开放指标项下，交互项的估计系数均显著为负，表明贸易开放减小了企业二氧化硫的排放强度，改善了企业环境绩效。比较两列交互项系数值的大小，还可以进一步发现，在同样集聚的条件下，出口企业相比于非出口企业的环境改善程度好于出口企业的出口规模进一步增长带来的环境改善，即出口的扩展边际对产业集聚环境正效

应的促进作用强于集约边际。

表 2 产业集聚、贸易开放与企业环境绩效基准回归结果

变量	lnSO$_2$					
	（1）	（2）	（3）	（4）	（5）	（6）
IA_eg	-0.039 ** （-2.35）	-0.040 ** （-2.35）	-0.038 * （-1.66）	-0.039 * （-1.65）	-0.043 ** （-2.52）	-0.013 （-0.70）
lnex	-0.063 *** （-2.71）	-0.056 ** （-2.44）			-0.056 ** （-2.46）	
（IA_eg）^{2}			-0.0001 （-0.03）	-0.0003 （-0.09）		
IA_eg × lnex					-0.038 *** （-2.64）	
exdum						-0.024 （-0.59）
IA_eg × exdum						-0.073 *** （-2.76）
lngm		-0.127 *** （-5.84）		-0.132 *** （-6.08）	-0.127 *** （-5.85）	-0.131 *** （-6.05）
lnage		0.449 *** （6.09）		0.442 *** （6.00）	0.446 *** （6.07）	0.441 *** （5.99）
fc		-0.000 （-1.63）		-0.000 （-1.57）	-0.000 （-1.63）	-0.000 （-1.57）
SOE		0.181 （1.63）		0.179 （1.62）	0.180 （1.62）	0.178 （1.61）
FOE		-0.021 （-0.18）		-0.024 （-0.21）	-0.020 （-0.18）	-0.023 （-0.20）
lnpgdp		-0.086 *** （-5.94）		-0.086 *** （-5.92）	-0.086 *** （-5.95）	-0.086 *** （-5.94）
lnroad		0.003 （0.06）		0.003 （0.06）	0.003 （0.05）	0.002 （0.04）
lnscale_ind3		-0.066 *** （-3.36）		-0.066 *** （-3.39）	-0.065 *** （-3.33）	-0.065 *** （-3.35）

续表

变量	$\ln SO_2$					
	(1)	(2)	(3)	(4)	(5)	(6)
RDI_ind3		-0.417 ***		-0.420 ***	-0.407 ***	-0.410 ***
		(-3.55)		(-3.58)	(-3.47)	(-3.48)
Fdi_ind4		-0.271 *		-0.273 *	-0.267 *	-0.270 *
		(-1.94)		(-1.95)	(-1.91)	(-1.94)
lnH_ind4		-0.007		-0.007	-0.008	-0.008
		(-0.34)		(-0.34)	(-0.38)	(-0.39)
Constant	-1.441 ***	0.848 **	-1.439 ***	0.915 **	0.838 **	0.907 **
	(-27.73)	(2.07)	(-27.50)	(2.24)	(2.05)	(2.22)
企业固定效应	YES	YES	YES	YES	YES	YES
年份固定效应	YES	YES	YES	YES	YES	YES
企业聚类	YES	YES	YES	YES	YES	YES
R^2	0.063	0.068	0.063	0.068	0.068	0.068
N	98375	98375	98375	98375	98375	98375

注：核心解释变量 IA_eg、lnex 经过了标准化处理，其公式为（变量－均值）/标准差。*、**、*** 对应统计上的显著性水平，分别为 10%、5% 和 1%。括号内为稳健性 t 统计量。

（二）异质性分析

1. 区域异质性

表 3 给出了分省市的子样本下产业集聚与贸易开放对企业环境绩效的影响。从交互项系数可以看出，江苏省和浙江省内企业的环境表现受到产业集聚与贸易开放的交互效应更加显著，而对上海市和安徽省内的制造业企业而言，该交互效应不具有统计学上的显著性。

表 3　　　　　　　　　　　　　　区域异质性

变量	(1)	(2)	(3)	(4)	(5)	(6)
	上海	江苏	浙江	安徽	沿海城市	非沿海城市
IA_eg	-0.015	-0.005	-0.078 ***	0.039	-0.061 ***	-0.007
	(-0.33)	(-0.18)	(-3.27)	(0.42)	(-2.97)	(-0.21)
lnex	-0.029	-0.067 *	-0.109 ***	0.051	-0.072 **	-0.045
	(-0.52)	(-1.96)	(-2.78)	(0.65)	(-2.38)	(-1.27)
IA_eg × lnex	-0.001	-0.062 **	-0.024	0.110	-0.034 **	-0.042
	(-0.02)	(-2.53)	(-1.26)	(1.16)	(-2.08)	(-1.47)

续表

变量	（1）	（2）	（3）	（4）	（5）	（6）
	上海	江苏	浙江	安徽	沿海城市	非沿海城市
Constant	17.054 *** (7.09)	-0.315 (-0.42)	-0.377 (-0.45)	2.559 (1.52)	0.742 (1.38)	2.055 *** (2.90)
控制变量	YES	YES	YES	YES	YES	YES
企业固定效应	YES	YES	YES	YES	YES	YES
年份固定效应	YES	YES	YES	YES	YES	YES
企业聚类	YES	YES	YES	YES	YES	YES
Adjust $-R^2$	0.070	0.111	0.048	0.035	0.069	0.073
N	13742	42180	35315	7138	59322	39053

注：*、**、***为统计上的显著性水平，分别为 10%、5% 和 1%。括号内为稳健性 t 统计量。

　　就经济发展而言，长三角城市群四省市中，上海市的经济发展水平最高，产值规模也最大，江苏省和浙江省次之，安徽省的经济发展水平最低，工业产值也相对落后。结合长三角城市群各省市经济发展的现实状况来分析表 3 的结果，可以认为贸易开放对产业集聚带来的企业环境绩效的改善更显著作用于江苏省这样具有一定经济发展水平的区域，而对于经济发展水平过高或过低的区域而言，集聚开放的环境正外部性效应无法发挥。

　　长三角城市群的典型事实体现了该区域东部沿海地区的企业布局更密集、开放程度更高这一特征。因此，本文进一步从城市层面进行区域划分，划分标准为是否沿海（行政区划边界是否与海岸线毗邻），得到结果如表 3 列（5）至列（6）所示。两类样本的交互项系数均为负值，其中沿海城市在 5% 的水平上显著而非沿海城市系数显著性不高。对比基准回归中的交互项结果，沿海城市的交互项系数绝对值有所减小，而非沿海城市交互项的系数绝对值更大。以上结果表明本文的基准结果不因为企业所在城市是否沿海而有实质性的改变，但是相比于非沿海城市，沿海城市内的制造业企业环境绩效受到集聚与开放的影响更加显著①。

2. 行业异质性

　　在制造业行业中，限于提供的商品与服务不同，各行业投入产出的内容呈现出较大差异，从而其环境绩效也表现出较大不同，因此本文从投入和产出两个方面考虑行业维度的异质性。

---

① 本文在全样本回归中引入是否沿海的虚拟变量与核心解释变量交互项的交互项做进一步检验，结果同样支持此结论。

　　表 4 列（1）至列（3）显示了按照劳动密集型、资本密集型、技术密集型分类的两位数制造业行业在式（3）检验下的结果。从交互项系数的显著性和大小来看，资本密集型行业内企业贸易开放水平的提升对产业集聚所释放的环境正效应的促进作用最为显著和强烈。因此，相比于技术密集型行业和劳动密集型行业，产业集聚与贸易开放对于长三角城市群制造业中属于资本密集型行业的企业环境改善作用更为明显。

表 4　　　　　　　　　　　　　　　　　行业异质性

变量	不同要素密集型行业			不同污染程度	
	（1）	（2）	（3）	（4）	（5）
	劳动	资本	技术	低污染	高污染
IA_eg	− 0. 059 **	− 0. 008	− 0. 057	− 0. 094 ***	0. 028
	（ − 2. 34 ）	（ − 0. 27 ）	（ − 1. 23 ）	（ − 4. 72 ）	（ 0. 80 ）
lnex	− 0. 097 ***	− 0. 033	− 0. 029	− 0. 069 **	− 0. 086 **
	（ − 2. 82 ）	（ − 0. 80 ）	（ − 0. 58 ）	（ − 2. 52 ）	（ − 2. 19 ）
IA_eg × lnex	− 0. 021	− 0. 068 **	0. 001	− 0. 034 **	− 0. 041
	（ − 1. 09 ）	（ − 2. 28 ）	（ 0. 02 ）	（ − 2. 14 ）	（ − 1. 51 ）
Constant	2. 539 ***	0. 350	0. 277	0. 478	1. 050
	（ 3. 67 ）	（ 0. 53 ）	（ 0. 28 ）	（ 0. 97 ）	（ 1. 24 ）
控制变量	YES	YES	YES	YES	YES
企业固定效应	YES	YES	YES	YES	YES
年份固定效应	YES	YES	YES	YES	YES
企业聚类	YES	YES	YES	YES	YES
Adjust − R^2	0. 060	0. 049	0. 140	0. 072	0. 044
N	42123	34513	21739	65180	33195

　　注：** 、*** 为统计上的显著性水平，分别为 5%、1%。括号内为稳健性 t 统计量。

　　为了考察产出层面的异质性，本文将两位数制造业行业按污染物污染强度中值水平分为高污染行业和低污染行业。结果如表 4 列（4）至列（5）所示，可以看到交互项系数均为负值，这表明行业本身污染程度的差异不会对基准结果造成实质性的改变。具体来看，低污染行业内的企业贸易开放水平的提升对产业集聚所释放的环境正效应的促进作用更加显著；而高污染行业内企业贸易开放水平的提升对产业集聚所释放的环境正效应的促进作用更加强烈。

3. 企业规模异质性

本文采用销售额这一指标将企业规模分为小型、中小型、大中型三类①，用式（3）检验不同规模的企业集聚开放环境效应的异质性影响，结果如表 5 列（1）至列（3）所示。

表 5 企业规模和生产率异质性

变量	企业规模异质性			企业生产率异质性		
	（1）	（2）	（3）	（4）	（5）	（6）
	小型	中小型	大中型	低生产率	中生产率	高生产率
IA_eg	− 0.124 ***	− 0.055 ***	− 0.015	− 0.089 ***	0.015	− 0.014
	（− 3.38）	（− 3.01）	（− 0.75）	（− 2.60）	（0.53）	（− 0.25）
lnex	− 0.050	− 0.042 *	− 0.033	− 0.076 **	− 0.121 ***	− 0.056 *
	（− 0.99）	（− 1.68）	（− 1.25）	（− 2.39）	（− 6.15）	（− 1.90）
IA_eg × lnex	− 0.044	− 0.033 **	− 0.034 **	− 0.008	− 0.017 ***	− 0.006
	（− 1.24）	（− 2.25）	（− 2.10）	（− 1.13）	（− 4.02）	（− 0.90）
Constant	− 0.412	0.454	0.722	− 6.095	− 1.341	− 6.235
	（− 0.62）	（1.05）	（1.35）	（− 1.08）	（− 0.38）	（− 1.17）
控制变量	YES	YES	YES	YES	YES	YES
企业固定效应	YES	YES	YES	YES	YES	YES
年份固定效应	YES	YES	YES	YES	YES	YES
企业聚类	YES	YES	YES	YES	YES	YES
Adjust − R^2	0.049	0.061	0.072	0.082	0.062	0.059
N	33507	83203	64868	24433	49333	24609

注：* 、** 、*** 为统计上的显著性水平，分别为 10%、5% 和 1%。括号内为稳健性 t 统计量。

交互项系数均为负值。相比于小型企业，大中型企业贸易开放水平提升对产业集聚的环境正效应的促进作用更显著；同时大中型企业贸易开放水平提升对产业集聚的环境正效应的促进作用更强于中小型企业。以上结果基本表明集聚与开放的外部条件更倾向于改善大中型企业的环境绩效。

4. 企业生产率异质性

本文采取 LP 法对企业生产率进行了测算，并且按照生产率的 p25、p75 分位值将企业分为低、中、高生产率三类，根据式（3）进行检验得到表 5

① 根据国家统计局《中小企业划型标准规定》，制造业企业规模划分指标有三个，分别为从业人员数、销售额和资产总额。小型企业从业人员数小于 300 人，销售额小于 3000 万元，资产总额小于 4 千万元；中型企业从业人员数为 300 ~ 2000 人，销售额为 3000 万 ~ 3 亿元，资产总额为 4000 万 ~ 4 亿元；其他则为大型企业。

列（4）至列（6）的结果。整体来看，相比于低生产率和高生产率企业，贸易开放水平提升能够显著增强产业集聚对于中等生产率企业的环境正外部性效应。结合表 5 列（4）至列（6）中各分样本下 lnex 系数的绝对值大小来看，一个合理的猜测是：低生产率的企业无法很好地吸收开放的外部条件带来的溢出，而对于高生产率的企业来说，开放水平进一步提升带来的边际溢出则不如中低生产率企业能够得到的边际溢出（高生产率企业贸易开放系数绝对值小于中低生产率企业相应值）。

5. 企业所有权异质性

为了反映不同所有权企业的制度、政策环境等方面的差异对企业经济和环境表现的影响，本文根据企业登记注册类型将企业所有权划分为外资、私营和国有三类，表 6 给出了这三类企业的回归结果。

表 6　　　　　　　　　　　　　企业所有权异质性

变量	(1) 外资	(2) 私营	(3) 国有	(4) 是否外资	(5) 是否私营	(6) 是否国有
IA_eg	-0.031 (-0.97)	-0.060** (-2.48)	-0.008 (-0.15)	-0.036** (-2.17)	-0.043** (-2.47)	-0.040** (-2.35)
lnex	-0.086** (-2.04)	-0.020 (-0.62)	-0.013 (-0.16)	-0.056** (-2.45)	-0.055** (-2.41)	-0.056** (-2.43)
IA_eg × lnex	-0.042 (-1.61)	-0.041** (-2.07)	0.045 (1.10)			
IA_eg × lnex × FOE				-0.053* (-1.89)		
IA_eg × lnex × POE					-0.019 (-0.98)	
IA_eg × lnex × SOE						0.013 (0.34)
Constant	-0.011 (-0.01)	2.971*** (5.52)	1.839 (1.23)	0.839** (2.05)	0.850** (2.08)	0.850** (2.08)
控制变量	YES	YES	YES	YES	YES	YES
企业固定效应	YES	YES	YES	YES	YES	YES
年份固定效应	YES	YES	YES	YES	YES	YES
企业聚类	YES	YES	YES	YES	YES	YES
Adjust-R^2	0.049	0.052	0.130	0.068	0.068	0.068
N	22692	52601	10440	98375	98375	98375

注：*、**、***为统计上的显著性水平，分别为 10%、5% 和 1%。括号内为稳健性 t 统计量。

分样本结果中外资和私营企业样本交互项系数为负，国有企业样本交互项系数为正，其中外资企业交互项系数绝对值大于私营企业。这表明外资企业和私营企业贸易开放水平的提升能增强产业集聚的环境正效应，前者的增强作用更大一些，后者的增强作用更显著一些；而国有企业贸易开放水平的提升则会削弱产业集聚的环境正效应，不过这一削弱作用并不显著。表 6 列（4）至列（6）进一步证明了外资企业相比于非外资企业在面临更加集聚开放的外部条件时，其环境绩效能得到显著改善，而另两类企业则无法呈现出显著的影响。

（三）稳健性检验

1. 更换测度指标

在基准回归中，本文以从业人数为权重的县域三位数行业 EG 指数来衡量长三角城市群制造业产业集聚水平。为了避免指数测算方法的差异对研究结果的影响，此处采用其他测度方法，使用模型（3）进行检验，具体做法有：（1）使用以工业总产值为权重的县域三位数行业 EG 指数（IA_eg1）；（2）使用以从业人数为权重的城市三位数行业 EG 指数（IA_eg2）；（3）使用以工业总产值为权重的城市三位数行业 EG 指数（IA_eg3）；（4）使用基于连续空间距离的 DO 指数，分别取 m 为 30 千米、35 千米、40 千米（IA_do30、IA_do35、IA_do40）。

对比表 7 与基准回归结果，交互项的符号与显著性基本保持一致，这表明本文的结论不因为集聚指标测度的变化而有实质性的改变。

表 7 更换测度指标

变量	(1)	(2)	(3)	(4)	(5)	(6)
IA_eg1 × lnex	-0.035 ** (-2.50)					
IA_eg2 × lnex		-0.056 *** (-3.73)				
IA_eg3 × lnex			-0.044 *** (-2.86)			
IA_do30 × lnex				-0.024 * (-1.76)		
IA_do35 × lnex					-0.025 * (-1.86)	
IA_do40 × lnex						-0.027 ** (-1.97)

续表

变量	(1)	(2)	(3)	(4)	(5)	(6)
Constant	0.768 * (1.88)	0.775 * (1.91)	0.752 * (1.85)	0.762 * (1.88)	0.762 * (1.87)	0.761 * (1.87)
控制变量	YES	YES	YES	YES	YES	YES
企业固定效应	YES	YES	YES	YES	YES	YES
年份固定效应	YES	YES	YES	YES	YES	YES
企业聚类	YES	YES	YES	YES	YES	YES
Adjust $-$ R^2	0.049	0.052	0.130	0.068	0.068	0.068
N	22692	52601	10440	98375	98375	98375

注：*、**、*** 为统计上的显著性水平，分别为 10%、5% 和 1%。括号内为稳健性 t 统计量。

2. 统计误差与宏观因素影响

本文有关长三角城市群贸易开放的典型事实体现出 2010 年的出口规模数据与其他年份相比有明显的异常情况存在，这表明在初始样本中 2010 年的数据可能受到了统计上的不可观测因素影响或是其他宏观因素影响。为了解决这些因素可能带来的问题，笔者对样本期进行适当处理，以检验结果的稳健性。具体做法为：（1）剔除 2010 年；（2）缩短样本期为 1998～2009 年；（3）将样本期分为 1998～2002 年和 2003～2009 年两个时间窗口。做法（3）的好处在于不仅能够剔除 2010 年数据异常的影响，也能在一定程度上减少 2001 年 12 月中国加入 WTO 可能带来的冲击。

表 8 列（1）至列（4）对应以上做法，其中列（1）、列（2）、列（4）交互项系数均显著为负，与基准结果相差不大，这表明 2010 年出口数据的异常以及 2001 年末中国加入 WTO 的事件不影响本文的核心结论。

表 8　　　　　　　　　　　　　　统计误差与宏观因素影响

变量	(1) 剔除 2010 年	(2) 1998～ 2009 年	(3) 1998～ 2002 年	(4) 2003～ 2009 年	(5) 非两控区 行业	(6) 两控区 行业
IA_eg	$-$0.049 ** ($-$2.37)	$-$0.062 *** ($-$2.66)	$-$0.015 ($-$0.44)	$-$0.079 ** ($-$2.51)	$-$0.017 ($-$0.42)	0.011 (0.19)
lnex	$-$0.057 ** ($-$2.41)	$-$0.085 *** ($-$3.37)	$-$0.072 * ($-$1.74)	$-$0.107 *** ($-$3.91)	$-$0.040 ($-$0.82)	$-$0.220 *** ($-$2.70)
IA_eg $\times$ lnex	$-$0.030 * ($-$1.93)	$-$0.038 ** ($-$2.13)	$-$0.029 ($-$1.25)	$-$0.040 * ($-$1.79)	0.001 (0.05)	$-$0.139 *** ($-$2.78)

续表

变量	(1) 剔除 2010 年	(2) 1998 ~ 2009 年	(3) 1998 ~ 2002 年	(4) 2003 ~ 2009 年	(5) 非两控区 行业	(6) 两控区 行业
Constant	0.853 ** (2.02)	0.005 (0.01)	0.126 (0.13)	-0.415 (-0.77)	-1.123 (-0.90)	4.976 *** (2.77)
控制变量	YES	YES	YES	YES	YES	YES
企业固定效应	YES	YES	YES	YES	YES	YES
年份固定效应	YES	YES	YES	YES	YES	YES
企业聚类	YES	YES	YES	YES	YES	YES
Adjust - R^2	0.049	0.056	0.052	0.130	0.055	0.031
N	22692	75210	52601	10440	18270	8738

注：*、**、*** 为统计上的显著性水平，分别为 10%、5% 和 1%。括号内为稳健性 t 统计量。

1998 ~ 2002 年交互项系数不显著，这表明该时间段内可能发生了能够影响企业环境绩效尤其是企业二氧化硫排放的重大事件。而就在 1998 年 1 月，为了控制二氧化硫污染，国家环保总局制定了《酸雨控制区和二氧化硫污染控制区划分方案》，这一方案的实施将对企业关于二氧化硫排放的环境行为产生一定的影响。如果不考虑该方案的影响，则可能导致以企业二氧化硫排放为被解释变量的基准研究结果有偏差。因此，为了剔除其对本研究结论可能产生的冲击，笔者将"两控区"政策纳入考虑。具体做法为：在 1998 ~ 2002 年的小样本中，进一步按行业划分为"两控区"行业和非"两控区"行业两类。表 8 列（5）至列（6）为分样本结果。从交互项系数来看，相比于非"两控区"行业，"两控区"行业内企业贸易开放水平的提升能够进一步增强产业集聚的环境正效应，这体现了"两控区"政策对长三角城市制造业企业二氧化硫减排的积极影响，也正因此在 1998 ~ 2002 年的小样本中，集聚与开放对企业环境绩效的影响显著性有所下降。总体来看，仍然认为本文基准结果具有稳健性。

3. 内生性问题

本文可能存在着一定的内生性问题，我们进行了针对性的处理，具体结果如表 9 所示。具体而言这些问题包括，一是遗漏变量问题。根据现有研究，影响企业环境绩效的因素非常多，相比于单一维度的研究，本文在地区—行业—企业维度上的研究则更可能面临遗漏变量的问题，为了减轻这一问题，本文采用面板固定效应模型，除纳入企业和年份固定效应外，进一步引入城市和行业层面的固定效应、两位数行业与时间趋势项的交叉项等，以尽量缓解可能存在的遗漏变量问题。表 9 列（1）至列（5）显示，进一步控制城市、行业以及行业与时间趋势层面不可观测因素后，基准结果仍然稳健。

表 9　　　　　　　　　　　　　　　内生性问题分析

变量	城市、行业、时间趋势					期初值	IV
	（1）	（2）	（3）	（4）	（5）	（6）	（7）
IA_eg	−0.043** (−2.51)	−0.043** (−2.50)	−0.032 (−1.64)	−0.032 (−1.64)	−0.080*** (−4.11)	−0.043** (−2.49)	−0.064 (−1.10)
lnex	−0.055** (−2.39)	−0.052** (−2.29)	−0.052** (−2.27)	−0.052** (−2.29)	−0.051** (−2.26)	—	0.144 (1.39)
IA_eg × lnex	−0.038*** (−2.65)	−0.041*** (−2.86)	−0.039*** (−2.72)	−0.036** (−2.51)	−0.031** (−2.20)	−0.051*** (−3.03)	−0.112** (−2.00)
控制变量	YES	YES	YES	YES	YES	YES	YES
企业固定效应	YES	YES	YES	YES	YES	YES	YES
年份固定效应	YES	YES	YES	YES	YES	YES	YES
城市固定效应	YES	YES	YES	YES	YES	NO	NO
两位数行业固定效应	NO	YES	NO	NO	NO	NO	NO
三位数行业固定效应	NO	NO	YES	NO	NO	NO	NO
四位数行业固定效应	NO	NO	NO	YES	NO	NO	NO
两位数行业×时间趋势项	NO	NO	NO	NO	YES	NO	NO
Kleibergen – Paap							401.89
Cragg – Donald Wald							1021.0
Hansen J statistic							0.000
第二阶段 F 值							57.28
Adjust – R^2	0.069	0.070	0.074	0.082	0.091	0.068	0.059
N	98375	98375	98375	98375	98375	98375	62278

注：**、*** 为统计上的显著性水平，分别为 5%、1%。括号内为稳健性 t 统计量。lnex 在此处为不随时变的期初值，因此该项被企业固定效应吸收。

二是集聚、开放与企业环境绩效之间可能存在反向因果关系。在出口学习效应和污染天堂假说的逻辑框架内，企业之所以能够出口可能是因为其环境绩效更好。本文中的产业集聚是行业层面的变量，受单个企业的影响可能较小，但仍然存在非观测因素同时影响产业集聚与企业环境绩效而引致内生性问题，因此本文也考虑产业集聚的内生性。为了解决出口的内生性问题，一个常见的做法是采用出口变量的期初值，如 Bustos（2011）在探究贸易自由化、出口与技术革新三者的关系时，采用初始年份的关税水平作为贸易自由化的指标以解决交互项单项之间的反向因果问题；再如 Asprilla et al. (2019) 在探究贸易政策、汇率与出口价格之间的关系时，同样采用关税期初值与汇率的交互项来减少内生性问题带来的偏误。因此，本文借鉴上述做法，采用出口规模的期初值与产业集聚的交互项作稳健性检验。相关结果如表 9 列（6）所示，交互项系数仍然显著为负，本文的核心结论仍然稳健。为了减少集聚变量内生性影响，本文借鉴钟娟等（2019）、苏丹妮等（2020）的做法，采用两阶段面板固定效应模型，将集聚变量滞后一期作为工具变量进行估计。2SLS 估计结果报告在表 9 列（7）中，各统计量值表明选取的工具变量通过了不足识别、弱工具变量和过度识别的检验。从交互项系数来看，IV 结果相比基准结果没有实质性的变化，这表明考虑了产业集聚变量可能的内生性问题后，本文的核心结论仍然稳健。

五、机 制 分 析

从对总污染效应的拆解来看，集聚与开放对企业环境绩效产生的整体影响可以细分为企业层面的内部规模效应、技术效应以及产业层面的外部规模效应、结构效应、技术效应。企业层面的效应体现的是集聚与开放对企业本身的影响；产业层面的效应更多体现的是企业在集聚与开放的环境中得到的外部溢出。

因此，对于作用机制的挖掘也可以从这五个方面进行考虑，其中企业内规模效应可以引申为集聚开放—企业产出变化—企业环境绩效；企业内技术效应可以引申为集聚开放—企业技术进步—企业环境绩效；外部规模效应可以引申为集聚开放—行业内其他企业产出变化—企业环境绩效；外部结构效应可以引申为集聚开放—行业污染结构变化—企业环境绩效；外部技术效应可以引申为集聚开放—行业内其他企业技术改进—企业环境绩效。

为了能够进行定量分析，本文用企业层面的可得数据作为企业内规模效应和技术效应影响路径的机制变量，用三位数行业层面的可得数据作为外部规模效应、技术效应和结构效应影响路径的机制变量，探究集聚与开放对企业和产业层面重要因素的影响，最终为长三角城市群绿色发展提供路径依据。

（一）企业内部效应

1. 企业产值产出与污染产出

根据效应分解的思想，企业层面的总污染排放量被分解为企业产出与单位产出污染排放量的乘积，其中单位产出污染排放量即本文的被解释变量污染强度，在效应分解公式中该变量被定义为技术效应。那么如果直接套用企业层面的效应分解公式，会导致本文的被解释变量与机制变量定义混淆，因此需要做一定的变形。对此，本文重新定义企业内规模效应为产出规模变化引起的企业环境表现变化，其中产出规模包含工业总产值和污染物排放量两个部分，前者是一种好的产出，后者是一种坏的产出。

表 10 列（1）至列（2）给出了以企业工业总产值和工业二氧化硫排放强度为被解释变量的结果。交互项系数符号显示集聚开放的互动效应能促进企业工业总产值的扩张同时抑制污染物量的增加。从显著性来看，贸易开放能够增强产业集聚的企业环境正效应主要是通过减少污染物量的排放而实现的。

表 10　　　　　　　　　　　　　企业内规模效应的机制检验

变量	（1）	（2）	（3）	（4）	（5）
	工业总产值	二氧化硫排放量	二氧化硫产生量	二氧化硫去除量	煤炭消耗量
IA_eg	0.003 (0.65)	− 0.041 ** (− 2.41)	− 0.045 *** (− 2.65)	0.036 (1.45)	− 0.025 *** (− 4.38)
lnex	0.157 *** (25.28)	0.100 *** (4.48)	0.106 *** (4.68)	0.067 ** (2.08)	0.087 *** (11.61)
IA_eg × lnex	0.005 (1.31)	− 0.033 ** (− 2.38)	− 0.037 *** (− 2.63)	− 0.032 (− 1.52)	0.003 (0.57)
Constant	6.434 *** (58.41)	7.273 *** (17.95)	7.150 *** (17.42)	− 1.485 *** (− 2.84)	10.739 *** (76.75)
控制变量	YES	YES	YES	YES	YES
企业固定效应	YES	YES	YES	YES	YES
年份固定效应	YES	YES	YES	YES	YES
企业聚类	YES	YES	YES	YES	YES
Adjust − R^2	0.419	0.033	0.031	0.013	0.143
N	98375	98375	98375	98375	72825

注：** 、*** 为统计上的显著性水平，分别为 5% 、1% 。括号内为稳健性 t 统计量。

由于企业最终排放至大气的污染物由产生量和去除量共同决定，因此为了进一步挖掘减少企业污染排放的深层逻辑—源头治理（减少污染物产生量）还是末端治理（增加污染物去除量），本文采用二氧化硫产生量作为源头治理的指标，采用二氧化硫去除量作为末端治理的指标，表 10 中列（3）至列（4）显示出产业集聚显著减少了企业二氧化硫产生量，这一作用随着贸易开放水平的提升能够得到进一步的增强，贸易开放则显著提高了二氧化硫去除量。由于煤炭燃烧是二氧化硫主要来源之一，因此表 10 列（5）还给出了以煤炭消耗量为被解释变量检验来自源头的污染，结果同样表明产业集聚显著减少了企业煤炭的使用，贸易开放显著增加了企业煤炭的使用，产业集聚与贸易开放的互动效应则不显著，这表明产业集聚水平的提高能够削弱贸易开放对企业煤炭的消耗作用。

2. 企业环境技术进步

企业内技术效应由能够度量企业环境技术进步的变量代替，因为本文被解释变量为企业环境绩效，环境上的技术进步更契合本文语境下的企业内技术效应。限于微观企业数据可得性，本文样本数据中仅包含企业全要素生产率（TFP）数据而不包含环境生产率或绿色专利等能够直接反映环境技术变化的指标。企业 TFP 虽然能够体现企业技术的进步但其并无法较为有效地解释污染强度差异，因为企业污染排放强度的异质性要远远高于 TFP 的异质性（陈登科，2020；Lyubich et al.，2018），这一现象在本文中同样存在（见图 8），这就表明了企业 TFP 无法很好地作为替代企业环境技术进步的指标，需要采用一定的方法进行间接衡量。

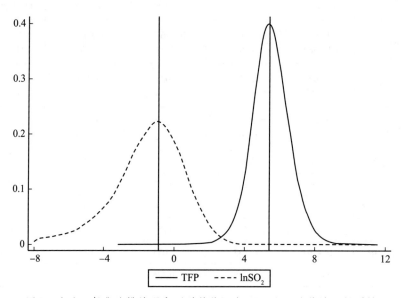

图 8　企业二氧化硫排放强度（对数值）与 TFP（LP 法估计）异质性

为了解决以上问题，本文借鉴陈登科（2020）的思路将企业的技术进步分为中性技术进步和环境有偏技术进步。企业 TFP 作为中性技术进步的指标，将污染排放看作一种投入要素，以企业污染物排放量与资本要素和劳动要素的比值得到单位资本污染排放强度（lnzk）和单位劳动污染排放强度（lnzl），作为环境有偏技术进步的替代指标。表 11 列（1）至列（3）给出了以二氧化硫排放量度量的相应结果。集聚与开放确实不能对不含环境因素的企业 TFP 产生显著的影响，但是对于环境有偏技术进步产生了显著的影响。更集聚或更开放的外部条件能够显著提高资本和劳动要素的利用效率从而减少企业二氧化硫的排放。

表 11　　　　　　　　　　　　　企业内技术效应的机制检验

变量	(1)	(2)	(3)	(4)	(5)	(6)
	lntfp	lnzk	lnzl	lnwn	lnwc	SO_2_r
IA_eg	-0.000 (-0.05)	-0.041 ** (-2.41)	-0.050 *** (-2.91)	0.043 *** (2.62)	0.036 * (1.92)	0.003 * (1.83)
lnex	0.104 *** (16.92)	0.100 *** (4.48)	0.014 (0.61)	-0.082 *** (-3.77)	-0.072 *** (-2.86)	-0.004 (-1.48)
IA_eg × lnex	-0.000 (-0.02)	-0.033 ** (-2.38)	-0.043 *** (-3.09)	0.034 ** (2.51)	0.011 (0.74)	0.003 * (1.85)
Constant	3.656 *** (32.01)	7.273 *** (17.95)	4.411 *** (10.87)	-6.888 *** (-17.50)	-0.791 * (-1.70)	0.022 (0.48)
控制变量	YES	YES	YES	YES	YES	YES
企业固定效应	YES	YES	YES	YES	YES	YES
年份固定效应	YES	YES	YES	YES	YES	YES
企业聚类	YES	YES	YES	YES	YES	YES
Adjust – R^2	0.344	0.081	0.029	0.030	0.030	0.030
N	98375	98375	98375	94137	85089	98375

注：*、**、*** 为统计上的显著性水平，分别为 10%、5% 和 1%。括号内为稳健性 t 统计量。

企业环境技术的实现可以从两个方面考虑：一是从源头上提高资源利用率从而减少污染的排放；二是采用更多更好的治污设备治理已经产生的污染。第一个方面已经从表 11 列（1）至列（3）以及表 10 列（3）至列（5）的结果得到验证。本文进一步挖掘集聚与开放对企业环境技术进步影响的第二个方面，以单位污染物废气治理设施数量（lnwn）和单位污染物废气治理能力（lnwc）作为被解释变量得到表 11 列（4）至列（5）的结果。企业贸易开放水平的提升能够显著增强产业集聚对其每单位二氧化硫治理设施数量的正效应，也能够增强产业集聚对其每单位二氧化硫治理能力的正效应但是效果显著性不高。这可能表明企业采用更多的治污设备而非更好的治污设备来治理产生的废气。为了检验这一猜测，本文进一步以企业二氧化硫去除率（SO_2_r）为被解释变量，因为企业污染物的去除率（污染物去除量/产生量）增高在一定程度上能反映其采用了更好的治污设备。对比交互项结果，列（6）交互项系数显著性略高于列（5），但相较列（4）而言有所下降，这表明相比于采用更好的治污设备，企业更多采用增加治污设备数量的方式来进行污染治理。

（二）外部性效应

集聚经济与开放经济最重要的特征还有其外部性影响，即集聚与开放带来的资源共享、信息共享、知识溢出、技术溢出，等等。从这个角度考虑，当企业处于更加集聚与开放的环境时，除了其本身直接受到集聚与开放带来的影响之外，也可能因为行业或区域内其他企业的进步而获得溢出。为了探究这种来自企业外部的路径，本文依据前文效应分解提供的思路，考虑行业内其他企业在规模、技术上的变化和行业结构调整带来的溢出。

1. 行业内其他企业产出变化

外部规模效应考虑的是集聚与开放通过影响行业内其他企业产出规模变化来影响行业内企业的环境绩效，展现了行业内其他企业产出变化给目标企业带来的溢出效应。产出规模的变化同样分为产值产出和污染产出，采用企业所在三位数行业其他企业实际工业总产值（lny_ind3）和二氧化硫排放量（$lnSO_2\_q\_ind3$）来衡量。

表 12 列（1）至列（2）交互项系数显示出与企业内部规模效应类似的结果，其中集聚与开放交互项对于行业内其他企业污染产出的影响显著为负，这表明贸易开放水平的提升能够显著增强行业内其他企业聚集的环境正外部性，行业内其他企业的污染减排能对目标企业的环境绩效产生显著的正向溢出效应①。

表 12　　　　　　　　　　外部性效应的机制检验

变量	(1) lny_ind3	(2) $lnSO_2\_q\_ind3$	(3) lntfp_ind3	(4) lnzk_ind3	(5) lnzl_ind3	(6) lnstruct_ind3
IA_eg	0.004 *** (3.30)	− 0.007 (− 0.95)	− 0.020 *** (− 8.02)	− 0.028 *** (− 2.77)	− 0.064 *** (− 6.50)	− 0.010 * (− 1.77)

① 本文还引入行业内其他企业二氧化硫排放量与产业集聚和贸易开放交互项的交互项作为解释变量，目标企业二氧化硫排放强度作为被解释变量，交互项系数显著为正，表明目标企业贸易开放水平的提升通过减少行业内其他企业二氧化硫的排放增强了目标企业的产业集聚环境正效应。

续表

变量	（1）	（2）	（3）	（4）	（5）	（6）
	lny_ind3	lnSO$_2$_q_ind3	lntfp_ind3	lnzk_ind3	lnzl_ind3	lnstruct_ind3
lnex	−0.004*** （−4.53）	−0.005 （−0.71）	0.007*** （3.01）	0.033*** （3.71）	0.031*** （3.75）	−0.007 （−1.11）
IA_eg × lnex	0.000 （0.25）	−0.013** （−2.25）	0.002 （1.17）	−0.023*** （−2.87）	−0.025*** （−3.11）	−0.013*** （−2.87）
Constant	−0.490*** （−15.33）	−0.072 （−0.31）	3.405*** （55.08）	0.895*** （3.27）	2.528*** （9.78）	−19.148*** （−100.48）
控制变量	YES	YES	YES	YES	YES	YES
企业固定效应	YES	YES	YES	YES	YES	YES
年份固定效应	YES	YES	YES	YES	YES	YES
企业聚类	YES	YES	YES	YES	YES	YES
Adjust − R^2	0.990	0.495	0.836	0.363	0.409	0.510
N	98256	98375	98256	98256	98256	98375

注：*、**、*** 为统计上的显著性水平，分别为 10%、5% 和 1%。括号内为稳健性 t 统计量。

2. 行业内其他企业技术改进

外部技术效应考虑的是集聚与开放通过影响行业内其他企业的技术进步来影响目标企业的环境绩效，体现的是企业受到行业内其他企业技术溢出的影响。以三位数行业内其他企业生产率均值（lntfp_ind3）、环境有偏技术进步均值（lnzk_ind3、lnzl_ind3）来度量溢出效应。表 12 列（3）至列（5）交互项系数显示出了与企业内部技术效应类似的结果，其中企业贸易开放水平的提升能够增强产业集聚对行业内其他企业生产率的正向影响，但是这种增强作用显著性不高；企业贸易开放水平的提升能够通过促进行业内其他企业环境有偏技术改进来增强目标企业的产业集聚环境正外部性[①]。

3. 行业污染结构调整

外部结构效应考虑的是集聚与开放通过改变行业结构对目标企业环境绩效产生影响。由于本文的被解释变量为环境指标，因此考察行业污染结构的变动更契合本文研究目的。根据产业层面的效应分解公式，本文定义行业污染结构为制造业产业内三位数行业污染物排放量所占比重（lnstruct_ind3）。表 12 列（6）交互项系数显著为负，表明贸易开放水平的提升促进了目标企业所在行业整体向更清洁的方向发展，从而增强该行业产业集聚的环境

---

① 引入行业内其他企业环境有偏技术与产业集聚、贸易开放的交互项，结果显著为正，该结论得到进一步支持。

正外部性①。

<h1 style="text-align:center">六、结论与政策启示</h1>

本文以 1998～2012 年长三角城市群制造业企业为研究对象，聚焦产业集聚与贸易开放两大背景，对该城市群制造业企业环境绩效进行分析，挖掘了产业集聚与出口层面的贸易开放对企业环境绩效的影响以及产业集聚与贸易开放在企业环境绩效上的互动效应，进一步以效应分解为依据分析企业面临的内部和外部影响机制。研究结果表明：

（1）从微观企业视角来看，产业集聚能够显著抑制企业二氧化硫的排放强度，但不表现出显著的倒 U 形关系；出口层面的贸易开放具有环境正外部性，且贸易开放扩展边际对企业环境绩效的作用要强于集约边际；贸易开放与产业集聚在改善企业环境绩效上具有良好的互动效应，同样的集聚水平下，更开放的外部条件能够带来进一步的环境正效应，而在同样的开放水平下，更集聚的外部条件也能够进一步改善企业环境绩效。

（2）本文的基准结果在区域—行业—企业维度上呈现出了较为明显的异质性，即当企业位于区域经济发展水平较高、所在行业为资本密集型行业或低污染行业、企业规模较大、企业效率为中等效率以及企业属于外资企业时，产业集聚与贸易开放的互动效应对企业环境改善更为显著。

（3）产业集聚、贸易开放影响企业环境表现的作用机制分为内部效应和外部效应两大渠道。一是贸易开放通过减少污染物量的排放提升产业集聚的企业环境正效应。二是分析集聚与开放对于企业环境有偏技术、治污设备与治污能力以及污染物去除率的影响，能够合理推断相比于采用更先进的治污设备改进治污技术等方式治理已经产生的污染，企业更愿意采用更清洁的生产技术和更多的治污设备从源头上提高资源利用效率来减少污染的产生。三是集聚与开放除了通过企业自身影响其环境绩效之外，也能够通过对企业所处的行业产生影响使得行业内企业获得来自行业内其他企业的溢出从而改善企业环境绩效。具体而言，目标企业贸易开放水平的提升通过促进行业内其他企业的污染减排、环境技术进步和改善行业污染结构来增强产业集聚带来的环境正效应。

本文基于丰富的研究结论，结合长三角城市群发展现状以及国家政策动向，提出在产业集聚和贸易开放的背景下，长三角城市群在集聚和开放中实现绿色发展的可持续性成长建议，具体包括：

第一，加强长三角城市群区域协同发展。历史数据表明长三角城市群的

---

① 引入行业污染结构与产业集聚和贸易开放交互项的交互项，结果显著为正，表明该结论得到进一步支持。

产业集聚格局与开放格局存在较大的空间差异性,虽然安徽省部分城市作为长三角城市群的一部分,但与其他省市发展水平有着较大差距。因此,加强长三角城市群内部区域协同发展是助推长三角城市群一体化发展的重要手段。要加快构建跨区产业链和园区共建,促进区域合作;发达地区可以通过产业转移促进长三角城市群区域整体产业的合理布局,带动区域经济协同发展;加强政府间的资源共享,建立并完善跨区域协同污染减排机制,以避免或解决产业转移带来的污染转移问题。

第二,推动长三角城市群集聚与开放共同发展。基于本文研究结论,产业集聚能够正向促进企业环境绩效,因此需要采取有效措施提高长三角城市群产业集聚水平,使得区域内企业享受到集聚经济带来的经济正外部性和环境正外部性,这有助于长三角城市群实现经济增长与绿色发展的双重目标。除此之外,由于长三角城市群产业集聚水平对企业环境绩效的改善作用在贸易开放作用下更为强烈与显著。因此,需要同时鼓励长三角城市群进一步扩大开放,尤其是对于非出口企业和处于非沿海城市的企业,应当采取政策措施加强相应地区的基础设施建设,为贸易开放提供软硬件设施上的便利;同时利用好国内国外的资源,倡导企业融入国内国际双循环体系;高水平、高标准建设自贸试验区等重要集群以吸引企业"聚起来、走出去"。

第三,重视长三角城市群内各区域、行业、企业的差异化发展。本文发现集聚、开放对企业环境表现存在诸多异质性的影响,比如对于不同经济发展水平、产业集聚水平、开放水平的区域和不同要素类型和污染类型的行业内拥有不同特征的企业,集聚与开放对各类企业的影响程度都有差异。因此,要避免政策惰性,如对长三角城市群内的不同区域、行业以及企业采取"一刀切"政策等,而应当以差异化的政策鼓励企业差异化发展。尤其是对于不同所有权的企业,更是要进行差异化的政策引导,在做大做强国有企业的基础上进一步推动国企改革,进一步推动内资企业的高质量发展。

第四,加快长三角城市群内企业的技术发展。技术创新不足是长三角城市群发展的短板,基于本文对集聚、开放与环境表现的机制挖掘,技术效应尤其是环境方面的技术进步是促进企业环境改善的重要手段。因此,要倡导创新、绿色的发展理念,提高技术标准和环保标准,倒逼企业提升绿色技术,避免"先污染再治理"的局面;重视知识产权保护和专利保护,激励企业自主研发清洁技术;鼓励本地企业向外资企业或国外企业学习先进技术,给予相应的政策支持;大力引进技术人才和研发机构,提升绿色技术创新水平。

参 考 文 献

[1] 蔡海亚、徐盈之:《产业协同集聚、贸易开放与雾霾污染》,载《中国人口·资源与环境》2018 年第 6 期。

［2］陈登科：《贸易壁垒下降与环境污染改善——来自中国企业污染数据的新证据》，载《经济研究》2020 年第 12 期。

［3］陈建军、陈怀锦：《集聚的测度方法评述：基于前沿文献的研究》，载《西南民族大学学报（人文社科版）》2017 年第 4 期。

［4］何玉梅、刘修岩、李锐：《基于连续距离的制造业空间集聚演变及其驱动因素研究》，载《财经研究》2012 年第 10 期。

［5］景维民、张璐：《环境管制、对外开放与中国工业的绿色技术进步》，载《经济研究》2014 年第 9 期。

［6］李锴、齐绍洲：《贸易开放、经济增长与中国二氧化碳排放》，载《经济研究》2011 年第 11 期。

［7］李伟娜、杨永福、王珍珍：《制造业集聚、大气污染与节能减排》，载《经济管理》2010 年第 9 期。

［8］林伯强、谭睿鹏：《中国经济集聚与绿色经济效率》，载《经济研究》2019 年第 2 期。

［9］路江涌、陶志刚：《我国制造业区域集聚程度决定因素的研究》，载《经济学（季刊）》2007 年第 3 期。

［10］孟美侠、曹希广、张学良：《开发区政策影响中国产业空间集聚吗——基于跨越行政边界的集聚视角》，载《中国工业经济》2019 年第 11 期。

［11］齐亚伟：《空间集聚、经济增长与环境污染之间的门槛效应分析》，载《华东经济管理》2015 年第 10 期。

［12］钱学锋、王菊蓉、黄云湖、王胜：《出口与中国工业企业的生产率——自我选择效应还是出口学习效应?》，载《数量经济技术经济研究》2011 年第 2 期。

［13］邵帅、张可、豆建民：《经济集聚的节能减排效应：理论与中国经验》，载《管理世界》2019 年第 1 期。

［14］盛斌、吕越：《外国直接投资对中国环境的影响——来自工业行业面板数据的实证研究》，载《中国社会科学》2012 年第 5 期。

［15］苏丹妮、盛斌：《产业集聚、集聚外部性与企业减排——来自中国的微观新证据》，载《经济学（季刊）》2021 年第 5 期。

［16］苏丹妮、盛斌：《服务业外资开放如何影响企业环境绩效——来自中国的经验》，载《中国工业经济》2021 年第 6 期。

［17］苏丹妮、盛斌、邵朝对、陈帅：《全球价值链、本地化产业集聚与企业生产率的互动效应》，载《经济研究》2020 年第 3 期。

［18］孙晓华、郭旭、王昀：《产业转移、要素集聚与地区经济发展》，载《管理世界》2018 年第 5 期。

［19］王兵、聂欣：《产业集聚与环境治理：助力还是阻力——来自开发区设立准自然实验的证据》，载《中国工业经济》2016 年第 12 期。

［20］文东伟、冼国明：《中国制造业产业集聚的程度及其演变趋势：1998～2009 年》，载《世界经济》2014 年第 3 期。

［21］文东伟、冼国明：《中国制造业的空间集聚与出口：基于企业层面的研究》，载《管理世界》2014 年第 10 期。

［22］杨帆、周沂、贺灿飞：《产业组织、产业集聚与中国制造业产业污染》，载《北京大学学报（自然科学版）》2016 年第 3 期。

[23] 杨子晖、田磊：《"污染天堂"假说与影响因素的中国省际研究》，载《世界经济》2017 年第 5 期。

[24] 袁海红、张华、曾洪勇：《产业集聚的测度及其动态变化——基于北京企业微观数据的研究》，载《中国工业经济》2014 年第 9 期。

[25] 原毅军、谢荣辉：《产业集聚、技术创新与环境污染的内在联系》，载《科学学研究》2015 年第 9 期。

[26] 张公嵬、梁琦：《出口、集聚与全要素生产率增长——基于制造业行业面板数据的实证研究》，载《国际贸易问题》2010 年第 12 期。

[27] 张杰、张帆、陈志远：《出口与企业生产率关系的新检验：中国经验》，载《世界经济》2016 年第 6 期。

[28] 赵永亮、杨子晖、苏启林：《出口集聚企业"双重成长环境"下的学习能力与生产率之谜——新—新贸易理论与新—新经济地理的共同视角》，载《管理世界》2014 年第 1 期。

[29] 钟娟、魏彦杰：《产业集聚与开放经济影响污染减排的空间效应分析》，载《中国人口·资源与环境》2019 年第 5 期。

[30] Almulali, U., Ozturk, I., and Lean, H., 2015: The Influence of Economic Growth, Urbanization, Trade Openness, Financial Development, and Renewable Energy on Pollution in Europe, *Natural Hazards*, Vol. 79, No. 1.

[31] Antweiler, W. B., Copeland, R., and Taylor, M. S., 2001: Is Free Trade Good for the Environment?, *American Economic Review*, Vol. 91, No. 4.

[32] Asprilla, A., Berman, N., Cadot, O., and Jaud, M., 2019: Trade Policy and Market Power: Firm-level Evidence, *International Economic Review*, Vol. 60, No. 4.

[33] Baek, J., Cho, Y., and Koo, W., 2009: The Environmental Consequences of Globalization: A Country-specific Time-series Analysis, *Ecological Economics*, Vol. 68, No. 8.

[34] Briant, A., Combes, P., and Lafourcade, M., 2010: Dots to boxes: Do the Size and Shape of Spatial Units Jeopardize Economic Geography Estimations?, *Journal of Urban Economics*, Vol. 67, No. 3.

[35] Bustos, P., 2011: Trade Liberalization, Exports, and Technology Upgrading: Evidence on the Impact of MERCOSUR on Argentinian Firms, *American Economic Review*, Vol. 101, No. 1.

[36] Chertow, M., Ashton, W., and Espinosa, J., 2008: Industrial Symbiosis in Puerto Rico: Environmentally Related Agglomeration Economies, *Regional Studies*, Vol. 42, No. 10.

[37] Cole, M., 2004: Trade, the Pollution Haven Hypothesis and Environmental Kuznets Curve: Examining the Linkages, *Ecological Economics*, Vol. 48.

[38] Duranton, G. and Overman, H. G., 2005: Testing for Localization Using Micro-geographic Data, *The Review of Economic Studies*, Vol. 72, No. 4.

[39] Ellison, G. and Glaeser, E., 1997: Geographic Concentration in US Manufacturing Industries: A Dartboard Approach, *Journal of Political Economy*, Vol. 105, No. 5.

[40] Eric, M. and Florence, P., 2017: A Typology of Distance-based Measures of Spatial

Concentration, *Regional Science and Urban Economics*, Vol. 62.

[41] Fagbohunka, A., 2012: The Impacts of Agglomeration on the Immediate Environment, Using the Lagos Region as a Study Case, *European Scientific Journal*, Vol. 8, No. 6.

[42] Fan, H. C., Graff, Z. J., Kou, Z. L., et al., 2019: Going Green in China: Firms' Responses to Stricter Environmental Regulations, *NBER working paper*, 26540.

[43] François, P., 1950: Economic Space: Theory and Applications, *The Quarterly Journal of Economics*, Vol. 64, No. 1.

[44] Frank, A., 2001: Urban air Quality in Larger Conurbations in the European Union, *Environmental Modeling and Software*, Vol. 14, No. 4.

[45] Grossman, G. M. and Krueger, A. B., 1995: Economic Growth and the Environment, *Quarterly Journal of Economics*, Vol. 110, No. 2.

[46] Hosoe, M. and Naito, T., 2010: Trans-boundary Pollution Transmission and Regional Agglomeration Effects, *Papers in Regional Science*, Vol. 85, No. 1.

[47] Karkalakos, S., 2010: Capital Heterogeneity, Industrial Clusters and Environmental Consciousness, *Journal of Economic Integration*, Vol. 25, No. 2.

[48] Kopczewska, K., Churski, P., Ochojski, A., and Polko, A., 2019: SPAG: Index of Spatial Agglomeration, *Papers in Regional Science*, Vol. 98, No. 6.

[49] Levinson, A., 2009: Technology, International Trade, and Pollution from US Manufacturing, *American Economic Review*, Vol. 99, No. 5.

[50] Lucas, R. E., Wheeler, D., and Hettige, H., 1992: Economic Development, Environmental Regulation, and the International Migration of Toxic Industrial Pollution: 1960 – 88, *Policy Research Working Paper Series* 1062, The World Bank.

[51] Lyubich, E., Shapiro, J., and Walker, R., 2018: Regulating Mismeasured Pollution: Implications of Firm Heterogeneity for Environmental Policy, *AEA Papers and Proceedings*, Vol. 108.

[52] Ren, W., Zhong, Y., and John, M., 2003: Urbanization, Land Use, and Water Quality in Shanghai: 1947 – 1996, *Environment International*, Vol. 29, No. 5.

[53] Scholl, T. and Brenner, T., 2016: Detecting Spatial Clustering Using a Firm-level Cluster Index, *Regional Studies*, Vol. 50, No. 6.

[54] Virkanen, J., 1998: Effect of Urbanization on Metal Deposition in the Bay of Southern Finland, *Marine Pollution Bulletin*, Vol. 36, No. 9.

[55] Zeng, D. and Zhao, L., 2009: Pollution Havens and Industrial Agglomeration, *Journal of Environmental Economics and Management*, Vol. 58, No.

Industrial Agglomeration, Trade Openness and Enterprises Environmental Performance

—Evidence from the Yangtze River Delta City Cluster

Wei Wei   Shumin Cao

Abstract: This paper uses micro data of manufacturing enterprises in the Yangtze River Delta urban agglomeration from 1998 to 2012, incorporates industrial agglomeration and openness at the export level into a unified framework, to explore the impact and mechanism of industrial agglomeration on the environmental performance of enterprises under open conditions. It is found that both industrial agglomeration and trade openness can significantly inhibit the emission intensity of SO_2 by enterprises. Trade openness and industrial agglomeration show a good interactive effect in improving enterprise environmental performance. Trade openness can strengthen the improvement effect of industrial agglomeration on the environmental performance of enterprises, and the related conclusions are highly robust. Trade openness and industrial agglomeration can more significantly improve the environmental performance of manufacturing enterprises within a certain level of economic development and in coastal cities. Their effects are more obvious for the environmental improvement of enterprises in capital intensive and low pollution industries. In terms of the mechanism, trade openness enhances the positive environmental effect of industrial agglomeration by reducing the amount of pollutants produced; cleaner production technology and more pollution control equipment improve resource utilization efficiency at the source to reduce the amount of pollutants produced; agglomeration and openness enable enterprises in the industry to obtain technology spillover from others through a series of external effects to improve environmental performance. This paper provides an important theoretical basis for the improvement of enterprise environmental performance driven by industrial agglomeration under open conditions, and provides a reference demonstration path for the green and high-quality economic development of other urban agglomerations.

Keywords: Industrial Agglomeration　Trade Openness　Yangtze River Delta City Cluster Enterprise Environmental Performance

JEL Classification: Q51　F18

产业发展的伴生品：开发区的污染弱化效应研究

许建明　宋彦臻[*]

摘　要： 污染是产业的伴生品，产业发展必然伴随污染，所以，关键的问题是如何平衡产业发展与污染二者的关系。与城市相比，乡村在降解污染能力的收益层面与污染损害的成本层面具有比较优势。本文通过将空间因素纳入新结构环境经济学的理论框架，分析了产业发展中的开发区对城乡要素禀赋及其比较优势的利用。研究发现：开发区具有污染弱化效应，开发区可以在促进城乡产业发展的同时，通过空间配置污染来最小化产业发展伴随的污染社会成本。本文实证分析了全国 30 个省份的绿色全要素生产率和开发区面积之间关系，结果表明，开发区对绿色全要素生产率产生正面影响。鉴于东部开发区数量明显大于中部和西部，本文分别对东部、中部、西部进行异质性分析。

关键词： 新结构环境经济学　冯·杜能的孤立国模型　产业发展　开发区绿色全要素生产率

一、引言与文献综述

环境是人类面临的根本问题，关乎每个人的身心健康、人类的共同命运、社会的持续发展。污染是产业的伴生品，产业发展必然伴随污染。所以，关键的问题是如何平衡产业发展与污染二者的关系。人类在利用自然资源开展各类经济活动的同时，也造成了各类环境污染问题（刘翠溶，2020），所以，在研究产业发展时不能忽略了环境污染这一问题。产业发展带来的经济增长和环境污染是同时存在的，这是产业发展带来的正负两个方面。由于这两方面是密不可分的，所以，研究产业发展，不仅要考虑产业的经济效益，也要考虑其对环境的负效应。

我国经济由高速度发展向高质量发展转变，实现这一转变的核心内容是

---

* 本文受国家社科基金一般项目"政府支持农民合作社发展的效能边界与支持方式优化研究"（16BJL050）、国家社科基金重大项目"中国特色社会主义政治经济学探索"（16ZDA241）资助。感谢匿名审稿人的专业修改意见！

许建明：浙江农林大学经济管理学院；地址：浙江省杭州市临安区衣锦街 252 号，邮编 311300；E-mail：zm3809@ sina. com。

宋彦臻：浙江农林大学经济管理学院；地址：浙江省杭州市临安区衣锦街 252 号，邮编 311300；E-mail：1243941577@qq. com。

产业结构升级（林毅夫，2012；王勇，2017）。改革开放 40 多年来，我国在产业发展和产业结构升级上取得了举世瞩目的成就，也创造了数量巨大的就业岗位（江飞涛、李晓萍，2018；宋文月、任保平，2018）。这使得大量剩余劳动力获得劳动参与的机会，大大提升了家庭经济收入，改善了生活条件。我国产业发展的伟大成就，当然首先是来自人民的创造力，也得益于先进经济体的产业转移。我国在 20 世纪 70 年代末开始的对外开放，承接了东亚地区以日本作为领头雁的雁行国际产业分工布局体系的产业梯队转移。

许多产业从一个国家或地区转移到另一个国家或地区，是经济发展过程中普遍存在的现象（林毅夫，2012；臧旭恒等，2015；王勇，2017；刘志彪、凌永辉，2020）。产业转移理论可以追溯到 20 世纪 30 年代，其中，"雁阵转移模型""边际扩张理论""产品生命周期理论"等都对产业在国际上转移进行了深入的探讨。这些理论的共享理念是，产业布局适应各国资源禀赋的动态比较优势，以逐渐改变国际上产业级差和收益分配不平等的局面（Hunya，2002）。20 世纪七八十年代，美国、日本等先进国家，将以纺织业为代表的污染能耗型的化学工业，转移到东亚"四小龙"，而把本国产业发展的重心放在电子、航空航天等高科技价值和高资金活力的新兴工业上。

但是，我国在改革开放 40 多年里，走出了一条与西方国家有所区别的中国式产业现代化道路。不同于西方国家简单地将污染强、低附加值的产业移植到发展中国家的产业转移模式，我国是从城市向毗邻的农村地区转移，一方面可以有效控制环境污染，另一方面可以在既定的环境保护技术前提下，利用城乡不同的资源禀赋以最小化产业发展伴随的环境污染的社会成本。我国是一个人口众多、幅员辽阔的国家，人口大国需要大量的就业机会。如果像西方国家那样把产业向其他国家的国际上转移，那意味着这些产业携带的工作机会也一起转移到其他国家。而我国更多的是把产业从城市向农村的国内转移，这样可以在保持既有就业机会存量的前提下，进行产业发展与产业结构升级。幅员辽阔的国土，意味着我国具有更强大的降解环境污染的自然能力，那么，在采取有效环境保护技术的同时，可以利用广袤国土的强大自然降解能力以最小化产业发展伴随的环境污染的社会成本。因此，中国没有必要亦步亦趋学习西方国家的产业转移模式，而且已经创造出了中国式产业现代化的模式。

一国之内的产业转移，承载这些产业的正是开发区。其实，开发区不仅如此，而且还吸引外资、扩大出口、吸收先进技术（Wang，2013）。开发区通过提供优惠用地和优惠政策，吸引各种资金和实体，作为产业发展的平台。依据国家发展和改革委员会、科技部、国土资源部、住房和城乡建设部、商务部、海关总署发布的《中国开发区审核公告目录》（2018 年版），本文将开发区定义为：由政府批准设立，有明确的地域空间界限，并被赋予了一定优惠政策和具有特殊管理体制的开放开发地区（张杰、柴泽阳，

2022；孔令丞等，2021）。中国的行政性城市包含城区形态和乡村形态。以中国两个一线大都市北京和上海为例，两个直辖市的大部分为乡村形态。在地理位置上，开发区处于城市与农村之间的边缘地带。这样，既可以方便承接城市大量劳动力，也可以吸纳农村大量剩余劳动力。

学术界以"绿色全要素生产率"作为将环境因素纳入一个社会生产力进步的综合性测量指标。因为绿色全要素生产率这个指标兼顾了经济效益和环境效益，追求经济效益和生态效益的统一。在全要素生产率指标的计算中有必要考虑环境、能源方面的投入与非期望产出，否则测度结果可能会脱离实际，出现偏差。

污染是产业的伴生品，产业发展必然伴随污染，所以，关键的问题是如何平衡产业发展与污染二者的关系。但令人遗憾的是，目前学术界关于产业发展和环境保护治理的研究领域，基本上是两个没有联系的学术孤岛（哈里斯、罗奇，2017；张帆、夏凡，2016；臧旭恒等，2015；林毅夫，2012；王勇，2017）。这使得研究产业发展的文献忽略了在产业发展的过程中所必然伴随的环境污染问题，而研究环境保护的文献也忽略了环境保护治理是为了让人民安居乐业。但是，事实上，人民的安居乐业离不开产业发展。所以，本文就是希望打通这两个原本没有联系的学术孤岛，以对产业发展与环境治理有更全面的理解。

与城市相比，乡村在降解污染能力的收益层面与污染损害的成本层面具有比较优势。本文通过将空间因素纳入新结构环境经济学的理论框架（林毅夫等，2023），分析了产业发展中位于城乡之间的开发区对城乡要素禀赋及其比较优势的利用。本文以产业发展必然伴随污染这一客观事实，作为沟通产业发展和环境保护治理两个学术孤岛之间的桥梁，采用绿色全要素生产率（GTFP）来综合衡量产业发展和环境保护的关系，研究开发区的污染弱化效应，分析开发区对绿色全要素生产率的影响机制。

二、理论模型与待检验的假说

无论对于个人效用改善还是社会福利提升，每一个国家都同时需要产业发展和环境保护。我们将个人效用的来源因素分为两部分：一部分是衣食住行等需求，另一部分是环境品质需求。其效用函数为：$U(R, H)$。

个人要满足衣食住行等各方面的生活需求，需要经济收入作为支撑。而个人的主要经济来源是就业，这就要求产业发展，只有产业发展才能提供更多的工作岗位。同时，产业发展必然伴随着环境污染，环境污染又会降低个人生活品质。而环境保护治理水平的提升，则可能会抑制产业发展，进而减少个人就业机会，即降低家庭经济收入。所以，个体需要平衡产业发展与环境保护之间的关系，以优化效用。

首先，一个国家或地区在产业发展的过程中，很难快速完全舍弃原有的产业。因为一个新的产业在初期能提供的就业机会不多，同时，新的产业对劳动力的技术素质要求与传统产业的不同，所以，并非所有劳动力都可以直接进入新产业中就业。其次，新的产业需要更高素质的劳动力，因为随着经济、技术的发展，新产业对劳动力的要求也会更高。最后，因为新产业无法直接替代原有的产业，而新的产业就需要新的地理空间。城市的地理空间已经比较拥挤，而农村具有更广袤的空间。开发区则可以兼容就业机会的保存与新产业的发展空间。

此外，根据新结构环境经济学理论，一个国家或地区的产业发展除了需要资本、技术、劳动力等基本要素，还需要自然环境要素（林毅夫等，2023）。环境具有资源功能和降解功能，环境的资源功能是指为人类提供服务、原材料的能力，这便是产业发展的基础；环境的降解功能是指吸收、降解人类活动产生的污染的能力（哈里斯、罗奇，2017）。所有的产业活动都会产生污染，这是不可避免的。在既定的产业发展规模与既定的环境治理技术水平下，一个国家或地区的污染的总量是既定的。那么，这个社会需要解决的问题是：如何最小化既定的环境污染的社会成本？城市里充满人工构造的事物，比如拥挤密集的建筑群与基础设施，生态层次比较单一。显然城市并没有很好的污染降解能力。而农村丰富的自然资源和广阔的地理空间，生态层次比较丰富，在降解污染方面就更具有优势（哈里斯、罗奇，2017）。

经典的科斯定理讨论的是权利这类"善品"（goods）的配置，本文将科斯定理拓展到环境污染这类"恶品"（bads）的空间配置。与城市相比，乡村在降解污染能力的收益层面与污染损害的成本层面具有比较优势。开发区利用在城市与乡村之间区位空间，通过对产业发展伴随的环境污染的空间配置，最小化环境污染的社会成本，从而兼容产业发展与环境保护的功能。

基于上述理论分析，本文建立一个城乡产业发展布局模型。这个模型的假设条件为：

（1）依据空间经济学中的冯·杜能的孤立国的城乡产业发展布局的经典假设，城市是中心，城市的四周是农村。

（2）经济开发区分布在原属于乡村的"国土"上。

（3）产业发展需要空间，而且产业发展伴随着环境污染。本文以 I 表示产业发展，以 n 表示产业发展的规模，n 越大，表示产业发展规模越大。

（4）城市的生态层次比较单一，乡村的生态层次比较丰富，对于等量的环境污染，乡村具有比城市更强大的降解能力，也就是，乡村具有更高的收益；同时，城市人口密度大，乡村人口密度低，所以，同等的环境污染给城市造成的社会成本 c 高于城市给农村的社会成本 c_R。可以以式（1）来表示：

$$c_R = c - \beta x, \quad c_R > 0, \quad \beta > 0 \tag{1}$$

其中，β 是系数，x 是半径，如图 1 所示，表示开发区的位置与城市中心的距离。阴影面积为开发区所处地带的面积，开发区面积越大，开发区距离市中心的距离就越远。所以 x 越大，表示开发区所在的位置距离城市中心越远，$s = \pi \cdot x^2$，$x\uparrow \Rightarrow s\uparrow$，即开发区的面积越大。

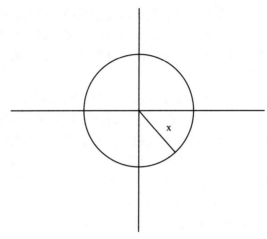

图 1　开发区的位置与城市中心的距离

（5）为了简化，将城市空间设置为 1。

在此假设条件下，将代表性的个人效用函数设定为柯布—道格拉斯形式：

$$U(R, H) = R^\alpha H^{1-\alpha}, \ 0 < \alpha < 1 \tag{2}$$

$$R = (n+1)I \tag{3}$$

$$\partial U/\partial R > 0, \ \partial U/\partial H > 0$$

其中，R 表示个人的收入，H 表示良好的生态环境。同时 $R = (n+1)I$，因为产业越发展，个人收入越高。同时产业越发展，带来的污染也越多，所以环境污染给城市造成的社会成本 c 为：

$$c = \theta I, \ \theta > 0 \tag{4}$$

由式（1）和式（4）可以得到：

$$c_R = \theta I - \beta x, \ \theta > 0, \ \beta > 0 \tag{5}$$

由式（5）得到乡村总体的 C_R 为：

$$C_R = nc_R = n\theta I - n\beta x, \ \theta > 0, \ \beta > 0 \tag{6}$$

将城乡整体的生态环境容量设为 $\overline{E}$，在一定时期内一个独立的生态环境容量是一个稳定的值（张帆、夏凡，2016），可以视为一个常数，可以得到 $\overline{E}$ 为：

$$H + c + C_R = \overline{E} \tag{7}$$

式（7）表示当污染 c 和 C_R 越大时，良好的生态环境 H 的数值就越小。

在此基础上，本文建立拉格朗日方程：

$$L = R^\alpha H^{1-\alpha} + \lambda(\overline{E} - H - c - C_R)$$

将式（3）和式（6）代入其中可以得到：

$$L = nI^{\alpha} H^{1-\alpha} + \lambda(\overline{E} - H - \theta I - n\theta I + n\beta x)$$

其中 $0 < \alpha < 1$，$\theta > 0$，$\beta > 0$

分别对 n、I 和 H 分别求导，得到均衡条件：

$$n = -\frac{I\theta}{\beta x}, \quad \theta > 0, \quad \beta > 0$$

对 x 求导，得到：

$$\partial n / \partial x > 0$$

所以，x 越大，也就是开发区的面积越大时，城乡产业越会得到良性发展。

因为绿色全要素生产率（GTFP）综合反映产业发展的正效应和伴生的环境污染负效应的净效应，是一个去除能源消耗和环境污染后的真实的经济增长率指标，所以，本文以 GTFP 这个指标来刻画产业的良性发展。

基于此，本文提出待验证的理论假说 1：

假说 1：我国各省的开发区面积，对该地区的绿色全要素生产率具有显著的正影响。也就是，该地区污染的空间优化配置对该地区的城乡产业良性发展有正影响。

当前，我国东部地区、中部地区和西部地区的产业发展水平不平衡，各地区间由于环境规制、生态条件、经济发展目标等的差异导致绿色全要素生产率存在明显异质性。而且，东部地区的经济产值在全国层面占据较大比重，以及东部地区产业发展是整个国民经济的领头雁。特别是，2003 年，国务院对开发区和建设用地进行清理整顿，但对中西部地区，东北老工业基地的资源枯竭型城市，部分老、少、边、穷地区的开发区，在入园企业个数、基础设施建设水平、产业发展规模等具体审核条件上给予照顾倾斜。同时，在财政转移支付上，2000 年《国务院关于实施西部大开发若干政策措施的通知》规定，要"提高中央财政性建设资金用于西部的比例""加大财政转移支付力度"。因此，东部地区开发区的土地供给被挤压（向宽虎、陆铭，2015）。所以，在这个制度背景下，研究假说 1 在东部地区是否成立，就具有更明确的政策指导意义。因此，本文提出辅助性的理论假说 2：

假说 2：我国东部地区的开发区面积越大，对该地区的绿色全要素生产率具有显著的正影响。也就是，该地区的污染的空间优化配置对该地区的城乡产业良性发展有正影响。

三、研 究 设 计

（一）模型设定

为了研究开发区的污染弱化效应这一问题，本文构建双向固定效应模型，具体形式如式（8）所示：

$$GTFP_{it} = \alpha_0 + \alpha_1 lnD_{it} + \alpha_2 X_{it} + PRO_i + YEAR_t + \mu_{it} \qquad (8)$$

其中，被解释变量 $GTFP_{it}$ 表示 i 省在 t 年份的绿色全要素生产率（GTFP）；核心解释变量 lnD_{it} 表示 i 省在 t 年份的开发区面积的对数；X_{it} 为一系列控制变量，包括人口密度（POP）、政府干预程度（GIL）、基础设施建设（INFRA）、外商直接投资（FDI）及市场化水平（M）变量。PRO_i 为省份固定效应项，以控制地区层面不可观测且不随时间变动的个体异质性；$YEAR_t$ 为不可观测的时间固定效应项；μ_{it} 为随机误差项；α_0、α_1 和 α_2 均为待估计参数。

（二）变量选择

1. 被解释变量

本文引入非导向的 SBM 模型—GML 指数，以 2004 年为基期，基于非期望产出进行绿色全要素生产率的测度。

2. 核心解释变量

本文选取的核心解释变量为"开发区面积"，数据主要来源于 2002~2021 年《中国开发区年鉴》，开发区面积的单位为平方公里。

3. 控制变量

借鉴相关研究（朱欢等，2020；逯进、李婷婷，2021），本文选取以下控制变量：人口密度（POP）采用地区总人口数与地区行政区划面积的比值来表示，政府干预程度（GIL）采用财政支出与地区生产总值的比值来表示，基础设施建设（INFRA）采用人均道路面积来表示，外商直接投资（FDI）以外商投资总额与地区生产总值的比值衡量（赵增耀、王喜，2007），市场化水平（M）通过政府与市场关系、非国有经济发展、产品市场和要素市场的发育程度等要素综合表示（张军等，2004）。

控制变量的选择依据如下：

第一，人口密度（POP）。一方面，人口密度的增加，表明地区劳动力供给充足，为社会分工的细化提供了可能，从而影响地区生产效率；另一方面，人口密度的增加可能会给地区的环境承载力带来考验，污染物排放量随之增加，进而影响地区绿色全要素生产率。

第二，政府干预水平（GIL）。政府干预可能影响资源配置效率，导致地区经济效率难以提高。

第三，基础设施（INFRA）。基础设施建设，如公路、铁路等，对运输物资以及人口流动有很重要的影响，而物资和人力的流动则会对经济的发展产生重要影响，所以本文将基础设施加入控制变量。

第四，外商直接投资（FDI）。外商直接投资为一个地方的经济发展提供了资金和新技术，所以会对绿色全要素生产率产生影响。

第五，市场化水平（M）。一个地区的市场化水平对经济的发展具有重要的影响，所以本文将市场化水平加入控制变量。

（三）数据来源及初步分析

本文利用 2004～2021 年中国 30 个省份的绿色全要素生产率以及历年中国各省的开发区数据，数据主要来源于历年的《中国城市统计年鉴》《中国统计年鉴》《中国开发区年鉴》、CNRDS 数据库和国家统计局开放数据。

2004～2021 年全国的开发区面积在稳步增加，从 2004 年的 6700 多平方公里增至 2021 年的 117006 平方公里。东部开发区数量明显大于中部和西部，同时东部与中西部的变化趋势基本保持一致。

被解释变量、核心解释变量和控制变量的描述性统计如表 1 所示。

表 1　　　　　　　　　　　　　描述性统计

变量分类	名称	单位	均值	标准差	最小值	最大值
被解释变量	绿色全要素生产率		1.473	0.656	0.044	4.107
核心解释变量	开发区面积	平方公里	1269.755	3334.676	38.74	35498.78
控制变量	基础设施	平方米	11.372	0.878	8.734	12.981
	外商直接投资		0.021	0.020	0.00006	0.121
	市场化水平		7.573	1.892	2.978	12.39
	人口密度		8.182	0.749	6.289	9.448
	政府干预程度		0.104	0.032	0.051	0.245

四、实证结果及分析

（一）双向固定效应模型

在进行回归分析前，我们首先需要确定选择固定效应模型还是随机效应模型。本文选取的数据为 2004～2021 年全国 30 个省份的面板数据。对于面板数据而言，常用的模型是固定效应模型和随机效应模型。本文运用 Hausman 检验，表 2 为应用 Stata 15 进行 Hausman 检验的结果，P 值小于 0.01，拒绝选用随机效应的原假设，所以采用固定效应面板模型。由于模型自由度不足，在小样本的情况下，双向固定效应相对更加有效，故本文选择采用双向固定效应模型。

表 2   Hausman 检验结果

项目	(b)	(B)	(b − B)	sqrt（diag（V_b − V_B））
	FE	RE	Difference	S. E.
开发区面积	0. 022	0. 023	− 0. 001	0. 003
基础设施	0. 369	0. 369	− 0. 001	0. 021
外商直接投资	− 1. 634	0. 060	− 1. 694	0. 629
市场化水平	− 0. 206	− 0. 206	0. 000	0. 010
人口密度	− 1. 107	− 0. 162	− 0. 945	0. 368
政府干预程度	10. 731	8. 886	1. 845	0. 599

$$chi2(6) = (b - B)'[(V\_b - V\_B)^{(-1)}](b - B)$$
$$= 23. 08$$
$$Prob > chi2 = 0. 0008$$

（V_b − V_B 非正定）

表 3 报告了双向固定效应模型的估计结果。通过分析估计结果可知：开发区面积的增加，也就是污染在空间上的优化配置，对绿色全要素生产率的提升有显著的影响。即验证了假说 1。

表 3   双向固定效应模型估计结果

项目	GTFP
开发区面积	0. 106 *** (0. 026)
基础设施	0. 249 (0. 151)
外商直接投资	− 3. 581 (2. 199)
市场化水平	− 0. 048 (0. 044)
人口密度	− 0. 701 * (0. 354)
政府干预程度	4. 500 * (2. 230)
常数项	3. 536 (2. 957)
N	540. 000

注：* 、*** 分别表示 10%、1% 的显著性水平。

（二）稳健性检验

1. 内生性检验

由于经济变量具有惯性，本文的被解释变量绿色全要素生产率可能也存在滞后效应，这是由于在开发区设立的当年，其产业可能尚未有效运营，尚未形成经济产值，或者可能尚未对绿色全要素生产率产生影响。同时，考虑到开发区的面积与绿色全要素生产率之间可能存在双向因果关系，本文参考前人研究（周茂等，2018；朱欢等，2020；逯进、李婷婷，2021）的做法，将开发区面积作为内生变量，将开发区面积的滞后一期作为工具变量引入模型，可以在一定程度上确保因果性。

估计结果如表 4 所示，将开发区面积的滞后一期作为工具变量引入模型后，结果仍然在 1% 的统计水平上显著。所以，污染的空间优化配置对绿色全要素生产率的影响仍然十分显著。

表 4　　　　　　　　　　　　　内生性检验结果

项目	GTFP
滞后一期的开发区面积	0.088 *** (0.028)
基础设施	0.221 (0.154)
外商直接投资	−3.875 (2.477)
市场化水平	−0.052 (0.042)
人口密度	−0.832 ** (0.370)
政府干预程度	4.638 * (2.402)
常数项	4.999 * (2.781)
N	510.000

注：*、**、*** 分别表示 10%、5% 和 1% 的显著性水平。

2. 补充变量

为进一步验证污染的空间优化配置对城乡产业发展的内在影响机制，本文将通过加入控制变量的方法，对基础双向固定效应模型进行稳健性检验，从而得到估计结果。

产业结构通过生产要素重置、产业溢出效应和专业化分工等途径影响技术效率，进而影响绿色全要素生产率，本文参考齐绍洲等（2015）的做法，采用第二产业占 GDP 比重（二产占比）和第三产业占 GDP 比重（三产占比）的自然对数表示，用以考察当地产业结构的影响。在代入模型后得到表5，估计结果显示开发区面积对绿色全要素生产率的影响仍在 1% 的统计水平上显著为正。这说明，在我国目前的地方产业发展水平下，污染的空间优化配置对绿色全要素生产率具有积极的影响。

表5   加入产业结构的检验结果

项目	GTFP
开发区面积	0.106 *** (0.027)
基础设施	0.250 * (0.146)
外商直接投资	−3.572 (2.298)
市场化水平	−0.048 (0.045)
人口密度	−0.701 * (0.354)
政府干预程度	4.487 * (2.252)
产业结构水平	0.031 (0.982)
常数项	3.513 (3.113)
N	540.000

注：* 、*** 分别表示10%、1%的显著性水平。

进一步地，考虑到一个地区的工业化水平对该地区的经济发展以及环境保护存在各方面的影响，同时也对该地区的产业结构有着重要的影响，所以本文将工业化水平引入模型重新估计。本文参考已有研究的做法，工业化水平采用各城市第二产业增加值占 GDP 的比重来衡量。在代入模型后得到

表 6，估计结果显示，开发区面积对绿色全要素生产率的影响仍在 1% 的统计水平上显著为正，说明我国目前阶段的工业化水平，可以通过设立开发区来促进城乡产业的发展。

表 6　　　　　　　　　　　　　加入工业化水平的检验结果

项目	GTFP
开发区面积	0.106 *** (0.026)
基础设施	0.249 (0.163)
外商直接投资	−3.580 (2.211)
市场化水平	−0.048 (0.044)
人口密度	−0.701 * (0.354)
政府干预程度	4.500 * (2.248)
工业化水平	−0.002 (0.642)
常数项	3.536 (3.001)
N	540.000

注：* 、*** 分别表示 10%、1% 的显著性水平。

3. 异质性分析

我国幅员辽阔，不同地区的经济发展水平、产业结构以及地方政府政策等情况各有不同，这使绿色全要素生产率的影响因素也具有差异性。

表 7 展示了我国东部、中部和西部地区每 5 年的二产增加值、GDP 和总人口数量。由表中数据可以发现，东部地区每年二产增加值和 GDP 远高于中部地区和西部地区，甚至高于中部地区和西部地区的总和，同时中部地区也明显高于西部地区。在人口方面，东部地区和中部地区接近，高于西部地区，而且每年变化不明显。由此可见，我国东部、中部和西部存在显著的异质性。

表 7   分东中西部地区的二产增加值、GDP 和总人口

年份	二产增加值（万亿元）			GDP（万亿元）			总人口（亿人）		
	东部	中部	西部	东部	中部	西部	东部	中部	西部
2000	2.01	0.91	0.37	4.81	2.63	1.15	4.48	4.40	2.54
2005	3.95	1.89	0.78	9.39	5.05	2.25	4.49	4.41	2.58
2010	8.11	4.61	2.02	20.19	11.68	5.17	4.73	4.47	2.58
2015	11.22	6.77	3.13	32.43	19.39	9.36	4.95	4.48	2.66
2020	13.87	8.19	4.04	42.69	26.56	14.69	5.09	4.44	2.73

资料来源：笔者根据《中国统计年鉴》以及国家统计局发布的数据整理所得。

　　截至 2022 年 6 月，我国共计 2781 个开发区，东部地区的开发区数量大于中西部地区，西部地区的开发区数量明显较少，所以开发区的面积对绿色全要素生产率的影响需要在各地域分别衡量。无论是从开发区的设立，还是产业发展程度以及环境污染程度，我国东中西部地区都存在显著的差异性，那么将东中西部分组检验将会使检验结果更加可信。因此，本文从区域层面进一步探究污染的空间优化配置对绿色全要素生产率的影响。按照惯例，我们以地理位置和经济发展水平为依据，将我国划分为东部、中部和西部三个区域，然后进行分样本回归。回归结果如表 8 所示。在分组检验以后，东部地区和中部地区的回归结果仍然显著，但是西部地区的回归结果却不显著了，说明在我国目前东部、中部和西部存在发展水平差距的情况下，设立开发区更适合东部地区和中部地区。结果验证了假说 2。

表 8   分东中西部地区的二产增加值、GDP 和总人口

项目	(1)	(2)	(3)
	GTFP（东部）	GTFP（中部）	GTFP（西部）
开发区面积	0.136 *** (0.023)	0.126 ** (0.055)	− 0.061 (0.095)
基础设施	0.065 (0.222)	0.395 * (0.191)	0.488 (0.620)
外商直接投资	− 3.839 (3.951)	4.335 (7.607)	− 3.572 (9.280)
市场化水平	0.044 (0.115)	− 0.165 * (0.076)	0.019 (0.095)
人口密度	− 0.248 (1.246)	− 2.189 ** (0.802)	− 1.602 * (0.755)

续表

项目	(1)	(2)	(3)
	GTFP（东部）	GTFP（中部）	GTFP（西部）
政府干预程度	3.028 (4.588)	9.756 ** (4.153)	2.202 (3.779)
常数项	1.030 (10.507)	14.700 ** (5.744)	8.561 (9.575)
N	198.000	180.000	144.000

注：* 、** 、*** 分别表示10%、5%和1%的显著性水平。

五、研究结论与进一步讨论

（一）研究结论

本文以 2004～2021 年全国 30 个省份的省际面板数据为样本，运用双向固定效应模型考察了开发区的污染弱化效应，即开发区面积对绿色全要素生产率的影响。从全国整体水平来看，开发区的设立能够显著促进城乡产业良性发展，并且在我国目前的地方产业结构以及工业化水平下，要促进良性发展，设立开发区，也就是污染在空间上的优化配置，是行之有效的。此外，本文考虑到我国中东西部存在地区差异，进行了分组检验。就东部地区和中部地区而言，这一影响仍然是显著的，但对于西部地区来说，这一影响并不显著。这可能是因为我国开发区土地供给在 2003 年后偏向了中西部地区，对东部地区的土地供给产生挤压效应（向宽虎、陆铭，2015），从而人为抬高了东部地区开发区的边际效益。

之前关于开发区的功能研究揭示出，开发区具有"政策区""城市功能区"（张艳，2011）、促进专业化生产（韩民春、蔡宇飞，2013）、作为本地区产业结构优化和产业升级的孵化器（李力行、申广军，2015）、制造业升级（周茂等，2018）、扩大就业市场规模、提高专业技能需求以及增加职位晋升机会（郑思齐等，2020）、对企业创新的激励效应（张杰等，2021）、促进城市经济效率（孔令丞、柴泽阳，2021）与协调区域经济发展（林晨等，2022）、城市内部其他区域的带动和溢出效应（沈鸿等，2023）。与之前文献（李志斌等，2022）不同的是，本文揭示了承载产业发展的开发区还具有弱化环境污染、环境治理优化的重要功能。这是关于开发区研究的一个尚未被大家揭示的重要方面。

（二）本研究对新结构经济学学科体系的意义

产业发展与结构升级是新结构经济学的重要研究领域（林毅夫，2012；

王勇，2017），同时新结构环境经济学是构建整个新结构经济学学科体系的必要组成部分（林毅夫等，2023）。然而，直到目前，在新结构经济学学科体系中，产业发展与环境治理保护仍然是两个相互之间没有沟通的理论孤岛。事实上，产业发展必然伴随环境污染，二者是一个硬币的两面，是无法分割的。本文的工作是要在这个问题上拓展改进，尝试嫁接产业发展与环境治理保护两个研究领域。本文在新结构经济学框架里，将产业发展与环境污染二者放在冯·杜能的孤立国模型里进行分析。

自冯·杜能的孤立国模型开始，通过俄林的贸易区域理论、克鲁格曼的新贸易理论等经典著作，学术界越来越意识到空间因素的重要性，这就是近年来形成的经济学一个重要分支即空间经济学（曾道智和高塚创，2018）。空间因素是产业发展与产业结构升级的重要考量因素，但目前新结构经济学学科体系，还没有对空间因素给予足够的重视。本文在此方面作出尝试。因此，本文在新结构经济学框架里，引入产业发展的区位视角，在冯·杜能的孤立国模型里讨论城乡产业发展布局。

参 考 文 献

[1] 哈里斯、罗奇：《环境与自然资源经济学：现代方法》，孙星译，上海财经大学出版社 2017 年版。

[2] 葛鹏飞、黄秀路、徐璋勇：《金融发展、创新异质性与绿色全要素生产率提升：来自"一带一路"的经验证据》，载《财经科学》2018 年第 1 期。

[3] 韩民春、蔡宇飞：《地区专业化与产业结构趋同——以国家级开发区为例》，载《中国流通经济》2013 年第 5 期。

[4] 江飞涛、李晓萍：《改革开放四十年中国产业政策演进与发展——兼论中国产业政策体系的转型》，载《管理世界》2018 年第 10 期。

[5] 孔令丞、柴泽阳：《省级开发区升格改善了城市经济效率吗？——来自异质性开发区的准实验证据》，载《管理世界》2021 年第 1 期。

[6] 李力行、申广军：《经济开发区、地区比较优势与产业结构调整》，载《经济学（季刊）》2015 年第 3 期。

[7] 李志斌、周麟、沈体雁：《国内开发区研究热点与进展》，载《区域经济评论》2022 年第 1 期。

[8] 林晨、陈荣杰、徐向宇：《外部产业投资与区域协调发展——来自"三线建设"地区的证据》，载《经济研究》2022 年第 3 期。

[9] 林毅夫：《新结构经济学》，北京大学出版社 2012 年版。

[10] 林毅夫、付才辉、郑洁：《新结构环境经济学；新框架与新见解》，载《经济理论与经济管理》2023 年第 9 期。

[11] 刘翠溶：《什么是环境史》，生活·读书·新知三联书店 2020 年版。

[12] 刘志彪、凌永辉：《结构转换、全要素生产率与高质量发展》，载《管理世界》2020 年第 7 期。

[13] 毛捷、柏金春：《开发区债务增长的机理研究——基于开发区边界的精准识别》，载《管理世界》2024 年第 9 期。

[14] 逯进、李婷婷：《产业结构升级、技术创新与绿色全要素生产率：基于异质性视角的研究》，载《中国人口科学》2021 年第 4 期。

[15] 齐绍洲、林屾、王班班：《中部六省经济增长方式对区域碳排放的影响——基于Tapio 脱钩模型、面板数据的滞后期工具变量法的研究》，载《中国人口·资源与环境》2015 年第 5 期。

[16] 沈鸿、范剑勇、刘胜：《开发区升级、土地配置结构与产业分工地位》，载《经济学动态》2023 年第 7 期。

[17] 宋文月、任保平：《改革开放 40 年我国产业政策的历史回顾与优化调整》，载《改革》2018 年第 12 期。

[18] 王勇：《新结构经济学思与辩》，北京大学出版社 2017 年版。

[19] 向宽虎、陆铭：《发展速度与质量的冲突——为什么开发区政策的区域分散倾向是不可持续的?》，载《财经研究》2015 年第 4 期。

[20] 臧旭恒、杨蕙馨、徐向艺：《产业经济学（第 5 版）》，经济科学出版社出版 2015年版。

[21] 曾道智、高塚创：《空间经济学》，北京大学出版社 2018 年版。

[22] 张帆、夏凡：《环境与自然资源经济学（第三版）》，格致出版社、上海三联书店、上海人民出版社 2016 年版。

[23] 张杰、毕钰、金岳：《中国高新区"以升促建"政策对企业创新的激励效应》，载《管理世界》2021 年第 7 期。

[24] 张军、吴桂英、张吉鹏：《中国省际物质资本存量估算：1952 - 2000》，载《经济研究》2004 年第 10 期。

[25] 张艳：《国家经开区与高新区的政策渊源探究及反思》，载《城市规划学刊》2011年第 3 期。

[26] 赵增耀、王喜：《产业竞争力、企业技术能力与外资的溢出效应：基于我国汽车产业吸收能力的实证分析》，载《管理世界》2007 年第 12 期。

[27] 郑思齐、宋志达、孙伟增、吴璟：《区位导向性政策与高质量就业——基于中国开发区设立的实证研究》，载《华东师范大学学报（哲社版）》2020 年第 5 期。

[28] 郑也夫：《城市社会学》，中信出版集团 2018 年版。

[29] 周茂、陆毅、杜艳、姚星：《开发区设立与地区制造业升级》，载《中国工业经济》2018 年第 3 期。

[30] 朱欢、李欣泽、赵秋运：《偏离最优环境政策对经济增长的影响：基于新结构经济学视角》，载《上海经济研究》2020 年第 11 期。

[31] Hunya G. , 2002: Restructuring through FDI in Romanian Manufacturing, *Economic Systems.* , Vol. 26, No. 4.

[32] Wang, J. , 2013: The Economic Impact of Special Economic Zones: Evidence from Chinese Municipalities, *Journal of Development Economics*, Vol. 100, No. 1.

Accompanying Products of Industry Development: Research on the Pollution Weakening Effect of Development Zones

Jianming Xu   Yanzhen Song

Abstract: Pollution is accompanying products of industry development, and industrial development inevitably accompanies pollution. Therefore, the key issue is how to balance the relationship between industrial development and pollution. Compared to cities, rural areas have comparative advantages in terms of the benefits of pollution degradation and the costs of pollution damage. This article analyzes the urban and rural factor endowments and comparative advantages in industrial development by incorporating spatial factors into the theoretical framework of new structural environmental economics. It is found that development zones have a pollution weakening effect, which can promote the development of urban and rural industries while minimizing the social cost of pollution associated with industrial development through spatial allocation of pollution. This article empirically analyzes the relationship between green total factor productivity and development zone area in 30 provincial administrative regions across the country, and the results show that development zones have a positive impact on green total factor productivity. Given that the total amount of development zones in the eastern region is significantly larger than that in the central and western regions, this article conducts heterogeneity analysis on the eastern, central, and western regions respectively.

Keywords: New Structural Environmental Economics   von Thünen's Isolation State Model   Industrial Development   Development Zone   Green Total Factor Productivity

JEL Classification: R11   Q56   Q58

自愿型环境规制何以影响重污染企业的环境绩效

——基于 ISO 14001 认证持续性的视角

王玉璋　　王凤荣[*]

摘　要： 在全球环境问题日益突出的背景下，重污染企业的环境治理成为社会关注的焦点。ISO 14001 作为一种自愿型环境规制，为企业提供了一个系统化的框架，以改善其环境管理实践和绩效。然而，ISO 14001 认证对重污染企业的实际治理效果究竟如何，仍存在争议。本文以我国 2009～2023 年的重污染企业为样本，探讨了 ISO 14001 认证对企业环境绩效的影响。研究结果表明，能够持续获得 ISO 14001 认证的重污染企业显著提高了其环境绩效，而仅能短期获得认证的重污染企业在环境绩效方面的提升效果不明显。进一步分析发现，只能在短期内获得认证的企业往往利用认证进行印象管理，以获取政府补贴等资源，而不进行实质性的环境治理。而持续获得认证的企业则倾向于实质性的环境治理，并推动绿色创新。在异质性检验中，研究表明，与非国有企业相比，ISO 14001 认证对国有企业环境绩效的提升效果更为显著。此外，研究发现命令型环境规制与 ISO 14001 认证之间具有显著的交互作用，ISO 14001 认证在环境治理方面是对命令型环境规制的有效补充。本文不仅为重污染企业如何有效利用 ISO 14001 提供了实践指导，还为政策制定者在环境管理制度设计上提供了参考依据。

关键词： ISO 14001　自愿型环境规制　认证持续性　环境绩效

一、引　　言

随着工业化和城市化进程的加快，重污染企业成为了温室气体排放和环境污染的主要来源之一。重污染行业往往是经济发展的支柱产业，但同时也

---

* 本文受国家社会科学基金项目"'双碳'目标下绿色金融支持产业转型升级的路径和政策研究"（22BJY188）、山东省社科规划项目"绿色金融推动山东省产业创新变革的作用渠道、效应测度与优化路径研究"（21CJJJ09）、山东省自然科学基金上项目"碳中和目标下绿色金融支持产业转型升级的机制与路径研究"（ZR2021MG011）资助。

感谢匿名审稿人的专业修改意见！

王玉璋：山东大学经济研究院；地址：山东省济南市山大南路 27 号，邮编：250100；E-mail：wangyuzhangedu@ 163. com。

王凤荣（通讯作者）：山东大学经济研究院；地址：山东省济南市山大南路 27 号，邮编：250100；E-mail：wangfengrong@ sdu. edu. cn。

面临着巨大的环境压力。有效的环境治理不仅对改善生态环境、提升居民生活质量至关重要，也是实现可持续发展的核心要求（Gao et al.，2024；王凤荣等，2023）。在这一背景下，环境规制作为促进重污染企业环境治理的关键机制和重要手段，显得尤为重要（Lin and Pan.，2023）。环境规制的有效实施可以引导重污染企业向绿色方向转型，减少污染排放，实现可持续发展（Zhang et al.，2024；He et al.，2023）。为此，政策制定者和学术界探索和评估了各种环境规制方式的有效性和适用性。

在现有文献中，环境规制通常被划分为三种类型：命令型规制、市场型规制和自愿型规制（Hu et al.，2023；Ren et al.，2018）。命令型规制通常由政府制定并强制实施，通过法律法规明确规定企业的环保标准和行为要求（Yang et al.，2024）。这种规制方式具有约束力强、效果直接的优点，但也可能面临企业合规成本高、政府监管压力大、缺乏灵活性等问题，甚至会导致市场扭曲，产生负面的减排效果（Wang et al.，2024；He et al.，2018；Arimura et al.，2008）。市场型规制则通过市场机制引导企业环保行为，如排污权交易、环境税、排污费和补贴等措施。这种方式能够激励企业在成本效益分析中考虑环保因素，提高资源利用效率，但其效果依赖于市场运行的完善程度和政策设计的合理性（Wang and Lin，2020）。相比之下，自愿型规制是一种更加灵活且具激励导向的环保措施。它主要通过企业自愿承诺和参与环保项目，借助企业社会责任和市场竞争力的提升来实现环境保护目标（Yang et al.，2024；Potoski and Prakash，2005a；彭海珍、任荣明，2004）。自愿型规制的优点在于，不需要政府大量的命令型干预，减少了行政成本和企业的合规负担（Yang et al.，2024；Wang and Wang，2023；Bu et al.，2020；彭海珍、任荣明，2004）。同时，自愿型规制允许企业根据自身资源和环境目标调整其战略，具有较高的适应性和创新性（Wang et al.，2024；Hu et al.，2023；杨冕等，2022）。此外，自愿型规制还能够提升企业的公众形象和市场竞争力，增强企业对环保的主动性和积极性（Yang et al.，2024；Tian et al.，2024；Labella et al.，2024；Wang et al.，2023；Arocena et al.，2023；Al‐Kahloot et al.，2019；Graafland，2018；Poksinska et al.，2003）。因此，相较于命令型规制和市场型规制，自愿型规制在促进企业环保责任感和激发环保创新方面显示出了独特的优势。

历史上，各国在自愿型环境规制领域进行过较多的实践和尝试。例如，国际标准化组织（ISO）设计的 ISO 14001 认证，美国环境保护署（EPA）的"30/50 计划""绿色照明工程""能源之星认证"，美国绿色建筑委员会（USGBC）制定的建筑评级系统（LEED），美国化学理事会在化工行业设计的"责任关怀"，英国标准协会（BSI）设立的环境管理体系标准（BS 7750），欧盟创办的欧洲环保管理与审核体系（EMAS），以及由我国工业和信息化部牵头的"绿色工程"项目（王茂斌等，2024；陈艳莹等，2022；潘翻番等，2020；Baek，2018；Prakash and Potoski，2007）。在这些自愿型环境规制中，ISO 14001 无疑是全球范围内最广泛采用和最受欢迎的一个（Riaz and Saeed，2020；Orcos et al.，2018；Potoski and Prakash，2013；Potoski and Prakash，2005a）。ISO 14001 为所有国家和行业的企业设计了一套通用系统，提供了规范化的环境管理框架，并通过认证机制激励企业持续改进其环境绩效（Ofori et al.，2023）。因此，本研究特别关注 ISO 14001，旨在深入探讨其作为自愿型环境规制的作用和效果，并为其进一步改进提供理论支持和实践经验。

　　ISO 14001 是在 20 世纪 90 年代初由国际标准化组织（ISO）为应对全球环境问题而制定的。自 1996 年首次发布以来，该标准经过了几次重要修订。2004 年修订版增强了环境绩效和合规评估的指导。2015 年版结合可持续发展理念引入了战略环境管理思维，将产品和服务的生命周期观点纳入环境管理体系，并进一步强调了最高管理者的领导作用（Yang et al.，2024；Labella et al.，2024；Margaret et al.，2024；Wang et al.，2023；Chiarini，2019；Oliveira et al.，2016；Inoue et al.，2013）。ISO 14001 标准通过引入 PDCA（计划—执行—检查—行动）循环模式，构建了一套综合的环境管理体系。该标准要求企业在其产品的整个生命周期内，从设计、生产、使用到报废和回收各阶段，对所有可能影响环境的因素进行严格控制（Wang et al.，2023；Aragón－Correa et al.，2020；Potoski and Prakash，2013；Arimura et al.，2008）。通过 PDCA 模式，组织能够有效地规划和实施环境管理策略，监控执行情况，并根据监控结果调整和优化策略，从而实现环境性能的持续提升（Opoku－Mensah et al.，2023；Wang and Zhao，2020；Oliveira et al.，2016；Inoue et al.，2013；Arimura et al.，2008）。ISO 14001 标准要求通过第三方认证机构进行审核，为满足环境管理体系要求的组织颁发认证证书。证书的有效期通常为三年。在这三年的周期内，认证机构会进行定期的监督审核（通常是每年一次）来确保组织持续的合规性和有效性，否则 ISO 14001 认证将被视为无效（Yang et al.，2024；Tung et al.，2014）。每三年结束时，需要进行一次全面的重新审核以续签证书（Arocena et al.，2023；Chiarini，2019；Inoue et al.，2013；Potoski and Prakash，2013）。这种独立的第三方认证也有助于组织在环境管理方面的持续承诺和改进，确保环境管理体系的有效性。在我国，第三方认证机构通常是指经过中国合格评定国家认可委员会（CNAS）认可的独立机构，这些机构负责对各种产品、服务和管理体系进行符合性评估和认证。根据国际标准化组织合格评定委员会（ISO/CASCO）的统计，截至 2022 年底，我国的 ISO 14001 证书数量为295501 件，获得认证的组织数为 297433 个。① 从图 1 可以看出，尽管在某些

_____

① 截至 2024 年 7 月，国际标准化组织提供的最新 ISO 14001 统计数据为 2022 年。

年份证书数量有所波动，但总体上，我国的 ISO 14001 证书数量呈现出显著的增长趋势，反映了企业在环境管理和可持续发展方面的不断努力和进步。根据 ISO/CASCO 提供的数据，本文对全球 ISO 14001 证书数量排名前五位的国家进行了对比，并在图 2 中展示。图 2 显示，中国、日本、意大利、英国和西班牙是 ISO 14001 证书数量最多的五个国家。其中，中国的 ISO 14001 证书数量在全球范围内遥遥领先，充分展示了其在环境管理方面的突出地位。

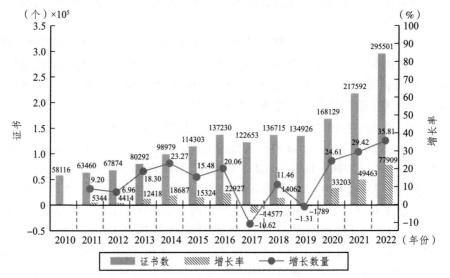

图 1　中国历年 ISO 14001 证书数量

资料来源：笔者根据国际标准化组织官方网站（https：//www. iso. org/home. html）及 ISO/CASCO 相关数据整理所得。

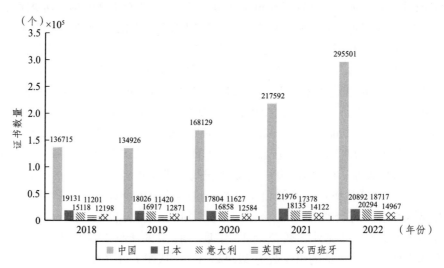

图 2　ISO 14001 证书数量前五名的国家对比

资料来源：笔者根据国际标准化组织官方网站（https：//www. iso. org/home. html）及 ISO/CASCO 相关数据整理所得。

关于 ISO 14001 认证的驱动因素，现有文献大多从外部因素和内部因素两个方面进行探讨。外部因素主要涉及市场压力、政府政策、消费者偏好、投资者要求以及行业标准等。如 Qi et al.（2011）以中国的 ISO 14001 的省级面板数据为样本，从利益相关者的视角探讨促进 ISO 14001 扩散的驱动因素，通过研究发现，社区的利益相关者和国外客户是推动 ISO 14001 扩散的重要原因，ISO 14001 可以向这些利益相关者发挥信号效应。Wang et al.（2024）从供应链视角出发，发现了客户的自愿型环境规制能够通过需求反馈和知识溢出效应促进供应商的绿色创新，也即产生了积极的传染效应。而内部因素主要包括管理层的领导力和承诺、企业文化、员工参与度以及组织内部的资源配置等。首先，管理层的支持和领导是 ISO 14001 成功实施的关键驱动力。高层管理者的决策和承诺不仅为环境管理提供了战略方向，还能调动企业内部的资源和人力（Chiarini，2019）。其次，企业文化在塑造员工的环境意识和行为方面起着重要作用。重视可持续发展和社会责任的企业文化能够激发员工的环保意识和行动积极性，从而有助于 ISO 14001 的有效实施（Orcos et al.，2018；Poksinska et al.，2003）。此外，员工的积极参与和团队合作也是推动 ISO 14001 认证的内部因素之一。当员工被授权参与环境管理决策并承担责任时，他们的积极性和承诺度会显著提高，从而增强了环境管理体系的执行效果（Tung et al.，2014）。最后，企业的内部资源配置，如资金、技术和培训，也是影响 ISO 14001 实施效果的重要因素。充足的资源投入能够支持企业在环境管理方面进行创新和改进，帮助其更好地实现环境绩效目标（Mosgaard and Kristensen，2020）。综上所述，内部因素与外部因素相辅相成，共同推动企业采纳和有效实施 ISO 14001 认证。

而对于 ISO 14001 认证的影响后果，文献大多从环境效应、经济效应以及其他溢出效应三个方面进行探讨（刘亦晴、董鑫烨，2024）。在 ISO 14001 认证对环境的影响上，学术界存在争论。部分学者认为 ISO 14001 的认证能够提高企业的环境绩效。例如，Ofori et al.（2023）利用 2002～2017 年 25 个欧洲国家的数据，通过动态面板和空间动态面板模型发现 ISO 14001 认证的普及可以在一定程度上降低二氧化碳排放，并表现出显著的空间效应。Oliveira et al.（2016）也指出，ISO 14001 环境管理体系有助于企业推行清洁生产。然而，另一些学者质疑 ISO 14001 认证的实际效果，认为其可能只是企业进行印象管理的工具，对环境绩效的实质性提升作用有限。例如，Baek（2018）基于韩国企业的数据发现，获得 ISO 14001 认证的企业与未获认证的企业在污染物排放水平上并无显著差异。其他学者则进行了更为细致的研究，Potoski and Prakash（2013）通过对 138 个国家的研究，验证了 ISO 14001 认证对空气污染的减缓作用，但对水污染的影响并不显著。Ofori et al.（2023）结合库兹涅茨曲线理论，发现 ISO 14001 认证对生态足迹的影响具有非线性特征。Graafland（2018）则认为 ISO 14001 认证对企业生态绩效没有直接影响，但可以通过加强供应链合作、增加与社会组织的联系等间接方式提升生态绩效。因此，从文献中可以看出，ISO 14001 认证对环境绩效的影响较为复杂，目前学界尚未达成一致的结论。

对于 ISO 14001 认证的经济后果，学术界普遍关注其对企业财务绩效和市场效益的影响。常用的衡量指标包括总资产收益率（ROA）、净资产收益率（ROE）、销售利润率（ROS）、EBITDA 利润率、托宾 Q（TobinQ）、股价等。学者们对此影响的方向也存在分歧。一些研究表明，ISO 14001 认证对企业的经济绩效具有正面影响（Aragón – Correa et al.，2020；Lee et al.，2017）。然而，另一部分学者则认为 ISO 14001 认证对企业的经济绩效影响不显著，甚至可能产生负面影响（Neves et al.，2024；Wang and Zhao，2020；Riaz and Saeed，2020；Riaz et al.，2019）。对于 ISO 14001 认证产生的溢出效应，学者们普遍关注到 ISO 14001 认证对出口贸易的影响。例如，Arocena et al.（2023）指出，ISO 14001 认证可以帮助跨国公司在环境领域减少原产地责任。Labella et al.（2024）则发现，ISO 14001 认证通过增加企业在出口市场的营业额，产生了积极影响。另外，ISO 14001 认证对企业创新特别是绿色创新的影响也受到广泛关注。学者们普遍认为，ISO 14001 认证可以提升企业的创新能力和绿色创新水平，相关研究探讨了多种机制。如 Nie et al.（2022）提出，ISO 14001 认证通过增加政府补贴和提高公众关注度，激励企业进行绿色创新。He and Shen（2019）从资源利用和资源积累的角度分析了 ISO 14001 对企业创新的促进作用。Bu et al.（2020）讨论了创新抵消效应，指出企业在获得 ISO 14001 认证后，可能会因合规成本的降低对企业创新产生积极影响。除此之外，学者们还研究了 ISO 14001 认证的其他溢出效应。例如，Wang and Wang（2023）发现，ISO 14001 认证可以降低企业的股价崩盘风险。Al – Kahloot et al.（2019）研究表明，ISO 14001 认证增强了员工和客户的环保意识。Wu et al.（2020）指出，ISO 14001 认证有助于降低高耗能企业的债务融资成本。综合来看，ISO 14001 认证对企业的经济绩效、创新能力以及其他方面的影响是多方面的，学界对此仍在进行深入探讨。

在既有文献的基础上，本文将进一步探讨 ISO 14001 认证对重污染企业环境绩效的影响。尽管已有大量研究关注 ISO 14001 认证对企业环境绩效的影响，但学术界尚未达成一致的结论，这些研究结果的不一致性在很大程度上未得到详细的探讨和解释。因此，本文将从 ISO 14001 认证的持续性角度出发，分析其对企业环境绩效的异质性影响，试图解释影响 ISO 14001 认证有效性的原因。本文旨在通过揭示这种差异的潜在原因，为进一步理解 ISO 14001 认证在不同情境下的效果提供新的视角和见解。具体而言，本文以中国 2009 ~ 2023 年重污染行业上市企业为样本，研究发现，持续获得 ISO 14001 认证的企业可以显著提高环境绩效，而仅暂时获得 ISO 14001 认证的重污染企业在环境绩效方面的改善不明显。进一步分析显示，获得 ISO

14001 认证有助于企业获得政府的环保补贴等资源。同时，只能短期获得 ISO 14001 认证的重污染企业更倾向于将认证作为一种印象管理工具，而能持续获得 ISO 14001 认证的重污染企业更有实质性转型的倾向，特别是在绿色创新方面有所增加。最后，本文还发现 ISO 14001 认证对国有企业的提升作用更为显著。此外，ISO 14001 认证是对命令型环境规制的良好补充，可以减轻命令型环境规制的压力。这些发现为政策制定者和企业管理者在环境管理实践中提供了重要的理论支持和实践参考。

　　本文可能的创新点有以下几个方面：首先，虽然已有大量研究关注 ISO 14001 认证对企业环境绩效的影响，但对企业进行认证动机的探讨还不够充分，对象征性认证与实质性认证的特征区分较为模糊。本文试图通过分析企业获得 ISO 14001 认证的持续性，深入探讨认证的动机及其对环境绩效的异质性影响。本文将通过对认证持续性的研究，揭示出企业是否真正致力于环境管理改进，或仅仅是通过认证获得短期的市场和政策优势。其次，本文探讨了自愿型环境规制和命令型环境规制相互结合的情况下，对重污染企业的环境绩效的影响效果。通过这种结合，检验自愿认证是否能提供额外的激励和价值，从而减轻命令型规制实施的压力。这种探讨不仅为环境规制政策的设计提供了理论支持，也为实践中制定更有效的环境管理策略提供了实证依据。最后，本文进一步丰富了 ISO 14001 认证的有效性和内部机制的探讨。通过增加对政府环保补助、绿色创新以及企业"漂绿"行为的研究，为理解认证对企业环境绩效的复杂影响提供了新的视角。

　　后文研究内容安排如下：第二部分将进行理论分析并提出研究假设，第三部分介绍研究设计，第四部分展示具体的回归结果，第五部分总结研究结论并提出政策建议。

二、理论分析和研究假设

　　在现代企业管理中，ISO 14001 作为一种标准化的环境管理体系，已被广泛应用于重污染企业，以应对日益严峻的环境法规和社会责任压力（Yang et al.，2024；Wu et al.，2020）。根据制度理论，组织在由认知、观念、文化、习俗、制度和社会价值共同形成的制度环境中运作（Yin and Schmeidler，2009）。环境中的各种因素相互作用，构成了组织行为的框架和约束。当 ISO 14001 等环境管理体系（EMS）被广泛接受并视为题中应有之义时，重污染企业受到强大的社会和文化压力，在应对这些标准时展现出更多的同构性（Riaz et al.，2019；Baek，2018）。重污染企业采用 ISO 14001 标准不仅是为积极实现环保转型，更是因为受到其他公司的模仿压力等制度性约束的推动（Riaz and Saeed，2020；Riaz et al.，2019）。在三种制度性驱动力——强制性（coercive）、规范性（normative）和模仿性（mimetic）——的共同作用下，重污染企业进行环境管理体系（EMS）认证，以展示其对环境管理的承诺，从而满足合法性要求（Potoski and Prakash，2005a；杨东宁、周长辉，2005）。然而，在政府、行业协会、客户和公众等相关利益者的制度压力下，重污染企业可能只会象征性地采用这些标准，而不是真正利用这些标准进行环境治理的深入实施，从而导致环境绩效改善有限（Baek，2018）。因此，基于公共选择理论的角度，自愿型环境规制作为私人部门代替公共部门提供正外部性物品的尝试，面临较大的挑战。在这一领域，Prakash and Potoski（2007）借鉴布坎南的"俱乐部理论"（Buchanan，1965），提出了"绿色俱乐部理论"，认为自愿型环境管理体系（EMS）是一种"绿色俱乐部"。这是因为环境管理体系带来的声誉优势具有排他性但不具竞争性，既不同于私人物品也不同于一般的公共物品，Prakash and Potoski（2007）将其称为"绿色俱乐部物品"。这种排他性特征在一定程度上解决了私人提供污染物减排这一正外部性公共物品时的"搭便车"问题，但并不完全能够避免绿色俱乐部成员在环保责任履行上的"搭便车"行为（Yang et al.，2024；潘翻番等，2020；彭海珍、任荣明，2004）。例如，由于 ISO 14001 认证协议中缺乏环境信息披露的要求，导致俱乐部成员与相关利益者之间存在信息不对称，使得外界难以辨别通过环境管理体系认证的企业是否真正实施了环保措施。① 这种情况导致一些通过认证的企业获得了绿色俱乐部带来的声誉和市场优势，但实际上并未严格遵循环保标准（Qi et al.，2012；Potoski and Prakash，2005b）。另外，ISO 14001 作为一种管理工具注重过程标准，而不是绩效标准（Wang et al.，2024；Margaret et al.，2024；Hu et al.，2023；Baek，2018）。该标准的核心是建立一个系统化的环境管理体系（EMS），以帮助组织识别、控制和改善其环境影响，但不对环境绩效结果进行直接的考核。因此，许多学者对 ISO 14001 在环境绩效方面的有效性提出了质疑（Riaz and Saeed，2020；Graafland，2018）。ISO 14001 的实施有时会导致"官僚主义"和"文书工作"重于实际环境改进的情况，即组织可能会过于注重满足标准要求的文档和程序，而忽视实际的环境绩效改进，从而产生"脱钩现象"（Graafland，2018）。

虽然有研究质疑 ISO 14001 在提升企业环境绩效方面的有效性，但也有证据表明，该标准可以促使企业在环境管理和污染减排方面取得显著进展。首先，ISO 14001 采用"生命周期"的概念，要求企业在产品的设计、生产、销售、使用和处置的各个阶段进行环境管理（Labella et al.，2024；Wang and Zhao，2020）。这种全方位的管理方式有助于重污染企业系统性地识别污

---

① Potoski and Prakash（2005a）根据是否有第三方审核、是否要求进行环境信息披露以及是否对环境违规的成员采取具体的惩罚性措施，将自愿型环境规制划分为"无剑型""弱剑型""中剑型""强剑型"四种类型。其中，ISO 14001 认证具有第三方审核机制，但在环境信息披露和惩罚措施方面不完全满足，因此被归类为"弱剑型"自愿型环境规制。

染并减少环境影响。此外，ISO 14001 通过 PDCA（计划—执行—检查—行动）循环，建立了一个动态的管理过程，促进跨系统资源的重新整合，这不仅提高了企业的运营效率，还促进了资源利用效率的提高和废物减少（Opoku – Mensah et al. ，2023；Wang and Zhao，2020；Arimura et al. ，2008）。虽然 ISO 14001 并不设定具体的环境绩效标准，但它要求企业制定环境政策，并在规划、实施、运营和验证等方面采取措施（Graafland，2018；Oliveira et al. ，2016）。也即企业仍需在环境管理体系的实施上投入最低限度的努力，因为它们必须证明其书面程序和实际做法符合该标准的要求（Mosgaard and Kristensen，2020；Qi et al. ，2011）。这一体系的实施需要企业高层管理的承诺，以及员工的积极参与和团队合作，从而推动整个组织对环境管理的高度重视（Chiarini，2019；He et al. ，2018）。例如，重污染企业在遵循 ISO 14001 标准时，往往会进行详细的规划、严格地执行以及全面的员工培训，以确保环境管理体系的有效性。这些内部改善不仅有助于降低与材料处理、培训和废料管理相关的成本，而且增强了员工的环境意识和能力，促进了企业更有效地管理环境风险（Mosgaard and Kristensen，2020；Lee et al. ，2017；Qi et al. ，2011）。此外，尽管 ISO 14001 的外部审核机制的严谨性有待提高，但通过年度再认证审计，确保重污染企业持续遵守其环境承诺。这种审核过程包括对工厂各级人员的访谈，以评估他们对 ISO 14001 程序和书面文件要求的理解，进而保障了企业环境管理体系的真实性和有效性（Potoski and Prakash，2005a）。

　　因此，ISO 14001 对重污染企业环境绩效的影响存在较大的不确定性，具体效果取决于不同动机和实践的相对强度。Wang and Zhao（2020）的研究表明，认证时间是影响企业财务绩效的重要因素，Inoue et al. （2013）也发现，企业 ISO 14001 认证的持续时间越长，越有助于推动环境创新。同样，这种持续性可能在环境绩效中产生类似的积极效果。根据资源基础观（RBV），企业的资源和能力是其竞争优势的核心来源（Hojnik and Ruzzier，2017；Barney，1991）。通过获得 ISO 14001 认证，重污染企业不仅能提升无形资产，如客户吸引力、商誉和信任（Neves et al. ，2024），还可以增加外部资源获取，如政府补贴、税收优惠和银行信贷等物质资源（Tian et al. ，2024；Wang and Zhao，2020）。然而，对于认证时间较短的重污染企业，其认证行为可能更多地出于获取外部资源的战略性动机，而非源自内生的环境保护意愿。这种骗补行为将 ISO 14001 认证视为一种"漂绿工具"，用以展示表面的环保形象，获取市场和政策的支持，而实际环境治理则相对薄弱（Potoski and Prakash，2005b）。尽管这种策略可能在短期内满足了外部利益相关者的要求，但由于缺乏实质性的环境改进，容易在第三方监管年审中暴露问题，最终面临认证被取消的风险。相反，对于可以得到持续认证的重污染企业，通常更注重内部的环境管理体系建设和实际的环境绩效提升。这类企业已经在环境管理方面投入了相当的资源，建立了较为完善的管理体系。因此，它们更有动力在实际操作中保持高标准，以确保长期的合法性和市场竞争力。此外，基于"波特假说"，Bu et al.（2020）认为，不同类型的环境管制对创新的影响存在差异，尤其是灵活性较高的自愿型环境规制能够为企业提供更大的创新空间。Hu et al.（2023）进一步指出，自愿型环境规制有助于企业在技术创新方面进行长期投资，这些创新往往能够带来显著的环境和经济效益，从而抵消合规成本，形成"创新补偿效应"。持续进行 ISO 14001 认证的企业通常具备更强的内部管理能力和创新驱动力，它们通过利用 ISO 14001 提供的框架，结合政府补贴等外部资源的支持，不断优化资源配置，进行绿色创新并实现绿色转型。基于上述分析，本文提出假设 H1。

H1：认证持续时间较短的重污染企业更可能利用 ISO 14001 认证进行印象管理，未能显著提升环境绩效；而认证持续时间较长的重污染企业更倾向于进行实质性的绿色转型，从而有效提高环境绩效。

企业的产权性质可能影响 ISO 14001 认证对环境绩效的影响。根据产权理论，企业的产权结构对其治理结构、资源配置和行为方式具有重要影响（Shleifer and Vishny，1997；Fama and Jensen，1983）。一方面，在中国，国有企业通常受到政府更严格的监管，这导致国有企业在应对外部环境监管和社会责任方面有更强的动机和能力（Qian，1996）。政府作为国有企业的最终所有者，具有较强的社会责任导向，这使得国有企业在环境保护和可持续发展等方面的政策执行上表现得更为主动和严格（Tian et al.，2024；Peng，2004）。此外，国有企业在资源获取上具有独特的优势，如更容易获得政府补贴、低成本融资和政策支持等，这些资源能够帮助国有企业更好地实施和维持 ISO 14001 认证（Tian et al.，2024；Hu et al.，2023；He et al.，2018）。另一方面，非国有企业则可能更多地受到市场压力和环境政策的驱动，特别是在短期利润最大化目标和成本控制上存在更大的压力（Zhang et al.，2023；Meng et al.，2023）。这使得非国有企业在面对环保认证时，可能更倾向于采取象征性行动，即为了满足外部要求进行表面的环境管理，而非实质性地改善环境绩效。同时，非国有企业在资源获取上不如国有企业有优势，这可能限制了它们在 ISO 14001 认证后的实际治理能力（Wang et al.，2024；Dong et al.，2022）。因此，尽管非国有重污染企业也可能通过 ISO 14001 认证来提高其市场形象和竞争力，但在实际的环境绩效提升上可能不如国有重污染企业那么明显。综上所述，由于国有重污染企业的社会责任导向和资源优势，它们在获得 ISO 14001 认证后，能够更有效地实施环境管理体系，提高环境绩效。而非国有重污染企业由于资源限制和市场压力，在环境绩效提升上可能较为有限。因此，本文提出假设 H2。

H2：相对于非国有重污染企业，国有重污染企业在获得 ISO 14001 认证后，其环境绩效提升更为显著。

　　自愿型环境规制在提高重污染企业环境绩效方面是对命令型环境规制的重要补充。命令型环境规制通常由政府主导，强制要求企业达到特定的环境标准。这类规制通过明确的法律和惩罚机制，强制企业履行环境责任，从而直接减少污染排放（Yang et al.，2024；Hu et al.，2023）。然而，命令型规制在实践中可能面临一些挑战。强制性的规制可能导致企业只满足最低要求，而缺乏进一步改善环境绩效的动力。这种"最低标准遵守"行为限制了企业的环保潜力（Tian et al.，2024）。此外，命令型规制的实施和监控成本高昂，可能导致政府资源的浪费和执行效率的降低。相比之下，自愿型环境规制，如 ISO 14001 等环境管理体系，提供了一个灵活的框架，允许企业自愿承诺更高的环保标准（Tian et al.，2024；Arimura et al.，2008）。企业通过自愿型规制不仅可以提高内部管理水平，还能通过获得认证提升市场信誉。研究表明，自愿型规制的积极性和灵活性有助于企业在创新和资源利用效率方面取得显著进展（Bu et al.，2020；He et al.，2018）。值得注意的是，自愿型规制之间可能是命令型环境规制的良好补充。高效的自愿型规制能够激发企业自主提升环境绩效的动力，从而减轻命令型规制的压力（Yang et al.，2024）。这不仅降低了政府的监管负担，还促进了企业之间的良性竞争，推动整个行业的环境标准提升。例如，当企业积极采用并严格实施自愿型规制时，政府可以相应减少对命令型规制的强制性要求，从而实现政策资源的优化配置。基于此，本文提出假设 H3。

　　H3：命令型环境规制和自愿型环境规制对重污染企业的环境绩效提升存在交互作用。当自愿型环境规制的实施程度较高时，可以减少对命令型环境规制的压力，从而更灵活地实现企业的环境目标。

三、研究设计

（一）变量选择

1. 解释变量

　　本文旨在探究 ISO 14001 认证对重污染企业环境绩效的影响。为了深入分析 ISO 14001 认证的细节及其环境效应，本文对认证的状态进行了进一步的细化。根据 ISO 14001 标准，认证有效期为三年，其间认证机构会对企业的环境治理效果进行审查与复核。若企业在这期间出现环境问题或未能持续满足环境认证标准，则可能面临认证资格的取消。基于这一机制，本文设定了两个关键变量以精确刻画 ISO 14001 认证的状态。首先，企业当年获得 ISO 14001 认证，且前后连续三年或以上持有 ISO 14001 认证，则将 ISOLong 变量设为 1，以此代表企业获得了 ISO 14001 的持续认证；反之，则设为 0。其次，若企业当年获得 ISO 14001 认证，但未能持续三年，即只在一年或连续两年内持有认证，则将 ISOShort 变量设为 1，代表企业只获得了 ISO 14001 的短期认证；否则设为 0。为确保研究数据的准确性和可靠性，ISO 14001 认证的数据通过手工检索全国认证认可信息公共服务平台以及参考国泰安数据库（CSMAR）进行收集与整理。通过这种分类方法，本文旨在为 ISO 14001 认证对企业环境绩效影响的研究提供更加精确和细致的结论。

2. 被解释变量

本文的被解释变量是重污染企业的环境绩效，本文参照 Hu et al. (2023) 以及王凤荣等（2023）的研究方法，选用华证 ESG 指数中的环境维度（E）得分来衡量重污染企业的环境绩效。华证 ESG 指数作为衡量企业社会责任承担的重要指标，其环境得分部分综合考量了企业的多方面环境信息披露和具体环境管理行为。该得分系统以"气候变化""资源利用""环境污染""环境友好"及"环境管理"五大主题为框架，围绕"碳减排路线""绿色金融""工业排放"以及"可持续认证"等 17 个关键维度，通过集成语义分析和自然语言处理（NLP）智能算法，对企业的环境信息进行深入解析和赋值。华证 ESG 指数的环境得分评价体系充分融合了大数据和人工智能技术，对企业的环境表现进行全面而精细化的评估。通过对企业公开披露信息的系统收集与分析，该评价体系能够有效捕捉企业在环境保护和可持续发展方面的表现和努力，为研究者和投资者提供了一个科学、全面和客观的环境绩效衡量工具。因此，华证 ESG 指数的环境得分被认为是评价企业环境绩效的优选指标，为企业环境责任的履行和环境管理水平提供了重要参考。华证 ESG 评级采用了季度评级的方式，因此本文选取企业各季度环境得分的平均值作为当年的最终得分。

3. 控制变量

在本文的研究设计中，我们纳入了若干控制变量，以全面捕捉可能影响研究结果的企业财务特性、增长潜力、市场评价以及治理结构等因素。特别地，考虑到企业规模（Size）和企业年龄（Age）是衡量企业市场影响力和经营历史成熟度的关键指标，我们将这两个变量包括在内以反映企业的基本经营状况。同时，主营业务收入（Rev）被选取作为企业核心盈利能力的代表，而总资产收益率（ROA）则用来衡量企业资产的运营效率。资产负债率（Lev）被选取作为反映企业财务杠杆和风险水平的指标，以及托宾 Q（TobinQ）被选作衡量企业的市场表现和投资吸引力的指标。此外，为控制企业治理结构的影响，选取独立董事比例（Ind）和总经理与董事长是否"两职合一"（Dual）进行考量。最后，前十大股东持股比例（Top10）用以揭示企业的股权集中度，从而评估股东结构对企业决策和表现的潜在影响。所有控制变量的数据均源自国泰安数据库（CSMAR），确保了研究的数据质量和结果的可靠性。对于这些控制变量的详细定义，如表 1 所示。

表 1　　　　　　　　　　　　　　　　变量说明

变量类型	变量	变量含义	变量定义
解释变量	ISOShort	短期获得环境认证	获得 ISO 14001 认证不足三年
	ISOLong	持续获得环境认证	连续三年及以上获得 ISO 14001 认证
被解释变量	EScore	环境绩效	华证 ESG 指数的环境维度得分
控制变量	Size	资产规模	总资产的自然对数
	Age	企业年龄	当前年份减去企业成立年份加 1
	Rev	主营业务收入	企业经常性的、主要业务所产生的基本收入
	ROA	总资产收益率	净利润/资产合计期末余额
	Lev	资产负债率	负债总额/资产总额
	TobinQ	托宾 Q	市值/资产总计
	Ind	独立董事占比	独立董事人数占董事会人数的百分比
	Dual	两职合一	总经理和董事长是否为同一人
	Top10	前十大股东持股比例	前十名股东持股比例之和

（二）样本数据

本文以重污染行业的上市企业为研究样本，并参照 Shi et al.（2022）以及潘爱玲等（2019）的做法，依据环境保护部在 2010 年发布的《上市公司环境信息披露指南》进行选取。该指南依托 2008 年的《上市公司环保核查行业分类管理名录》明确指出，火电、钢铁、水泥等多个行业被归类为重污染行业。结合《上市公司行业分类指引》，本文界定的具体重污染行业代码包括 B06、B07、B08、B09、B10、C15、C17、C19、C22、C25、C26、C28、C29、C30、C31、C32、D44。为确保财务数据的连续性和可比性，考虑到 2007 年财政部《企业会计准则》的颁布，本文选择了 2007 年之后的样本。同时，为规避 2008 年金融危机可能带来的影响，样本的时间范围定于 2009 ~ 2023 年。在数据处理方面，为保证本文的严谨性和数据的准确性，我们进行了以下步骤的处理：首先，剔除了因经营问题而被交易所特殊处理的企业（例如 ST、*ST 等）、进入退市整理期的企业，以及属于金融业和房地产行业的企业；其次，排除了缺失关键财务指标数据的样本；最后，为降低极端值对研究结果的影响，对所有财务变量进行了 1% 的 Winsorize 尾部处理。经过上述细致且系统的数据筛选与处理，本文最终得到 9225 个有效的样本观测点。

（三）描述性统计

本文基于 9225 个有效样本对各变量进行了描述性统计分析。分析结果显示，短期 ISO 14001 认证（ISOShort）的平均取得率为 6%，而 ISO 14001 持续认证（ISOLong）的平均取得率为 24%。这一差异揭示了相对较多的企业在初次通过环境管理认证后能够持续维持其认证状态。环境绩效（EScore）的平均得分为 62.48，标准差为 6.15，表明企业在环境绩效方面存在一定的差异。至于其他控制变量，如企业规模、盈利能力、资产负债率等，其描述性统计结果在表 2 中详细列出，不再赘述。

表 2   描述性统计

变量	观测值	平均值	标准差	最小值	中位数	最大值
ISOShort	9225	0.06	0.23	0	0	1
ISOLong	9225	0.24	0.43	0	0	1
EScore	9225	61.96	6.24	47.50	61.73	79.98
Size	9225	22.38	1.36	20.06	22.15	26.37
Age	9225	19.47	5.92	6	19	34
Rev	9225	21.79	1.44	18.91	21.60	25.74
ROA	9225	0.04	0.06	−0.18	0.04	0.21
Lev	9225	0.43	0.20	0.06	0.43	0.90
TobinQ	9225	2.20	1.48	0.81	1.73	9.11
Ind	9225	37.75	7	25	36.36	60
Dual	9225	0.24	0.43	0	0	1
Top10	9225	58.78	15.42	23.33	59.04	91.93

（四）模型设计

本文采取固定效应模型研究 ISO 14001 认证对重污染企业环境绩效的影响，基准回归模型设计如下：

$$\text{EScore}_{it} = \alpha + \beta \times \text{ISO}_{it} + \varphi \times \text{Controls}_{it} + \delta_i + \sigma_t + \varepsilon_{it} \tag{1}$$

其中，EScore_{it} 为企业的环境绩效，在基准回归中使用华证的 ESG 指数的环境维度得分进行衡量，在稳健性检验中采用秩鼎的 ESG 指数的环境维度得分进行替代。ISO_{it} 为企业是否取得了 ISO 14001 认证，此处根据认证持续时间的不同区分为 ISOShort_{it} 和 ISOLong_{it}，分别表示取得的认证是否持续三年及以上。Controls_{it} 为前述控制变量。δ_i 是个体固定效应，σ_t 是年份固定效应，ε_{it} 是随机扰动项。在实证检验中，我们同时控制个体固定效应和年份固定效应，以增强检验结果的稳健性。α、β、φ 分别为回归系数，我们主要关注系数 β，如果 β 显著为正，则说明 ISO 14001 的环境认证促进了重污染企业的环境绩效，反之则反是；若 β 不显著，则说明 ISO 14001 的环境认证对重污染企业环境绩效影响不显著。

四、实证回归

（一）基准回归

基准回归分析结果，如表 3 所呈现，实证检验了 ISO 14001 环境认证对重污染企业环境绩效的影响。依据变量定义，若企业当年获得 ISO 14001 认证，并且前后连续三年及以上的获得认证标准，则标记为 ISOLong = 1；若企业仅在当年获得认证但未能维持至少三年，则标记为 ISOShort = 1；若企业未获得 ISO 14001 认证，则 ISOLong 和 ISOShort 均标记为 0。此分析策略允许我们将长短期环境认证的实验组分别与未获得认证的对照组进行比较，从而得到结论。为此，在短期认证效应的检验中，我们排除了 ISOLong = 1 的样本，具体结果展示在模型（1）与模型（2）。在持续认证效应的研究中，我们排除了 ISOShort = 1 的样本，结果详见模型（3）与模型（4）。此方法避免了长短期认证效应的相互干扰。所有模型均控制了个体固定效应和年份固定效应。模型（1）和模型（3）未引入额外控制变量，而模型（2）和模型（4）考虑了控制变量的影响。实证结果表明，ISO 14001 短期认证对重污染企业环境绩效无显著影响，但 ISO 14001 的持续认证显著提升了企业的环境绩效，据此，假设 H1 得以确认。

表 3　　　　　　　　　　　　　　　基准回归

变量	模型（1）	模型（2）	模型（3）	模型（4）
	EScore	EScore	EScore	EScore
ISOShort	-0.533 (-1.621)	-0.506 (-1.566)		
ISOLong			1.002 *** (3.479)	1.040 *** (3.639)
Size		0.930 ** (2.403)		0.521 (1.521)
Age		0.239 (1.184)		0.233 (1.140)
Rev		0.192 (0.575)		0.228 (0.733)
ROA		-1.636 (-0.833)		0.943 (0.486)

续表

变量	模型（1）	模型（2）	模型（3）	模型（4）
	EScore	EScore	EScore	EScore
Lev		-2.696 *** (-2.677)		-1.706 * (-1.836)
TobinQ		-0.030 (-0.375)		-0.018 (-0.215)
Ind		0.015 (1.363)		0.009 (0.910)
Dual		0.211 (0.723)		0.281 (1.026)
Top10		0.006 (0.505)		0.015 (1.274)
常数项	60.725 *** (2921.560)	31.372 *** (4.578)	61.689 *** (628.023)	39.937 *** (6.075)
个体固定效应	控制	控制	控制	控制
年份固定效应	控制	控制	控制	控制
观测值	5440	5440	6561	6561
R^2	0.637	0.642	0.639	0.642

注：*、**、*** 分别表示对应的解释变量系数在10%、5%和1%的显著性水平下对被解释变量显著，括号中表示对应的 t 值。需要注意的是，此检验并非单纯的分样本回归。在每一组回归分析中，从未获得 ISO 14001 认证的样本始终包括在内，而只能获得短期认证和能够持续获得认证的实验组则分别进入不同的模型进行分析。

（二）稳健性检验

1. 替换被解释变量

在基准回归分析中，本文采用了华证 ESG 指数的环境维度得分作为衡量重污染企业环境绩效的代理指标。然而，市场上不止一家机构提供 ESG 评级服务，且对同一企业的评级结果可能存在差异。但考虑到其他评级机构普遍起始评级较晚且对上市企业覆盖不全，为尽可能地减少数据损失，本文选择了另一家较早提供评级服务且覆盖面较广的秩鼎 ESG 评级进行进一步验证。通过引入秩鼎 ESG 评级，旨在减小由不同评级机构评分差异可能带来的影响，以增强结果的稳健性。回归结果呈现在表 4 中，与基准回归类似，ISO 14001 短期认证对企业环境绩效的影响并不显著，而长期认证则对企业环境绩效产生了显著的正向效应。这一结果进一步验证了假设 H1 的稳健性，即 ISO 14001 持续认证显著提升了企业的环境绩效，而短期认证的影响不具统计显著性。

表 4　　　　　　　　　　　　　　　替换被解释变量

变量	模型（1）	模型（2）	模型（3）	模型（4）
	EScore	EScore	EScore	EScore
ISOShort	0.791 (1.173)	0.919 (1.424)		
ISOLong			3.098 *** (4.668)	3.103 *** (4.801)
控制变量	不控制	控制	不控制	控制
常数项	43.618 *** (727.932)	−52.895 ** (−2.320)	45.456 *** (165.588)	−78.990 *** (−2.951)
个体固定效应	控制	控制	控制	控制
年份固定效应	控制	控制	控制	控制
观测值	3802	3802	4697	4697
R^2	0.787	0.795	0.792	0.798

　　注：** 、*** 分别表示对应的解释变量系数在 5%、1% 的显著性水平下对被解释变量显著，括号中表示对应的 t 值。

2. 倾向得分匹配检验

　　本文采用从未进行 ISO 14001 认证的重污染企业作为对照组，将仅能短期获得认证的企业和能够持续获得认证的企业分别作为实验组，以检验不同认证持续期对重污染企业环境绩效的影响。然而，为确保实证结果的有效性，实验组和对照组的选取必须是随机的，即实验组和对照组的协变量（控制变量）不应存在显著差异。为此，本文使用倾向得分匹配（PSM）方法对这一问题进行校正。具体而言，本文采用 1∶1 近邻匹配的方法，根据协变量对实验组和对照组进行匹配。为了确保匹配效果良好，本文进行了匹配前后协变量的平衡性检验，如图 3 所示。图 3（a）显示了短期认证中匹配前后协变量标准差变化的百分比，图 3（b）显示了匹配前后协变量偏差的 T 值。红色柱子表示匹配前的值，黑色柱子表示匹配后的值。可以看到，在图 3（a）中，匹配前许多协变量的偏差百分比超过了 5%，但匹配后所有协变量的偏差百分比均在 5% 以内。同样地，图 3（b）显示匹配前许多协变量的 T 值大于 1.96，而匹配后所有协变量的 T 值均在 1.96 以内。对于持续匹配的平衡性检验结果，如图 3（c）和图 3（d）所示，不再赘述。从这些结果中可以看出，匹配效果良好。本研究将匹配后的样本进行回归分析，结果如表 5 所示。表中的结果表明，在确保样本随机性后，回归结果依然支持基准结论，因此通过了稳健性检验。

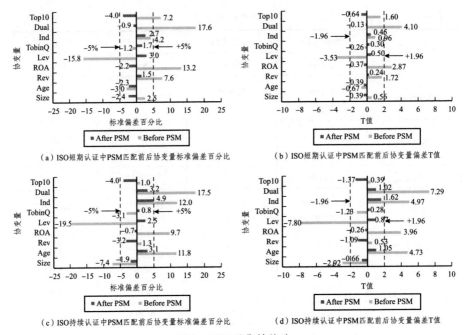

（a）ISO短期认证中PSM匹配前后协变量标准偏差百分比　　（b）ISO短期认证中PSM匹配前后协变量偏差T值

（c）ISO持续认证中PSM匹配前后协变量标准偏差百分比　　（d）ISO持续认证中PSM匹配前后协变量偏差T值

图 3　PSM 平衡性检验

表 5 PSM 匹配回归

变量	模型（1）	模型（2）	模型（3）	模型（4）
	EScore	EScore	EScore	EScore
ISOShort	−0.337 (−0.709)	−0.155 (−0.335)		
ISOLong			1.260*** (3.066)	1.387*** (3.370)
控制变量	不控制	控制	不控制	控制
常数项	62.537*** (248.823)	−14.440 (−0.648)	62.496*** (294.623)	36.323*** (4.693)
个体固定效应	控制	控制	控制	控制
年份固定效应	控制	控制	控制	控制
观测值	772	772	4328	4328
R^2	0.728	0.737	0.649	0.653

注：***表示对应的解释变量系数在1%的显著性水平下对被解释变量显著，括号中表示对应的 t 值。

3. 反向因果内生性检验

在本文中，解释变量为重污染企业是否获得 ISO 14001 认证，而被解释变量是企业的环境绩效。虽然 ISO 14001 认证有可能提高企业的环境绩效，并且 ISO 14001 的认证也不依照企业环境绩效结果为判断标准，但仍可能存在一个潜在的内生性问题，即表现良好的企业更有可能通过 ISO 14001 认证。为了解决这一问题，本文采用 Heckman 两步法，并参考 Hu et al.（2023）以及 Ni et al.（2019）的做法，使用企业所在行业的短期或持续认证的 ISO 14001 贯标率（ISOLongRate、ISOShortRate）作为工具变量。企业所在行业的认证贯标率对于本企业的是否贯标联系较为密切，满足工具变量相关性的要求，本企业的环境绩效难以直接影响整个行业的贯标率，因此满足工具变量外生性的要求。本文首先以企业是否通过了 ISO 14001 的短期认证或持续认证作为被解释变量，以行业贯标率和其他控制变量进行 Probit 回归，得到第一阶段回归结果，如表 6 中模型（1）和模型（3）所示。从中可以看出，ISOShortRate 与 ISOLongRate 分别对 ISOShort 和 ISOLong 都非常显著。根据第一阶段的回归结果，分别生成对应的逆米尔斯比率（ShortIMR、LongIMR），将其加入第二阶段回归中再次进行回归，回归结果如模型（2）和模型（4）所示。从回归结果中可以看出，逆米尔斯比率都比较显著，说明原模型存在一定的内生性问题。ISO 14001 短期认证对环境绩效的影响仍不显著，而长期认证对环境绩效的显著正向影响得以保持，表明在考虑内生性问题后，基准回归的结论依然稳健。

表 6　　　　　　　　　　　　反向因果内生性检验

变量	模型（1）	模型（2）	模型（3）	模型（4）
	ISOShort	EScore	ISOLong	EScore
ISOShortRate	7.474 *** （17.348）			
ISOLongRate			4.415 *** （26.523）	
ISOShort		−0.364 （−1.139）		
ISOLong				1.074 *** （3.757）
ShortIMR		1.044 *** （3.624）		

续表

变量	模型（1） ISOShort	模型（2） EScore	模型（3） ISOLong	模型（4） EScore
LongIMR				0. 396 ** (2. 465)
控制变量	控制	控制	控制	控制
常数项	− 2. 639 *** （− 4. 395）	28. 481 *** （4. 120）	− 3. 067 *** （− 7. 966）	39. 654 *** （6. 047）
个体固定效应	不控制	控制	不控制	控制
年份固定效应	不控制	控制	不控制	控制
观测值	5503	5440	6600	6561
R^2		0. 643		0. 642

注：**、*** 分别表示对应的解释变量系数在 5%、1% 的显著性水平下对被解释变量显著，括号中表示对应的 t 值。

4. 遗漏变量内生性检验

本文已经从企业财务特性、增长潜力、市场评价以及治理结构等方面选取可能对实证结果产生影响的变量作为控制变量，并引入双重固定效应解决遗漏变量偏差问题。但随机扰动项中仍可能存在不容易刻画的影响因素，从而产生内生性问题。本文采用安慰剂检验的方式来分析这一问题是否严重。由计量经济学知识易知，OLS 回归解释变量回归系数的表达式为：

$$\hat{\beta} = \beta + \rho \times \frac{\text{cov}(\text{ISO}_{it},\ \varepsilon_{it} \mid \text{control}_{it})}{\text{var}(\text{ISO}_{it} \mid \text{control}_{it})} \qquad (2)$$

其中，$\hat{\beta}$ 为 ISO 14001 认证对企业环境绩效回归系数的估计值，β 为真实的回归系数，control_{it} 为控制变量，控制变量没有捕捉到的因素对回归系数的影响由上式第二项表示，若此项对系数估计没有显著影响，则 ρ 为 0，回归系数的估计值即为真实的系数值，否则回归系数就会存在偏差。本文将实验组和对照组随机打乱后再重新分配给每个企业，理论上回归系数真实值 β 为 0，此时的回归系数估计值便可以捕捉到遗漏变量偏差带来的影响。本文将重新打乱 500 次后得到的回归系数的估计值用频数分布直方图的方式标注在图 4 中，并将真实的基准回归结果的系数值用竖直的红线也标注在图中。从图中可以看出，无论是 ISO 14001 短期认证还是持续认证，随机打乱后的回归系数呈现正态分布的形态且均值接近于 0，并且只有相对较少的点系数估计值显著异于 0，因此整体来看，ISO 14001 认证对企业环境绩效的影响不存在严重的遗漏变量问题，即安慰剂检验通过。

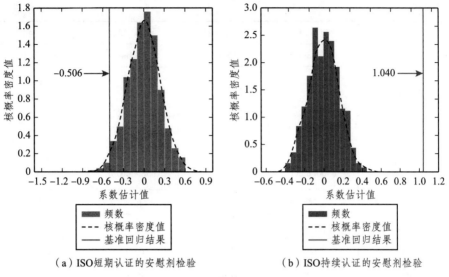

（a）ISO短期认证的安慰剂检验　　　　　　（b）ISO持续认证的安慰剂检验

图 4　ISO 14001 认证的安慰剂检验

5. DID 检验

在基准回归中，我们仅以企业是否通过 ISO 14001 认证来进行因果推断研究，政策冲击的前后对比效果不强，因此，本部分将企业通过 ISO 14001 认证视作一种政策冲击事件，并采用事件研究法进一步验证其影响。对于连续三年或以上获得 ISO 14001 认证的企业，我们将其归入实验组 1，标记为 LongDID = 1。对于那些获得 ISO 14001 认证但未能持续三年的企业，归为实验组 2，标记为 ShortDID = 1。未曾获得认证的企业则作为对照组，其中 LongDID 与 ShortDID 均为 0。实验组 1 和实验组 2 的首次获得认证时间被视为政策冲击点，与对照组比较，采用差分法（DID）进行政策冲击效应的检验。回归结果显示在表 7 中，其中 ShortDID 对环境绩效的回归系数不显著，表明短期 ISO 14001 认证对重污染企业的环境绩效没有明显影响。而 LongDID 对环境绩效的回归系数非常显著，这意味着长期 ISO 14001 认证显著提升了重污染企业的环境绩效。这一结果进一步证实了基准回归分析的稳健性。

表 7　　　　　　　　　　　　　　　DID 检验

变 量	模型（1）	模型（2）	模型（3）	模型（4）
	EScore	EScore	EScore	EScore
ShortDID	0.492 (1.165)	0.483 (1.161)		

续表

变量	模型（1）	模型（2）	模型（3）	模型（4）
	EScore	EScore	EScore	EScore
LongDID			1. 464 *** (3. 988)	1. 495 *** (4. 137)
控制变量	不控制	控制	不控制	控制
常数项	60. 566 *** (560. 833)	31. 209 *** (4. 550)	61. 396 *** (385. 605)	40. 711 *** (6. 237)
个体固定效应	控制	控制	控制	控制
年份固定效应	控制	控制	控制	控制
观测值	5440	5440	6561	6561
R^2	0. 637	0. 642	0. 639	0. 642

注：*** 表示对应的解释变量系数在 1% 的显著性水平下对被解释变量显著，括号中表示对应的 t 值。

（三）异质性检验

1. 企业产权性质的影响

由于不同产权性质的企业在资源配置、决策机制、政策响应以及社会责任感等方面可能存在显著差异，因此对企业如何响应和利用环境管理体系标准提升环境绩效也可能存在一定的影响。因此，本文按照股权性质将企业分为国有企业和非国有企业进行异质性检验，回归结果如表 8 所示，从表中可以看出，虽然 ISO 14001 的持续认证对国有企业和非国有企业的环境绩效均有显著的正向影响，但相较于非国有企业，国有企业回归系数的显著性更强。这一发现表明国有企业在持续的环境管理实践中，能够更有效地利用 ISO 14001 认证来提升其环境绩效，这可能得益于其更加稳定的资源投入和较强的环境治理责任感。国有企业通常承担更多的社会责任，且在资源获取和配置上相对优越，这使得它们在持续执行环境管理标准上更为坚定和有效。此外，国有企业的环境绩效改进往往受到更多的政策鼓励和公众监督，进一步促使它们重视并实施长期的环境认证。而非国有企业虽然同样能通过长期 ISO 14001 认证显著提升环境绩效，但相对国有企业其影响力度稍弱，可能是由于非国有企业在资源限制、环境管理意识及外部监督压力上与国有企业存在差异，使其在追求环境绩效提升的过程中可能面临更多的挑战和不确定性。因此，假设 H2 得到验证。

表 8 企业产权性质异质性

变量	国有企业		非国有企业	
	模型（1）	模型（2）	模型（3）	模型（4）
	EScore	EScore	EScore	EScore
ISOShort	-0.647 (-1.386)		-0.353 (-0.835)	
ISOLong		1.145*** (2.695)		0.787** (1.987)
控制变量	不控制	控制	不控制	控制
常数项	47.099*** (5.147)	41.230*** (4.419)	13.498 (1.491)	36.309*** (3.745)
个体固定效应	控制	控制	控制	控制
年份固定效应	控制	控制	控制	控制
观测值	2488	2778	2940	3770
R^2	0.670	0.658	0.648	0.652

注：**、***分别表示对应的解释变量系数在 5%、1% 的显著性水平下对被解释变量显著，括号中表示对应的 t 值。

2. 命令型环境规制的交互效应

本文研究的 ISO 14001 认证是企业自愿型环境规制的代表，除此之外，企业还可能面临政府的命令型环境规制。命令型环境规制设定了遵守环境标准的基本门槛，构成了企业环境行为的初始基线。因此，命令型环境规制的强度可能与企业自愿型环境规制的实施效果产生交互作用。鉴于此，本文构建了一个交互效应模型，融合命令型环境规制、ISO 14001 认证及其交互项，进而分析对企业环境绩效的影响。本文采用政府对企业的环保行政处罚数作为命令型环境规制的代理变量（记作 EnvPenalty），数据来源于北大法宝，由作者手工整理获得。回归结果展示在表 9 中，从表中可以看出，ISO 14001 的持续认证（ISOLong）对企业环境绩效有显著的正向促进作用。同时，当企业获得 ISO 14001 持续认证时，命令型环境规制（EnvPenalty）对企业环境绩效产生更强的积极影响。另外，持续认证与政府环境规制的交互项（LongISO × EnvPenalty）显示出显著的负向影响，意味着在自愿型环境规制较强的情况下，政府较少的干预环境监管更有利于企业的绿色发展。这可能是因为在企业自主环境治理水平较高时，其环境危害性较弱，减少了政府实施强制性规制的必要。此时如果政府环境规制的程度较高，反而带来了额外的合规成本，减少了灵活性，降低了企业的环境治理效果。上述结论证明了自愿型环境规制能够较好地缓解命令型环境规制灵活性差的弱点，是命令型环境规制的良好补充。基于此，假设 H3 得到验证。

表 9　　　　　　　　　　　命令型环境规制的交互效应

变量	模型（1）	模型（2）	模型（3）	模型（4）
	EScore	EScore	EScore	EScore
ISOShort	−0.428 （−1.181）	−0.398 （−1.117）		
ISOLong			1.280 *** （4.250）	1.321 *** （4.422）
EnvPenalty	0.268 （1.448）	0.271 （1.443）	0.352 ** （2.008）	0.367 ** （2.064）
ShortISO × EnvPenalty	−0.000 （−0.683）	−0.000 （−0.719）		
LongISO × EnvPenalty			−0.001 ** （−2.381）	−0.001 ** （−2.434）
控制变量	不控制	控制	不控制	控制
常数项	60.621 *** （832.272）	31.105 *** （4.522）	61.557 *** （495.883）	39.711 *** （5.996）
个体固定效应	控制	控制	控制	控制
年份固定效应	控制	控制	控制	控制
观测值	5440	5440	6561	6561
R^2	0.637	0.642	0.640	0.643

注：**、*** 分别表示对应的解释变量系数在 5%、1% 的显著性水平下对被解释变量显著，括号中表示对应的 t 值。

（四）进一步检验

在基准回归分析中，我们观察到短期认证对重污染企业的环境绩效无显著影响，而持续认证则能显著提升环境绩效。这一差异背后的原因和机制值得深入探讨。基于理论分析，连续获得 ISO 14001 认证的重污染企业更倾向于通过实质性的环境管理措施进行转型，采取长期有效的环境治理策略。这样的企业能够持续通过认证机构的年度复审和检查，易于在认证周期结束后续获新的认证。这种持续的环境管理不仅提高了企业的环境绩效，而且构建了企业在环境保护方面的良好声誉。相比之下，只能在短期内获得 ISO 14001 认证的重污染企业可能更多地采取策略性措施，以满足认证要求。这种策略主要是为了企业能够在短期内通过审核，以获得如政府环保补贴、绿色信贷等经济利益。然而，这类策略性治理措施往往缺乏长期性和可持续性，一旦获得预期的经济利益，企业可能不再投入资源以满足后续的环境管理标准，从而导致认证被取消。

为了进一步探讨 ISO 14001 认证持续性的内在机制，本文选取政府环保补助、企业绿色创新及企业的"漂绿"行为作为关键变量进行分析。此部分依托于 CNRDS 数据库获取政府环保补助（EnvSubsidy）和企业绿色创新（GrePatent）的相关数据。其中，政府环保补助通过汇总各环保项目资金至企业—年份维度计算得出；企业绿色创新则通过当年企业的绿色专利申请数量加以衡量。同时，"漂绿"行为表征为企业在缺乏深层次和有效环保措施的前提下，通过表面上的绿色改造来应对环境认证要求。为准确测度"漂绿"程度，本文参照 Yue and Li（2023）以及 Zhang（2023）的方法，从企业年报、社会责任报告、ESG 报告及其他相关环境信息披露文献中手工收集数据，进而整理出企业应当公开的环境事项。在此基础上，通过计算企业选择性表述程度（Gws）和表述性操纵程度（Gwe）两个指标，探讨企业"漂绿"行为。选择性表述反映了企业倾向于仅公开对其有利的环境信息，Gws 由未披露环境事项占总应披露事项的比例定义；而表述性操纵则揭示了企业在环境信息披露中进行过度的定性描述，缺少具体和量化的环境投资数据，Gwe 则定义为象征性披露事项占应披露事项的百分比。这两种手段均体现了企业进行"漂绿"操作的策略。为了综合衡量企业"漂绿"程度（Greenwash），采用 Gws 和 Gwe 的几何平均数进行表示，即 $Greenwash = \sqrt{Gws \times Gwe}$，以此为基础探讨 ISO 14001 认证背后的策略性治理行为及其对企业环境绩效的潜在影响。

在进一步检验中，本部分首先探究了 ISO 14001 环境认证对企业获得政府环保补助的影响。根据表 10 中模型（1）和模型（2）的回归分析结果显示，无论是短期还是长期的 ISO 14001 认证，均显著促进了企业获取政府环保补助，这表明 ISO 14001 认证被视为企业环保责任的积极信号，有助于企业从政府等其他利益相关方中获得资源倾斜。然而，企业是否能够将获得的资源有效转化为环保投资和改善，是值得深入探讨的问题。据此，本文继而探究 ISO 14001 认证对企业绿色创新的影响，由模型（3）和模型（4）中的结果显示，持续获得 ISO 14001 认证显著正向影响企业的绿色创新活动，而短期认证对企业绿色创新无显著影响。这一发现揭示，虽然两类认证的企业均获得了政府环保补助，但真正将补助用于环保投资改善的主要为持续获得 ISO 14001 认证的企业，只在短期内获得认证的企业表现得不尽如人意，可能存在滥用环保补助的情况。为进一步探索这一猜想，本文进一步分析了 ISO 14001 认证持续性与企业"漂绿"行为的关系，从模型（5）和模型（6）中可以发现，短期 ISO 14001 认证显著提升了企业的"漂绿"水平，而长期认证则显著降低了"漂绿"水平。这一对比结果进一步证实，短期认证的企业倾向于采取"漂绿"策略以获取资源，而长期认证的企业则更专注于实质性的环保措施和绿色转型，显著减少了"漂绿"行为。上述分析结果强调了 ISO 14001 认证持续性在促进企业真正实现绿色发展方面的重要作用，同时揭示了短期认证背后的策略性环保行为及其局限性。

表 10　　　　　　　　　　　进一步检验

变量	模型（1）	模型（2）	模型（3）	模型（4）	模型（5）	模型（6）
	EnvSubsidy	EnvSubsidy	GrePatent	GrePatent	Greenwash	Greenwash
ISOShort	51.105 *** (2.628)		0.059 (0.258)		2.553 ** (2.071)	
ISOLong		55.444 ** (2.424)		0.334 ** (2.385)		-6.741 *** (-6.326)
控制变量	控制	控制	控制	控制	控制	控制
常数项	-53.991 (-0.139)	-611.845 (-1.540)	-2.413 (-0.485)	-6.056 * (-1.902)	98.604 *** (2.857)	85.781 *** (2.673)
个体固定效应	控制	控制	控制	控制	控制	控制
年份固定效应	控制	控制	控制	控制	控制	控制
观测值	5440	6561	4942	5957	4140	5360
R^2	0.427	0.462	0.677	0.726	0.583	0.635

注：*、**、*** 分别表示对应的解释变量系数在 10%、5% 和 1% 的显著性水平下对被解释变量显著，括号中表示对应的 t 值。

五、结论与政策建议

（一）结论

本文以 2009～2023 年中国的重污染企业为样本，深入探讨了 ISO 14001 认证持续性对企业环境绩效的影响。依据企业是否持续三年以上获得 ISO 14001 认证，将其区分为持续认证与短期认证两种情况。研究结果显示，ISO 14001 的持续认证对企业环境绩效有显著正向影响，而短期认证的影响则不明显。通过采用替代被解释变量、平行趋势检验、倾向得分匹配、内生性问题的缓解等多种检验方法，基准结论显示出良好的稳健性，这表明，长期满足环境管理标准的企业能够实质性提升环境绩效，而仅在短期合规的企业提升效果有限。异质性检验显示，国有企业的 ISO 14001 认证对环境绩效的提升作用更强，反映了不同产权性质的企业在资源获取、决策机制等方面的差异。而命令型环境规制与 ISO 14001 认证等自愿型环境规制存在一定的交互影响，表明自愿型环境规制是命令型环境规制的良好补充。在进一步检验部分，本文发现 ISO 14001 认证均能促进企业获取政府环保补助，但仅有持续认证能显著促进了企业的绿色创新，短期认证未见显著效果。这表明长期致力于 ISO 14001 标准的企业能够将政府补助转化为有效的环境治理实践，而短期认证企业可能存在对补助的潜在滥用。同时，短期认证的企业更倾向于采用"漂绿"等策略性的环境管理以获得 ISO 14001 认证，而获得长期认证企业更倾向采用实质性的环境治理方式。

（二）政策建议

本文不仅为理解 ISO 14001 认证对重污染企业环境绩效的影响提供了新的视角，也为政府政策的制定与调整提供了科学依据。基于研究结论，我们提出了以下三条针对性的政策建议。

（1）加强对 ISO 14001 认证企业的监督与评估。此建议的核心在于将 ISO 14001 从形式认证转化为企业环境绩效持续改进的实质性体现。实现这一目标，需建立细致严格的监管框架，要求企业提供环境管理实践的全面数据，包括环境政策执行情况、环境目标达成情况及重大环境风险管理情况。此外，引入无预告的中间和突击检查，增加动态监督元素，可实时揭示企业环境管理体系的实际运作状态。对于短期内认证失效的企业，深入探究其背后原因，不仅有助于理解企业在持续环境绩效管理中的挑战，也为政策调整提供科学依据。通过这一政策改进，旨在促进企业摒弃短期资源获取的动机，真正实施与 ISO 14001 标准相符的长期环境管理措施，从而在环境治理的实践领域实现质的飞跃。

（2）建立动态激励与惩罚机制。政府监管部门通过设计和实施动态的激励与惩罚机制，有效促进企业通过 ISO 14001 认证实现持续的环境绩效提升。该机制应根据企业在环境管理和绿色创新方面的实际表现进行调整，为表现优异的企业提供环保补助、绿色创新资金支持及税收减免等激励措施，并涵盖提供绿色技术研发平台和市场准入便利等非财务性激励，全面促进其环境责任的履行和绿色转型。对于未能维持获得 ISO 14001 认证或表现不再符合环境标准要求的企业，视情况撤销其已授予的政策优惠、增加公开曝光及提高重新获得认证的门槛，以此抑制短期性和策略性的环境治理行为。此外，引入反馈和调整系统，使激励与惩罚的标准与范围能够根据企业环境绩效和市场变化动态调整，确保政策工具的灵活性和精准性，从而在推动可持续发展目标上实现企业、政府与社会的多方共赢。

（3）平衡命令型与自愿型环境规制的关系。优化环境规制结构，平衡命令型环境规制和自愿型环境规制的关系。由于持续性较强的自愿型环境规制能够较好地缓解命令型环境规制灵活性较差的缺点，因此对于那些已经实施有效自愿型环境管理且取得显著成效的企业，可以在命令型环境规制方面适当放宽限制，避免重复监管和过度干预，激发企业的自主创新和自我提升动力。

参 考 文 献

[1] 陈艳莹、于千惠、刘经珂：《绿色产业政策能与资本市场有效"联动"吗——来自绿色工厂评定的证据》，载《中国工业经济》2022 年第 12 期。

[2] 刘亦晴、董鑫烨：《全景视角下自愿型环境规制：研究综述与展望》，载《财会月刊》2024 年第 10 期。

[3] 潘爱玲、刘昕、邱金龙等：《媒体压力下的绿色并购能否促使重污染企业实现实质性转型》，载《中国工业经济》2019 年第 2 期。

[4] 潘翻番、徐建华、薛澜：《自愿型环境规制：研究进展及未来展望》，载《中国人口·资源与环境》2020 年第 1 期。

[5] 彭海珍、任荣明：《环境保护私人供给的经济学分析——基于一个俱乐部物品模型》，载《中国工业经济》2004 年第 5 期。

[6] 王凤荣、王玉璋、高维妍：《环保法庭的设立是环境治理的有效机制吗？——基于企业绿色并购的实证研究》，载《山东大学学报（哲学社会科学版）》2023 年第 3 期。

[7] 王茂斌、叶涛、孔东民：《绿色制造与企业环境信息披露——基于中国绿色工厂创建的政策实验》，载《经济研究》2024 年第 2 期。

[8] 杨东宁、周长辉：《企业自愿采用标准化环境管理体系的驱动力：理论框架及实证分析》，载《管理世界》2005 年第 2 期。

[9] 杨晃、王恩泽、叶初升：《环境管理体系认证与中国制造业企业出口"增量提质"》，载《中国工业经济》2022 年第 6 期。

[10] Al – Kahloot, E., Al – Yaqout, A., and Khan, P. B., 2019：The Impact of ISO 14001 Standards Certification on Firms' Performance in the State of Kuwait, *Journal of Engineering Research*, Vol. 7, No. 3.

[11] Aragón – Correa, J. A., Marcus, A. A., and Vogel, D., 2020：The Effects of Mandatory and Voluntary Regulatory Pressures on Firms' Environmental Strategies：A Review and Recommendations for Future Research, *Academy of Management Annals*, Vol. 14, No. 1.

[12] Arimura, T. H., Hibiki, A., and Katayama, H., 2008：Is a Voluntary Approach an Effective Environmental Policy Instrument? A Case for Environmental Management Systems, *Journal of Environmental Economics and Management*, Vol. 55, No. 3.

[13] Arocena, P., Orcos, R., and Zouaghi, F., 2023：The Scope of Implementation of ISO 14001 by Multinational Enterprises：The Role of Liabilities of Origin, *Journal of Environmental Management*, Vol. 327, No. 116844.

[14] Baek, K., 2018：Sustainable Development and Pollutant Outcomes：The Case of ISO 14001 in Korea, *Corporate Social Responsibility and Environmental Management*, Vol. 25, No. 5.

[15] Barney, J., 1991：Firm Resources and Sustained Competitive Advantage, *Journal of*

Management, Vol. 17, No. 1.

[16] Bu, M. L. , Qiao, Z. Z. and Liu, B. B, 2020: Voluntary Environmental Regulation and Firm Innovation in China, *Economic Modelling*, Vol. 89.

[17] Buchanan, J. M. , 1965: An Economic Theory of Clubs, *Economica*, Vol. 32, No. 125.

[18] Chiarini, A. , 2019: Factors for Succeeding in ISO 14001 Implementation in Italian Construction Industry, *Business Strategy and the Environment*, Vol. 28, No. 5.

[19] Dong, W. J. , Dong, X. Y. , and Lv, X. , 2022: How Does Ownership Structure Affect Corporate Environmental Responsibility? Evidence from the Manufacturing Sector in China, *Energy Economics*, Vol. 112, No. 106112.

[20] Fama, E. F. and Jensen, M. C. , 1983: Separation of Ownership and Control, *The Journal of Law & Economics*, Vol. 26, No. 2.

[21] Gao, W. Y. , Wang, Y. Z. , Wang, F. R. , and Mbanyele, W. , 2024: Do Environmental Courts Break Collusion in Environmental Governance? Evidence from Corporate Green Innovation in China, *The Quarterly Review of Economics and Finance*, Vol. 94.

[22] Graafland, J. J. , 2018: Ecological Impacts of the ISO 14001 Certification of Small and Medium Sized Enterprises in Europe and the Mediating Role of Networks, *Journal of Cleaner Production*, Vol. 174.

[23] He, W. and Shen, R. , 2019: ISO 14001 Certification and Corporate Technological Innovation: Evidence from Chinese Firms, *Journal of Business Ethics*, Vol. 158, No. 1.

[24] He, W. L. , Yang, W. , and Choi, S. J. , 2018: The Interplay Between Private and Public Regulations: Evidence from ISO 14001 Adoption Among Chinese Firms, *Journal of Business Ethics*, Vol. 152, No. 2.

[25] He, X. , Jing, Q. L. , and Chen, H. , 2023: The Impact of Environmental Tax Laws on Heavy – Polluting Enterprise ESG Performance: A Stakeholder Behavior Perspective, *Journal of Environmental Management*, Vol. 344, No. 118578.

[26] Hojnik, J. and Ruzzier, M. , 2017: Does It Pay to be Eco? The Mediating Role of Competitive Benefits and the Effect of ISO 14001, *European Management Journal*, Vol. 35, No. 5.

[27] Hu, S. , Wang, M. , Wu, M. X. , and Wang, A. L. , 2023: Voluntary Environmental Regulations, Greenwashing and Green Innovation: Empirical Study of China's ISO 14001 Certification, *Environmental Impact Assessment Review*, Vol. 102, No. 107224.

[28] Inoue, E. , Arimura, T. H. , and Nakano, M. , 2013: A New Insight into Environmental Innovation: Does the Maturity of Environmental Management Systems Matter? *Ecological Economics*, Vol. 94.

[29] Labella, R. C. , Fort, F. , and Rosa, M. P. , 2024: The ISO 14001 Standard's Effect on Agrifood Small-and Medium – Sized Enterprises' Performance: Literature Review and Empirical Evidence, *Business Strategy and the Environment*, Vol. 33, No. 7.

[30] Lee, S. M. , Noh, Y. , Choi, D. , and Rha, J. S. , 2017: Environmental Policy Performances for Sustainable Development: From the Perspective of ISO 14001 Certification, *Corporate Social Responsibility and Environmental Management*, Vol. 24, No. 2.

[31] Lin, B. Q. and Pan, T. , 2023: Financing Decision of Heavy Pollution Enterprises Under

Green Credit Policy: Based on the Perspective of Signal Transmission and Supply Chain Transmission, *Journal of Cleaner Production*, Vol. 412, No. 137454.

[32] Margaret, I. , Schoubben, F. , and Verwaal, E. , 2024: When Do Investors See Value in International Environmental Management Certification of Multinational Corporations? A Study of ISO 14001 Certification After the Paris Agreement, *Global Strategy Journal*, Vol. 14, No. 1.

[33] Meng, X. S. , Chen, L. , and Gou, D. X. , 2023: The Impact of Corporate Environmental Disclosure Quality on Financing Constraints: The Moderating Role of Internal Control, *Environmental Science and Pollution Research*, Vol. 30, No. 12.

[34] Mosgaard, M. A. and Kristensen, H. S. , 2020: Companies that Discontinue their ISO 14001 Certification – Reasons, Consequences and Impact on Practice, *Journal of Cleaner Production*, Vol. 260, No. 121052.

[35] Neves, M. , Reis, S. , Reis, P. , and Dias, A. G. , 2024: Impact of ISO 14001 and ISO 9001 Adoption on Corporate Performance: Evidence on a Bank – Based System, *International Journal of Productivity and Performance Management*, Vol. 73, No. 5.

[36] Ni, B. , Tamechika, H. , Otsuki, T. , and Honda, K. , 2019: Does ISO 14001 Raise Firms' Awareness of Environmental Protection? The Case of Vietnam, *Environment and Development Economics*, Vol. 24, No. 1.

[37] Nie, G. Q. , Zhu, Y. F. , Wu, W. P. , Xie, W. H. , and Wu, K. X. , 2022: Impact of Voluntary Environmental Regulation on Green Technological Innovation: Evidence from Chinese Manufacturing Enterprises, *Frontiers in Energy Research*, Vol. 10, No. 889037.

[38] Ofori, E. K. , Li, J. K. , Radmehr, R. , Zhang, J. , and Shayanmehr, S. , 2023: Environmental Consequences of ISO 14001 in European Economies Amidst Structural Change and Technology Innovation: Insights from Green Governance Dynamism, *Journal of Cleaner Production*, Vol. 411, No. 137301.

[39] Oliveira, J. A. , Oliveira, O. J. , Ometto, A. R. , Ferraudo, A. S. , and Salgado, M. H. , 2016: Environmental Management System ISO 14001 Factors for Promoting the Adoption of Cleaner Production Practices, *Journal of Cleaner Production*, Vol. 133.

[40] Opoku – Mensah, E. , Chun, W. D. , Tuffour, P. , Chen, W. , and Agyapong, R. A. , 2023: Leveraging on Structural Change and ISO 14001 Certification to Mitigate Ecological Footprint in Shanghai Cooperation Organization Nations, *Journal of Cleaner Production*, Vol. 414, No. 137542.

[41] Orcos, R. , Pérez – Aradros, B. , and Blind, K. , 2018: Why Does the Diffusion of Environmental Management Standards Differ Across Countries? The Role of Formal and Informal Institutions in the Adoption of ISO 14001, *Journal of World Business*, Vol. 53, No. 6.

[42] Peng, M. W. , 2004: Outside Directors and Firm Performance During Institutional Transitions, *Strategic Management Journal*, Vol. 25, No. 5.

[43] Poksinska, B. , Jörn Dahlgaard, J. , and Eklund, J. A. E. , 2003: Implementing ISO 14000 in Sweden: Motives, Benefits and Comparisons with ISO 9000, *International Journal of Quality & Reliability Management*, Vol. 20, No. 5.

［44］ Potoski, M. and Prakash, A. , 2005a: Covenants with Weak Swords: ISO 14001 and Facilities' Environmental Performance, *Journal of Policy Analysis and Management*, Vol. 24, No. 4.

［45］ Potoski, M. and Prakash, A. , 2005b: Green Clubs and Voluntary Governance: ISO 14001 and Firms' Regulatory Compliance, *American Journal of Political Science*, Vol. 49, No. 2.

［46］ Potoski, M. and Prakash, A. , 2013: Do Voluntary Programs Reduce Pollution? Examining ISO 14001's Effectiveness Across Countries, *Policy Studies Journal*, Vol. 41, No. 2.

［47］ Prakash, A. and Potoski, M. , 2007: Collective Action through Voluntary Environmental Programs: A Club Theory Perspective, *Policy Studies Journal*, Vol. 35, No. 4.

［48］ Qi, G. Y. , Zeng, S. X. , Li, X. D. , and Tam, C. M. , 2012: Role of Internalization Process in Defining the Relationship Between ISO 14001 Certification and Corporate Environmental Performance, *Corporate Social Responsibility and Environmental Management*, Vol. 19, No. 3.

［49］ Qi, G. Y. , Zeng, S. X. , Tam, C. M. , Yin, H. T. , Wu, J. F. , and Dai, Z. H. , 2011: Diffusion of ISO 14001 Environmental Management Systems in China: Rethinking on Stakeholders' Roles, *Journal of Cleaner Production*, Vol. 19, No. 11.

［50］ Qian, Y. , 1996: Enterprise Reform in China: Agency Problems and Political Control, *Economics of Transition*, Vol. 4, No. 2.

［51］ Ren, S. G. , Li, X. L. , Yuan, B. L. , Li, D. Y. , and Chen, X. H. , 2018: The Effects of Three Types of Environmental Regulation on Eco – Efficiency: A Cross – Region Analysis in China, *Journal of Cleaner Production*, Vol. 173.

［52］ Riaz, H. and Saeed, A. , 2020: Impact of Environmental Policy on Firm's Market Performance: The Case of ISO 14001, *Corporate Social Responsibility and Environmental Management*, Vol. 27, No. 2.

［53］ Riaz, H. , Saeed, A. , Baloch, M. S. , Nasrullah, and Khan, Z. A. , 2019: Valuation of Environmental Management Standard ISO 14001: Evidence from an Emerging Market, *Journal of Risk and Financial Management*, Vol. 12, No. 1.

［54］ Shi, J. Y. , Yu, C. H. , Li, Y. X. , and Wang, T. H. , 2022: Does Green Financial Policy Affect Debt – Financing Cost of Heavy – Polluting Enterprises? An Empirical Evidence Based on Chinese Pilot Zones for Green Finance Reform and Innovations, *Technological Forecasting and Social Change*, Vol. 179, No. 121678.

［55］ Shleifer, A. and Vishny, R. W. , 1997: A Survey of Corporate Governance, *The Journal of Finance*, Vol. 52, No. 2.

［56］ Tian, M. , Hu, C. , Huang, W. , and Jiang, H. , 2024: Pressure or Benefits? A Multidimensional Heterogeneity Perspective on the Role of Environmental Self – Regulation in Firms' Resource Acquisition, *Environment Development and Sustainability*, Published online.

［57］ Tung, A. , Baird, K. , and Schoch, H. , 2014: The Association Between the Adoption of an Environmental Management System with Organisational Environmental Performance, *Australasian Journal of Environmental Management*, Vol. 21, No. 3.

[58] Wang, A. L. and Lin, B. Q. , 2020: Structural Optimization and Carbon Taxation in China's Commercial Sector, *Energy Policy*, Vol. 140, No. 111442.

[59] Wang, A. L. , Hu, S. , Zhu, M. , and Wu, M. X. , 2024: Customer Contagion Effects of Voluntary Environmental Regulation: A Supplier Green Innovation Perspective, *Energy Economics*, Vol. 132, No. 107446.

[60] Wang, C. Y. and Wang, J. T. , 2023: Voluntary Environmental Regulation and Stock Price Crash Risk: Moderating Role of Media Attention, *Polish Journal of Environmental Studies*, Vol. 32, No. 2.

[61] Wang, J. X. and Zhao, M. Z. , 2020: Economic Impacts of ISO 14001 Certification in China and the Moderating Role of Firm Size and Age, *Journal of Cleaner Production*, Vol. 274, No. 123059.

[62] Wang, L. P. , Shang, Y. Q. , and Li, C. , 2023: How to Improve the Initiative and Effectiveness of Enterprises to Implement Environmental Management System Certification? *Journal of Cleaner Production*, Vol. 404, No. 137013.

[63] Wu, W. Q. , An, S. T. , Wu, C. H. , Tsai, S. B. , and Yang, K. L. , 2020: An Empirical Study on Green Environmental System Certification Affects Financing Cost of High Energy Consumption Enterprises – Taking Metallurgical Enterprises as an Example, *Journal of Cleaner Production*, Vol. 244, No. 118848.

[64] Yang, Z. Q. , Liu, P. Y. , and Luo, L. F. , 2024: How Does Environmental Regulation Affect Corporate Green Innovation: A Comparative Study Between Voluntary and Mandatory Environmental Regulations, *Journal of Comparative Policy Analysis*, Vol. 26, No. 2.

[65] Yin, H. T. and Schmeidler, P. J. , 2009: Why Do Standardized ISO 14001 Environmental Management Systems Lead to Heterogeneous Environmental Outcomes? *Business Strategy and the Environment*, Vol. 18, No. 7.

[66] Yue, J. and Li, Y. L. , 2023: Media Attention and Corporate Greenwashing Behavior: Evidence from China, *Finance Research Letters*, Vol. 55, No. 104016.

[67] Zhang, G. L. , 2023: Regulatory – Driven Corporate Greenwashing: Evidence From "Low – Carbon City" Pilot Policy in China, *Pacific – Basin Finance Journal*, Vol. 78, No. 101951.

[68] Zhang, J. T. , Su, T. Y. , and Meng, L. , 2024: Corporate Earnings Management Strategy Under Environmental Regulation: Evidence from China, *International Review of Economics & Finance*, Vol. 90.

[69] Zhang, Q. J. , Li, J. , and Wang, J. , 2023: Does Energy – Consuming Right Trading Have Double Dividend Effect on Firm's Economic Performance and Carbon Emission? *Environmental Science and Pollution Research*, Vol. 30, No. 48.

How Voluntary Environmental Regulation Affects the Environmental Performance of Highly Polluting Enterprises

—From the Perspective of ISO 14001 Certification Sustainability

Yuzhang Wang　Fengrong Wang

Abstract: In the context of increasingly prominent global environmental issues, the environmental management of heavily polluting enterprises has become a focus of societal concern. ISO 14001, as a form of voluntary environmental regulation, provides a systematic framework for improving environmental management practices and performance in enterprises. However, the actual effectiveness of ISO 14001 certification in managing heavily polluting enterprises remains contentious. This study uses a sample of heavily polluting enterprises in China from 2009 to 2023 to investigate the impact of ISO 14001 certification on corporate environmental performance. The findings indicate that heavily polluting enterprises that continuously maintain ISO 14001 certification significantly enhance their environmental performance, while those that only achieve short-term certification show less significant improvements. Further analysis reveals that enterprises with only short-term certification tend to engage in impression management to secure government subsidies and other resources without substantive environmental management. In contrast, enterprises with sustained certification are more likely to implement substantive environmental management and foster green innovation. Heterogeneity tests indicate that ISO 14001 certification has a more significant effect on improving the environmental performance of state-owned enterprises compared to non-state-owned enterprises. Additionally, the study finds significant interaction effects between command-and-control environmental regulations and ISO 14001 certification, suggesting that ISO 14001 serves as an effective complement to mandatory environmental regulations. This research provides practical guidance for heavily polluting enterprises on effectively utilizing ISO 14001 and offers valuable insights for policymakers in the design of environmental management systems.

Keywords: ISO 14001　Voluntary Environmental Regulation　Certification Sustainability Environmental Performance

JEL Classification: L 52　L 21　M 14　P 28

共有数据隐私保护的规制现状、
理论引入与实践进路

凌尧帆　　杜　放[*]

摘　要：数据保护诉求的增长与数据经济市场的繁荣均要求对数据隐私保护这一主题进行更为细化的讨论，作为实践中频繁出现且牵涉多重主体与利益的共有数据，针对其展开关于隐私保护的讨论具有现实与理论意义。就"共有数据"本身而言，其超越了传统的物权客体、兼具多元属性，且与共享数据存在一定的区别。就共有数据的共有权能而言，其也具有三重不同的内涵。目前来看，共有数据的隐私保护面临着多重的挑战，其具体呈现为私人利益与公共利益的冲突、共有人多重利益的冲突以及现有制度的适用性质疑。就此，可以类型与场景为理论基础展开分析并提出相应的实践方案，一方面，基于共有数据中的双层隐私价值、多类权利诉求以及多元规范交互进行类型化保护；另一方面，从基于信息自决的授权使用、基于匿名技术的数据处理以及基于数据客体的交易行为展开，进行场景化的保护。

关键词：共有数据　知情同意权　类型化研究　场景理论　隐私保护

　　在数字化浪潮席卷全球的今天，数据已成为推动社会经济发展不可或缺的关键生产要素。随着大数据、云计算、人工智能等技术的迅猛发展，数据的收集、处理和应用能力不断提升，极大地促进了生产力的飞跃。然而，数据的广泛共享与利用也带来了前所未有的隐私保护挑战。从国家层面看，数据作为新型生产要素，其流动性和共享性对于优化资源配置、促进创新创造具有不可替代的作用。近年来，各国政府纷纷出台政策鼓励数据共享，以期通过开放数据资源，激发市场活力，推动经济社会高质量发展。然而，数据共享在带来便利的同时，也引发了前所未有的隐私保护挑战。个人隐私泄露、商业秘密被盗用等事件频发，严重侵害了数据主体的合法权益，也对社会稳定和经济发展构成了潜在威胁。

　　针对数据隐私保护问题，学界进行了广泛研究，但多集中于宏观层面的

---

* 感谢匿名审稿人的专业修改意见！

凌尧帆：中央财经大学法学院；地址：北京市海淀区学院南路 39 号，邮编：100081；E-mail：jxcjling@163.com。

杜放：北京师范大学法学院；地址：北京市海淀区新街口外大街 19 号，邮编：100875；E-mail：dufang1994@126.com。

数据安全政策和微观层面的个人信息保护。在宏观层面，学者们主要关注数据流通、跨境传输等宏观策略的制定与实施，致力于构建一个安全、高效的数据流通环境（贺小石，2021）。然而这些研究忽视了具体数据类型的差异性和复杂性，难以提供有针对性的解决方案。在微观层面，学者们则侧重于个体隐私权的法律保护机制研究，通过对个人信息的收集、使用、披露等环节进行规范，以保障个人隐私安全（崔国斌，2019）。但是这些研究往往局限于单一主体间的隐私保护问题，较难应对多主体、多环节的数据共享场景。对于共有数据这一特殊类型的数据，学界的研究相对较为薄弱。共有数据既涉及多个数据持有主体的权益平衡问题，又与个人隐私、法人商业秘密等息息相关，其复杂性和特殊性要求我们必须重新审视现有的数据隐私保护框架。然而，当前学界对于共有数据的研究大多停留在理论探讨层面缺乏具体可行的保护方案。因此，如何构建一个既能保障数据自由流通又能有效保护隐私的共有数据隐私保护体系成为了一个亟待解决的问题。

一、对象明确：共有数据及其权能的识别细化

（一）特性识别：共有数据兼具的多元属性

共有数据属于一种特殊的数据形态，介于宏观大数据与微观个人信息之间，具有其独特的本质特征。这些特征不仅关乎数据的权属界定，还涉及数据共享、隐私保护、商业秘密等多个方面，对于平衡数据利用与权益保护之间的关系至关重要。

1. 超越传统物权结构的复杂性

共有数据本质上属于物权范畴，但其权利结构却远比传统物权复杂，这种复杂性主要体现在数据的无形性、可复制性和易传播性等方面。

一是无形性带来的权利模糊。传统物权理论中的共有，通常指的是两个或两个以上的民事主体对同一不动产或动产共同享有所有权的法律状态。这种共有关系相对明确，因为不动产或动产作为物理实体，其边界清晰、易于辨识。然而，在数据领域，情况却大不相同。共有数据并非单一的物理实体，而是由一系列电子数据组成的集合体，这些数据往往存储在云端、服务器或各种电子设备中，呈现出无形、虚拟的特点。这种无形性导致了共有数据权利归属的模糊性。同时，共有人对数据享有一定的排他性权利，即有权排斥他人未经许可的干涉和侵害。然而，这种排他性并非绝对，因为数据的可复制性和易传播性使得任何一个共有人都有可能在不损害其他共有人利益的前提下复制并利用数据。这种特性使得共有数据的权属界定变得尤为困难，因为数据的复制和传播几乎不消耗任何成本，且难以追踪和监管。

二是可复制性引发的权属争议。数据的可复制性是共有数据权利结构复

杂的另一个重要原因。在传统物权领域，物品一旦转让给受让人，原所有权人便失去了对该物品的所有权。但在数据领域，即使数据被转让或共享给其他共有人，原共有人仍然可以保留数据副本并继续行使某些权利。这种特性使得共有数据的权属关系变得错综复杂，因为不同共有人之间可能存在多重权利重叠和冲突。由于数据的可复制性，共有数据的权属界定不再是一个简单的"非此即彼"的问题。相反，它涉及多个共有人之间权利的分配和平衡。这种平衡既需要考虑到数据的物理存储位置和技术处理过程，也需要兼顾到各共有人的实际需求和利益诉求。因此，在界定共有数据权属时，必须采取一种更为灵活和包容的态度，允许不同共有人在一定范围内共享和利用数据资源。

三是易传播性加剧了权利行使难度。数据的易传播性进一步加剧了共有数据权利行使的难度。在传统物权领域，共有人对共有物的使用、收益和处分等权利往往受到地域和时间的限制。但在数据领域，由于互联网的普及和信息技术的飞速发展，数据可以在瞬间跨越地域和时间的界限在全球范围内传播。这种易传播性使得共有数据的权利行使不再局限于特定的时间和地点，而是成为了一种无时无刻不在进行的动态过程（崔建远，2011）。因此，在行使共有数据权利时，共有人必须充分考虑到数据的传播特性和潜在风险。一方面，他们需要采取措施确保数据在传播过程中的安全性和稳定性；另一方面，他们还需要关注数据传播可能带来的隐私泄露、商业秘密被窃取等风险，并制定相应的预防和应对措施。这种全方位的考虑和安排无疑增加了共有数据权利行使的难度和复杂性。

四是权利行使的集体性与动态性。共有数据的权利行使往往需要全体共有人的同意或授权，这进一步增加了权利行使的复杂性和不确定性。在传统物权领域，共有人对共有物的处分往往可以通过多数决或协商一致的方式实现。但在数据领域，由于数据的无形性和易传播性等特点，共有人之间的协商和决策过程可能变得更加困难和耗时（杨艳等，2021）。此外，随着时间和环境的变化以及数据处理技术的不断进步，共有数据的价值和使用方式也可能发生变化。因此，共有人需要定期重新评估和调整权利行使的方式和范围以适应新的情况和发展趋势。这种集体性和动态性要求共有人在行使权利时必须保持高度的沟通和协作能力。他们需要建立有效的协商机制和决策流程以确保权利行使的合法性和合理性；同时还需要密切关注市场动态和技术发展趋势以便及时调整权利行使策略并应对潜在的风险和挑战。

2. 融合多重价值追求的复合性

共有数据作为信息时代的重要资源，其内涵远不止于简单的信息载体，而是集经济价值、身份信息、安全属性等多重属性于一体的复合型法益形态。这种复杂特性使得共有数据的利用与保护成为一项极具挑战性的任务，需要在多重利益之间寻找微妙的平衡。

首先，从经济价值的角度审视，共有数据蕴藏着巨大的商业潜能。通过对海量数据进行深度加工、精准分析和高效利用，企业能够洞察市场趋势，把握商业机遇，从而获取显著的经济回报（瑞柏律师事务所，2018）。例如，电商平台通过分析用户的购物习惯和消费偏好，能够个性化推荐商品，提升用户体验的同时增加销售额。然而，这一过程中，如何确保数据的有效流通与利用，同时避免侵犯个人隐私和泄露商业秘密，成为亟待解决的问题。因此，在追求经济价值的同时，必须严格遵守数据权属法规，确保数据的合法来源与正当使用，维护数据市场的公平竞争秩序。

其次，身份信息作为共有数据的核心组成部分，直接关系到个人隐私和企业的核心竞争力。在大数据时代，个人信息和商业秘密的边界越发模糊，一旦泄露或被不当使用，将给个人和企业带来难以估量的损失。为此，共享和利用共有数据时，必须建立严格的隐私保护机制和商业秘密管理制度。通过数据加密、访问控制、审计追踪等技术手段，确保数据在传输、存储和处理过程中的安全性与保密性。同时，加强数据主体的权益保护意识，明确数据使用的知情同意原则，防止数据被滥用或非法交易。

最后，从安全属性的维度考量，共有数据在传输、存储和处理过程中面临着诸多安全风险。随着网络攻击手段的不断升级和变化，黑客攻击、病毒入侵等安全威胁日益严峻。为应对这些挑战，必须构建全面的安全管理体系和技术防护措施。通过部署先进的安全设备、采用高效的安全协议、制定严格的安全策略和应急响应计划，确保数据在各个环节中的完整性和可靠性。此外，加强安全意识教育和技能培训，提高数据管理人员的专业素养和应急处理能力，也是保障公有数据安全的重要举措。

3. 牵涉不同相关主体的多源性

共有数据的多源性是其固有特征之一，这一特性深刻地影响了数据的本质属性和应用场景。从数据来源看，共有数据不仅涵盖了来自个人的日常行为记录、偏好与习惯，还包含了企业生产经营过程中产生的各类商业信息，以及政府机构在公共管理和服务过程中积累的社会治理数据。这些多元主体在各自的领域内生成数据，并通过复杂的网络关系和交互模式，共同塑造了共有数据的丰富生态。

多源性赋予了共有数据前所未有的信息广度和深度。个人数据反映了社会生活的微观层面，为市场分析、消费者行为预测提供了宝贵的第一手资料；企业数据则聚焦在行业趋势、供应链管理等方面，是评估市场潜力、优化资源配置的重要依据；而政府机构的数据则涵盖了宏观经济运行、政策法规实施效果等多维度信息，对于把握国家发展方向、制定科学决策具有不可替代的作用。这种跨领域、跨行业的数据融合，极大地丰富了共有数据的内涵和应用潜力。

然而，多源性也给数据权属界定带来了前所未有的挑战。由于数据来源多样，不同主体对数据的使用目的、价值认知和保护需求各不相同，如何在保障各方权益的基础上实现数据的共享与利用，成为了一个亟待解决的问题。尤其是在数据权属法律框架尚不健全的背景下，如何平衡个人隐私保护、商业秘密维护和数据自由流通之间的关系，更是考验着立法者、监管机构和社会各界的智慧。与此同时，共有数据的高度流动性也是其不容忽视的重要特性。在互联网技术的推动下，数据可以跨越地理界限，在全球范围内实现即时传输和共享。这种流动性极大地提高了数据的利用效率，使得信息能够迅速转化为生产力，推动经济社会的发展。然而，流动性也带来了数据安全和隐私保护的新问题。数据在快速流动过程中，面临着被非法获取、篡改、泄露等风险，给个人隐私和企业商业秘密带来了严重威胁。因此，在享受数据流动性带来的便利的同时，如何加强数据安全防护、完善监管机制、提升公众的数据安全意识，成为了保护共有数据隐私和商业秘密的重要课题。

4. 涵盖诸类法律关系的多面性

共有数据的共享和利用涉及多方利益主体和复杂的权利关系。这些主体包括数据提供者、数据处理者、数据使用者等。他们之间的权利义务关系往往通过合同约定或法律规定来明确和调整。数据提供者是共有数据的原始来源，他们享有对数据的初始所有权和控制权。然而，在数据共享和利用过程中，数据提供者的权利可能会受到一定程度的限制。例如，在与数据处理者或数据使用者签订合同时，数据提供者可能需要放弃部分权利以换取经济回报或其他利益。数据处理者是共有数据的加工者和利用者。他们通过对共有数据进行加工、分析和利用来挖掘其潜在价值。然而，在数据处理过程中必须遵守相关法律法规和合同约定，确保数据的合法性和安全性。同时，数据处理者还可能享有部分数据所有权或使用权等权利。数据使用者是共有数据的最终受益者。他们通过购买或租赁等方式获取共有数据以满足自身需求。然而，数据使用者在使用数据时必须遵守相关法律法规和合同约定，确保数据的合法性和安全性。同时，数据使用者还需要承担相应的责任和风险，如因数据泄露或滥用导致的损失等。

这些利益主体之间的权利关系复杂多变，需要通过法律规制和合同约束来明确和调整。一方面，要保护数据提供者的合法权益和隐私利益；另一方面，要鼓励数据处理者和数据使用者积极利用数据创造社会价值和经济价值；同时还要防止数据被非法获取和滥用造成的损害和风险。

5. 伴随时间环境转化的多变性

共有数据的动态性和生命周期性是其不可或缺的特性，从动态性角度来看，共有数据并非静止不变的实体，而是随着时间和环境的变迁而持续演变的资源。这种变化可能源于多个方面：市场趋势的波动、消费者偏好的转移、技术进步带来的数据处理能力提升等。随着这些因素的变化，共有数据中的某些信息可能会失去其原有的价值，而新的有价值的信息则不断涌现。例如，在电商领域，消费者的购物习惯和偏好数据会随着季节更替、节日促销等因素发生显著变化，需要平台及时调整数据分析模型以捕捉这些动态变化。

共有数据的生命周期性也是不可忽视的重要特征。数据从产生到消亡，会经历收集、存储、处理、分析和应用等多个阶段，每个阶段都伴随着数据价值的转化与演变。在数据生命周期的初期，原始数据可能仅仅作为记录存在，价值较为有限，但随着数据处理技术的介入，这些数据经过清洗、整合和分析后，可能会产生出意想不到的商业洞察和决策支持。而当这些数据被多次利用后，其价值可能会逐渐衰减，直至最终被淘汰。因此，在数据管理和利用过程中，需要准确把握数据的生命周期特征，合理配置资源，确保数据在最有价值的阶段得到充分利用。

（二）比较明晰：数据共有共享的相互差异

在大数据和人工智能时代，为促进数据利用，数据共享的概念被广泛应用。与之相对应的是，共有数据仅在论证数据权利归属之时才被提及。从共有制度的发展历程来看，共有属于传统民法的概念，其是指两个或者两个以上的主体分享一个所有权的状态（谭启平，2021）。而共享概念的兴起，则来源于近年来互联网技术和信息科技的兴起。如世纪初兴起的共享经济等。与共享经济暂时转让物体使用权类似，共享数据也伴随数据使用权的移转（郑志来，2016）。但与之不同的是，数据共享中，基于数据的无形性和可复制性，数据的使用权可以同时移转给多人。由此，共有数据和共享数据的联系与区分就已明确。具体来说，共有数据和共享数据的关系可以从两个方面进行区分。

一方面，共有数据和共享数据存在广泛的联系。一是清晰明确的数据权益归属是数据共享的前提。尽管当前实践中，在数据所有权未有明确的情形下，存在数据共享的情形。但从本原上来说，共享数据属于对数据所有权的限制，共享数据的权利人的共享应当来源于法律规定或者所有权人的授权。因而，在数据所有权未有明确的情况下，当前我国存在的数据共享也仅是一种临时的状态。共享数据的顺利实施需要从理论上解决数据权益的归属问题。二是无论是共有数据还是共享数据，基于数据的无形性和可复制性，均是一种数据被多人同时占有的状态。

另一方面，共有数据和共享数据存在显著的区分。首先，共有数据与共享数据在权益归属和权益内容方面存在显著差异。共有数据着眼于数据所有权的归属，其解决的是数据权益的归属及各共有人拥有数据的比例问题（汪厚冬，2023）。而共享数据则着眼于数据的利用，在共享数据中，共享数据的权益人本身并不拥有数据的所有权。但其基于法律或者当事人之间的约定，能够占有、使用数据，并获得相应的收益。因而，共有数据和共享数据分属于权利归属和权利利用两个层次。其次，共有数据与共享数据在权利人的数量上存在不同。尽管共有数据能够被两个以上的主体共有的，但从实践来看，共有人的数量始终具有相应的限制，不可能无限蔓延。共有人共有的数据数量也有相应的限制。而共享数据中，共享数据的共享人和共享的数据总量均可能无限制地蔓延。最后，共有数据和共享数据的权利来源不同。基于共有数据中共有人共享所有权的特点，共有数据共有人一般需要对数据的产生或者处理具有相应的贡献。而共享数据基于数据利用的特点，其更多的是基于社会利用而享有对数据的利用，本身对数据的产生或者处理并不必然具有相应的贡献。

基于共有数据和共享数据在权利人的数量、数据总量以及权利来源等方面的不同，权利人共享数据时，对获取数据的权利人具有更多的限制以保护数据上所承载的隐私，属于一种数据权利人对共享数据的接受者的单方面的限制。而在共有数据中，因为各主体均处于平等的地位，数据共有人能够获取更多的数据上的隐私，而在数据被共有人同时占有，且共有数据本身没有进行隐私保护的情况下，数据隐私安全面临新的难题。但这种隐私风险产生于共有人内部共有数据。

（三）权能细化：共有权行使时的三重内核

按照共有权人内部是否明确的划分共有份额，共有可以分为共同共有和按份共有（王泽鉴，2009）。根据《中华人民共和国民法典》（以下简称《民法典》）三百零八条的规定，在动产或者不动产中，如果当事人没有约定、约定不明确或者不具有家庭关系的情况下，应当视为按份共有。在数据领域，除当事人的约定外，共有人的共有通常来源于数据的生产、收集等过程中所结成的特殊关系，也并不具有特殊的家庭关系。因而，类推《民法典》第三百零八条的规定，应当认为共有数据共有人之间的共有为按份共有。具体到共有数据的共有权，虽然数据具有无形性和可复制的特点，但在理论层面与有体物的共有制度却一脉相承。因而，共有数据共有权本质上也是从所有权的角度来进行利益区分。但在具体的内容上因为数据无形性和可复制的特点，又存在细微的区别。具体来说，共有数据的共有权可以从以下三个方面进行把握。

首先，共有数据共有权是对完整的所有权的共有。在传统民法中，共有权指向的对象是所有权，是多个主体共有一个所有权的状态。但在共有数据共有权的建构中，有学者认为共有数据共有权并不一定是对所有权全部权能与内容的绝对共有，也可以是对占有、使用、收益、处分中的某一项或者某几项权利的共有（王益民，2022）。但笔者认为，共有数据共有权应当是对完整的所有权的共有。持此观点的理由如下：一是共有作为一个法律概念被广泛接受，在传统的定义中，共有便是对所有权的共有。在共有数据共有权的界定中，应当重视法律术语的严谨性和一致性，不应当通过创造新的概念引起不必要的争议。二是在共有数据部分权能共有的情况下，当事人之间完全可以通过合同的方式来实现，并无拆分共有权能和内容的必要。三是从共有数据的特点来看，共有数据所有权的内容均可以被完全共有。因而，应当遵循传统民法的规范，将共有数据共有权限定在完整的所有权范围，而并不是局限在所有权的部分权能。

其次，共有数据中共有权的核心内容包括数据权益的分配和数据的利用。所有权包含占有、使用、收益和处分四项权能。在传统的有体物中，因为有体物的限制，共有人对于物的利用遵循有约定按约定，无约定按比例占有、使用和收益的原则。而数据的无形性和可复制性导致数据可能同时被多个数据主体控制和利用。因而，在共有数据中每个共有人都能根据自己的用途占有、使用数据并获得占有、使用数据所获得的收益。但对于数据的收益和处分权能，则应当按照共有的份额进行处理。这是因为数据的无形性和非竞争性使得共有人在占有和使用上不存在竞争性，但是在收益和处分上却并不因数据的无形性和非竞争性而否定共有人之间的竞争性。

最后，共有数据共有权的关键在于数据控制权。共有数据与共享数据不同，共有数据的利用主体仅限于共有人之间。共有数据的价值发挥也正处于共有人的控制之下。与传统共有不同，传统共有权的客体为有体物，财产的共有能够通过对物的实际控制得以实现。在共有数据中，数据的无形性和可复制性导致共有数据能够同时被多人占有和传播。数据控制权对数据的控制能力变弱。如果发生数据泄露，则共有人本身对共有数据的价值将会受到影响。因而，在共有数据被多重主体控制的情况下，如何保障数据不被泄露以维护共有人之间的利益成为共有数据治理中的重要问题。

二、规制现状：共有数据隐私保护的多重挑战

随着大数据和人工智能时代的到来，隐私泄露事件愈演愈烈，如何保护隐私成为社会关注的热点和难点问题。在数据的流通与利用中，因为数据本身承载隐私利益，因而数据隐私的保护也成为学界探讨的焦点（解正山，2020；谢鸿飞，2021；龙松熊，2023）。但对于数据隐私的保护在当下并未形成定论。具体到共有数据隐私的保护，共有数据隐私保护不仅面临着数据隐私保护的通常问题，还面临着共有数据隐私保护中因为共有数据存在多个共有权所可能引发的独有问题。下文将在比对数据隐私与共有数据隐私的基础上，分析共有数据隐私法律保护的困境并提出具体的解决方案。

（一）共有数据隐私保护的讨论语境

数据与信息的区分在理论与实务界曾引发过激烈的探讨。但随着《中华人民共和国数据安全法》（以下简称《数据安全法》）、《中华人民共和国个人信息保护法》（以下简称《个人信息保护法》）等法律法规的出台，数据和信息的区分逐渐明晰。当前，我国理论与实务界通常认为数据是信息的载体，信息是数据内容（纪海龙，2018）。但从实践来看，数据与信息并非泾渭分明，而是相互依存。因而在数据的流通与利用的过程中通常伴随着隐私泄露的风险。在数据的流通利用中如何保护数据隐私成为关键的问题。但在学界的既有探讨中，对于数据隐私的概念未有专门的规定。学界通常将数据隐私、个人信息和个人数据交替使用（承上，2023）。事实上，对数据隐私和共有数据隐私的理解应当从两个层次进行理解。第一个层次是确定数据隐私的内涵与保护难点；第二个层次是数据隐私与共有数据隐私的关系。

从数据隐私的内涵来看，数据隐私蕴含着人格利益与财产利益。一方面，数据隐私蕴含着隐私保护的必要，而隐私利益属于人格利益的范畴。因而，在数据的流通与利用的过程中需要保护数据隐私。且通常而言，对人格利益的保护要优于对财产利益的保护。另一方面，数据隐私蕴含着财产利益，数据隐私中的财产利益主要通过数据的流通与利用实现。因而，在保护数据隐私的同时也要促进数据的利用，以实现两者之间的平衡。但在实践中，数据的流转通常伴随隐私泄露的风险，当前在数据隐私治理中，为保护数据隐私可能采取的方式无非为两种：一是对数据进行匿名化；二是对敏感数据隐私的流动进行严格的限制。但无论采取何种方式在当前的数据流通中均存在不足。如在采取匿名化的情形下，存在匿名的数据被破解的风险。而在限制数据流通的情形下，其可能会影响到数据价值的发挥。因而，如何实现数据流通与隐私保护之间的平衡，成为数据流通中的难点。

从数据隐私与共有数据隐私的关系来看，共有数据隐私属于数据隐私的下位概念，即共有数据隐私仅适用于所有权共有情形下的数据隐私保护。因而，共有数据隐私与数据隐私在价值内涵上存在相同性。即共有数据隐私中同样蕴含人格利益和财产利益。也同样存在数据流通与隐私利益保护的矛盾问题。但基于共有数据隐私中数据共有的特点，在共有数据隐私保护中具有其自身特殊的情况。共有数据隐私保护与隐私数据保护的主要区别在于两点：一是共有数据的所有权主体更加多元，数据可能被多个所有权人同时占有和控制，由此导致数据泄露的风险增加。二是在数据泄露的情形下，基于多人占有数据的事实，具体侵权人的确定存在困难。

（二）共有数据隐私保护的利益冲突与规范缺位

在大数据时代，信息技术的发展，催生了大量的数据，而这些数据既是个人隐私信息的载体，也是社会公共数据资源的一部分。数据隐私保护已成为数字时代必须面对的问题（郭如愿，2024），由于缺乏明确的法律规定，当前的法律体系对数据隐私的保护也存在诸多不足。在处理共有数据隐私保护问题时，我们面临的主要挑战来自共有人之间的不平等，尤其是互联网企业凭借技术优势对用户信息的深度挖掘和控制。此外，共有人内部的数据共享可能引发社会层面的影响，如数字资本家的联合可能导致权力滥用（孙笑侠，2024）。为了确保共有数据隐私得到全面保护，我们必须直面这些内部和外部的难题，深入探讨现行规范之间的冲突，并寻求有效的解决方案。

1. 数据之"有"：私人与公共利益的冲突

由于公共利益具有广泛公共性的特点，因此才会有学者指出："任何一个社会都必须通过一种在伦理上不能被接受的手段来实现其目标。"（马特，2014）在探讨数据治理的传统范式和公共利益导向的改革中，共有数据的隐私保护与数据公有化的趋势存在冲突，这可能导致数据所有权的概念变得模糊，特别是在考虑互联网领域大型科技企业之间的数据共享过程中共有人对数据的独占权问题以及数据所有权概念的界定问题。正是因为大数据时代共有数据隐私权利与公共利益之间存在着冲突（宋方青、邱子键，2022），所以才会有学者提出："保护个人隐私已经成为一个全球性问题。"（张新宝，2003）

然而，目前以及未来较长时间内，数据的私权特性仍无法更改。党的二十届三中全会决定指出，要"加快建立数据产权归属认定、市场交易、权益分配、利益保护制度"，可见数字经济未来发展的方向仍需要依靠市场力量，数据治理也相应地必然需要遵循市场逻辑，私主体利益与公共利益的冲突不可能简单化解。退一步说，在数据公有化的领域，如涉及公共数据时，私主体的隐私利益和同质的商业秘密也并未被遗忘。中共中央、国务院《关于构建数据基础制度更好发挥数据要素作用的意见》（以下简称"数据二十条"）第四条指出，"鼓励公共数据在保护个人隐私和确保公共安全的前提下，按照'原始数据不出域、数据可用不可见'的要求，以模型、核验等产品和服务等形式向社会提供，对不承载个人信息和不影响公共安全的公共数据，推动按用途加大供给使用范围"。可见，公共数据的利用和公开仍要在充分尊重私人隐私的前提下进行，只不过此时隐私保护的诉求不体现为公私利益之间的冲突，而是呈现为政府权责一致的要求，或归为国家保护义务的一部分。在数据共有语境下，公共数据和企业数据、个人信息数据之间更是经常出现多主体交叉共有的形态。例如，党的二十届三中全会决定指出，要"完善生成式人工智能发展和管理机制"。同时，"支持有能力的民营企业牵头承担国家重大技术攻关任务，向民营企业进一步开放国家重大科研基础设施。"以大语言模型为基础的生成式人工智能作为未来技术的突破口，其研发与迭代离不开高质量的大数据。目前，国内的生成式人工智能模型如文心一言等，主要仍由私营企业主导研发。当政府借助研发完成的人工智能模型参与数字政府建设、进行国家重大科研项目研究时，在数据产权结构上呈现出公主体和私主体、自然人和法人的复杂共有样态，在权益保护上涉及国家秘密、企业商业机密和个人隐私信息的多重保护诉求，充分凸显数据共有场合隐私保护的内在张力和外部困境。在探讨隐私利益与公共利益之间的冲突处理时，不同的观点揭示了这一议题的复杂性和多维性。一种观点认为，为了人类共同记忆的保存，公共利益下的信息存档行为应当获得一定程度的个人信息保护义务豁免（贺文奕，2022）。这种观点认为，适度的豁免有助于维护社会记忆，但并非完全忽视个人信息权利，而是需要在保护个人信息与公共利益之间找到平衡点。然而，这种处理方式在共有数据隐私的语境下似乎并不完全适用，因为在这种情况下，个人信息保护的豁免可能等同于商业秘密保护的豁免，这可能导致企业核心竞争力——商业秘密的公开，而这通常是不被鼓励的。另一种观点则更加注重个体权利与社会利益的平衡。在创设个体权利时，不仅要考虑保护的利益对个体的价值，还要考虑个体权利与他人利益、社会利益的协调（姚佳，2022）。特别是在共有数据涉及多个主体的情况下，如果共有的目的在于形成垄断或不正当竞争，那么这种行为及其所谓的"商业秘密"不应受到保护。相反，如果共有数据既能造福所有共有人，又不妨碍公共利益或个别共有人的利益，那么这种数据隐私应当得到保护，共有权的创设也应当发挥其积极作用。因此，共有数据的隐私保护应在不损害公共利益和个体利益的前提下进行，特别是对于敏感个人信息，需要严格的前置条件和后续管理来确保其安全。同时，对于违法行为的共有数据不应提供保护，且政府应加强对共享敏感信息的管理。这类信息的共享需要满足特定的前置条件，如未成年监护人的同意，并且在处理后应及时删除原始数据。在满足这些严格要求的情况下，敏感数据的共有也是可以实现的。同时，如果共有人违反法律，政府对于获取的这部分敏感信息必须严格保密，并应设立专门部门加强管理，防止信息泄露或被盗用。综上所述，处理隐私利益与公共利益的冲突需要综合考虑个体权利的保护、社会记忆的保存以及商业秘密的维护。在共有数据的背景下，应当制定合理的政策和法规，确保在不损害个体和社会利益的前提下，实现信息的合理共享和数据隐私的有效保护。这不仅是对个体权利的尊重，也是对公共利益负责的表现。

2. 数据之"共"：共有人多重利益的冲突

我国现行立法尚未作出明确的价值排序，但从其表述仍可窥见端倪。党的二十届三中全会决定强调"提升数据安全治理监管能力"，足见其对数据安全的重视。《数据安全法》以"保护个人、组织的合法权益"[①] 为目的，为此规定了数据分级制度，根据数据在经济社会发展中的重要程度，共有数

---

① 《数据安全法》第一条。

据具有多元价值属性，包括人格价值、财产价值和商业价值，这些价值的冲突在数据处理中常见。首先是"用户数据"与"企业数据"之冲突。用户数据中最重要的部分是用户行为数据，也就是用户在网络平台上留下的各种痕迹。然而用户数据与企业数据之间存在明显的界限，用户数据与企业数据之间并不能直接进行转化。个人数据的人格利益与财产利益容易发生冲突主要表现在个人隐私与个人信息存在交叉（管洪博，2019），其保护受《民法典》和《个人信息保护法》的影响；《个人信息保护法》规定个人信息处理需合法、正当、必要，并强调最小化原则，同时对违反规定的行为设定了法律责任，保护个人信息的权益。法律明确了处理规则、保护措施及跨境传输条件，确保个人信息的安全与合理利用。个人信息的商品化特征使其财产价值凸显，导致在保护和使用个人信息时存在先后顺序的争议（王利明，2012），美国第三方当事人理论对此持有不利于个人信息保护的立场。当然，个人信息亦非没有财产价值，一旦遭到篡改、破坏、泄露或者非法获取、非法利用，对国家安全、公共利益或者个人、组织合法权益造成的危害程度，对数据实行分类分级保护。[1] 足见此处的"数据安全"，不仅仅指国家安全和社会安全而言，个人生活领域的安全亦涵摄于其中。由是，个人生活安宁不因其信息被泄露而受侵害（如因电话号码泄露而遭受诈骗电话的骚扰），个人隐私空间不被过度窥探的权利，在立法者的价值体系中居于核心地位。因应这一价值安排，"数据二十条"也提出，"把安全贯穿数据供给、流通、使用全过程"，并在此思想指导下布置了数据产权的基本结构。以企业数据为例，"数据二十条"将市场主体享有持有、使用及收益权的标的限制在"在生产经营活动中采集加工的不涉及个人信息和公共利益的数据"的范围内。并尝试以构建数据交易场所的方式，将数据流转的标的主要限制在充分涤除原始数据来源者个人信息及隐私的范围内。然而，发挥数据领域开疆拓土功能的"数据二十条"，其目光更多关注于单一主体持有数据这一产权形态，对于数据应用领域更为常见的数据共有权并未详查。以企业为例，多数企业之所以收集用户数据，恰恰是为了利用其中的个人信息建构用户画像，完全清除个人信息的数据对企业来说价值寥寥。这也解释了为何场内数据交易不畅（林洹民，2022）。在数据共有的场合下，人格利益和财产利益这一组矛盾更加彰显。敏感个人信息是指能够识别个人身份、对个人权益有重大影响，且通常包括生物识别、健康、金融、地理位置、通信内容等类别的信息。保护共有个人信息和商业秘密的原始数据是隐私保护的核心，共同共有数据在体现财产价值前需进行处理，且需全体共有人同意；按份共有中，隐私保护和财产价值实现的优先级和规范各异，导致结论差异显著（徐明月、安小米，2024）。

---

[1] 《数据安全法》第二十一条。

3. 规范之"缺"：现有制度的适用性存疑

从制度层面看，个人信息保护规范和共有数据共享规范存在着冲突。平衡各方利益是解决数据共享与个人信息保护冲突的关键原则，如北京知识产权法院的判决所示，对后续案件有重大影响。简单将共有数据处分视为买卖可能导致《民法典》与《个人信息保护法》的规范冲突，尤其在处理敏感共有数据时。规范冲突源于将共有数据视为商品，忽视了其人身属性（林洹民，2022）。虽然从制度层面来看，我国已经确立了对个人信息的保护，但是也存在着立法空白和规定不明确的情况。尽管有一些学者对个人信息的保护提出了自己的看法，但也仅仅停留在理论层面上，并没有形成系统的观点。例如，有学者认为个人信息保护主要是为了维护公民的人身权利和财产权利，但同时也要保障个人对其信息进行利用的权利（韩玮，2020）；赵燕菁、宋涛（2023）则认为，个人信息保护与数据共享之间是一种对立关系，因为数据共享会增加个人信息收集的难度，同时也会导致对个人隐私的泄露；陈虎认为个人信息保护与数据共享之间是一种非此即彼、非黑即白的关系；吴韬（2022）认为，个人信息保护和数据共享是一个问题两个方面，既要维护公民隐私又要促进数据共享；王全兴（2023）认为，数据隐私是一种在社会生活中存在但却被忽视了的权利。虽然不同学者对于个人信息和共有数据的保护与共享都有自己的看法和观点，但总体来说存在着制度上的冲突。共有数据隐私保护的理论构建需要把握好其内在逻辑，对其进行理论构建可以从概念界定、理论基础、利益关系等方面进行分析。通过对共有数据隐私保护的理论构建可以得出，共有数据隐私保护是在对个人数据所有权属性的认识基础上，以数据要素的价值增值为目标，以用户的主体地位为基础，以数据管理的秩序保障为条件，以数据使用行为规范为保障，最终实现对个人信息安全和隐私利益的有效保护。因此，保护共有数据隐私需先对数据类型化，明确可商业评价与需优先保护的数据，并通过技术手段实现财产价值。

三、理论引入：类型与场景为基础的分析框架

目前，大数据时代个人数据利用呈现出一些新特征，而这些特征正是推动个人信息保护立法和法律规制升级转型的重要因素。在这种背景下，需要引入新理论来分析和解决数据利用过程中出现的问题，"数据类型化理论与场景理论"的出现恰逢其时。

（一）类型化理论的层次划分

类型化是法学和社会科学的基础工具，指用某一事物中所包含的不同特点对事物进行分类，并进行研究和分析的一种方法（韦伯，2020）。数据利

用过程中涉及多个主体和利益关系，不同主体之间、不同利益关系之间都存在着各自的权利、义务和责任等内容。因此，在数据利用过程中存在着不同性质和内容的权利主体，这就需要对数据利用进行分类。在共有数据隐私研究中，简单的类型化不够充分，应分为三个层面：一是价值类型化，分为无价值、具有隐私价值、财产价值和两者兼有；二是权利类型化，涉及不同数据处理阶段共有人享有的权利；三是隐私保护规范类型化，需根据不同阶段和保护主体进行深入区分。这包括共有人和处理者角色重叠时的数据处理和个人信息删除问题，以及处理后数据购买者的权利与保护规范适用问题。从这一角度看，共有数据是个人信息在不同主体之间或者不同利益关系之间转化、整合后形成的新数据集合体，是一种以数据为要素并能够产生一定经济价值的数据集合体。共有数据本身具有"共有"属性，且与个人信息之间存在紧密联系，因此共有数据既具有个人信息保护中的法律属性和特征，也具有与个人信息保护不同且符合大数据时代特征的新属性和特征。基于以上认识，将共有数据作为一种新类型进行研究是一个合适选择。

党的二十届三中全会决定提出，要"完善促进数字产业化和产业数字化政策体系""加快建立数据产权归属认定、市场交易、权益分配、利益保护制度"。此前发布的"数据二十条"，已对这种数字产业化体系的构建提出了重要的指引。"数据二十条"就采用了类型化的方法对数据产权及其衍生的个人信息、隐私保护等问题进行了探索。在产权类型上，首先将数据分为公共数据、企业数据和个人数据。对于公共数据，鼓励公共数据在保护个人隐私的前提下向社会提供。对于企业数据，保障企业对其采集加工的不涉及个人信息的数据依法使用收益。对于个人信息数据，规范对其的处理活动，探索由受托人代表个人利益，监督市场主体对个人信息数据进行采集、加工、使用的机制。其次，权利主体之不同，分为数据来源者和数据处理者。对于数据来源者，应充分保护其合法权益，推动基于知情同意或存在法定事由的数据流通使用模式。对于数据处理者，在保护公共利益、数据安全、数据来源者合法权益的前提下，承认和保护依照法律规定或合同约定获取的数据加工使用权，尊重数据采集、加工等数据处理者的劳动和其他要素贡献，充分保障数据处理者使用数据和获得收益的权利。此处所称的"数据来源者合法权益"，自然包括数据共有人的隐私权，自不必说。最后，根据数据品类的内在差异，将数据分为原始数据和经加工、分析（匿名化处理）后的数据。对于前者，应"审慎对待原始数据的流转交易行为"，对于后者，应"保护经加工、分析等形成数据或数据衍生产品的经营权"。当然，"数据二十条"提供的更多是宏观的指引，上述类型如何转化成可供涵摄适用的法律概念，如何从法律层面建立共有数据隐私保护的体系，仍不能免除法律解释及法学建构的努力。

目前，已有学者从知识产权角度探讨数据隐私保护类型化。同时，对于个人数据隐私的保护，法律制度也已有较为明确的规定，从《民法典》关于个人信息主体的界定来看，在自然人的基础上还增加了"组织"和"非自然人"。具体到个人信息保护领域，虽然《民法典》将其作为"人格权"的一部分进行了规定，但从法律规范来看，个人信息保护规范更多是从组织和非自然人的角度出发对其进行规范。对于共有数据隐私保护来说，尽管我国已经有了关于共有数据隐私保护的规定，但缺乏完整体系。引入共有数据类型化理论后，传统分类方法难以限定研究范围和得出普遍结论，研究需具体到个案。因此，设计统一的隐私保护方案在共有数据类型化理论下成为研究的迫切需求。在理论基础的完善方面需要结合我国个人数据隐私保护的实践经验及域外相关立法经验，引入场景理论，即在确定共有数据隐私场景时应当考虑到隐私场景是否为现实生活中存在且影响较为广泛等因素。

（二）场景化理论的本土映照

研究发现，"场景"和"环境"在数据流动和隐私保护领域频繁出现，如上海数据交易所的原则和《上海市数据条例》中的表述。在个人信息保护中，场景理论被广泛应用于动态风险管理、儿童数据保护等领域，并在国外用于构建法律保护框架。场景理论由尼森鲍姆提出，强调信息流动受特定政治、习俗和文化背景制约（韦伯，2020）。该理论与共有数据隐私保护的基础理论相契合，因为它们都关注数据共享、个人信息保护与特定情境下的隐私保护。场景理论在数据共享中的应用，主要通过识别特定共享场景、评估隐私风险、制定保护策略、实施保护措施以及监督评估来确保个人隐私得到尊重和保护，同时促进数据的合理有效利用。有助于在大数据共享和个人信息保护之间寻找平衡，因此，将其应用于共有数据隐私问题的讨论是合理且可行的。平衡数据共享与隐私保护的关键在于制定明确的法律规范、实施最小化原则、获取知情同意、进行数据脱敏和匿名化处理、确保透明度和可追溯性、进行风险评估和管理、强化责任和问责制、赋予用户控制权以及推动技术创新，以在保护个人隐私的同时，促进数据的有效利用。

从"数据二十条"开始，立法和政策就已经在用场景化的思维构建数据产权及隐私保护的规则。从数据的生命周期来看，"数据二十条"划分了原始数据场景、数据收集场景、数据加工处理场景以及数据流通移转场景。针对比较重要，也是易发生隐私侵犯问题的数据流通移转场景，"数据二十条"又根据流通方式分为依据交易的流通，和数据处理者发生合并、分立、解散、被宣告破产时的移转。对于后者的要求是数据依法依规随主体移转，对于前者，则是更进一步细分为场内交易和场外交易两个场景，并对每一场景下的数据安全、隐私保护作出了分别规定。同时，对于数据跨境流通的场景作出了特殊的制度安排。国家数据局等部委联合发布的《"数据要素×"三年行动计划（2024—2026 年）》更是将数据要素融入社会生产的总体部署细分为 12 个具体场景领域，包括"数据要素×工业制造""数据要素×医疗健康""数据要素×城市治理"等，以期"加强供给激励，制定完善数据内容采集、加工、流通、应用等不同环节相关主体的权益保护规则，在保护个人隐私前提下促进个人信息合理利用"。这些场景化的努力旨在通过还原各个时空场域和情境脉络来探索数据隐私保护的统一与差异，可资借鉴与学习。

四、实践进路：共有数据隐私保护的现实样态

在分析了共有数据隐私保护的特殊性、所面临的法律困境以及其给传统民法上隐私理论带来的挑战之后，需要结合实践探讨共有数据隐私保护的具体面向。如前所述，数据共有可能存在多种情形，涉及多方主体，其所适用的法律规范也具有多重性。因此，类型化与场景化应当是探讨共有数据隐私保护的应然思路，类型化与场景化的目的在于区分不同情形下共有数据隐私保护的路径、方式，有针对性地提出共有数据隐私的保护方案，这是由共有数据的现实样态所决定的。

（一）三种类型下的共有数据隐私保护

类型化划分的目的在于从不同的角度认识、理解所要研究的对象，基于前述，共有数据可以从价值、权利以及保护规范三个方面进行类型划分，相应的，可从这三个方面对共有数据隐私保护进行探讨。

1. 基于双层隐私价值的保护

如前所述，共有数据内蕴含着两个层次隐私价值：第一个层次为数据原始提供者的个人私密信息，第二个层次则为经过加工处理后的数据产品所蕴含的企业商业秘密；第一个层次的共有数据隐私侧重于个体的人格权益，第二个层次则侧重于企业的财产权益。但是对于如何判断某一共有数据当中是否含有这两个层次的隐私需要进行"追溯式"探讨。具体而言，对于第一个层次的共有数据隐私价值需要以"可识别性"为标准判断其是否具有隐私层面的价值，若共有数据可以定位还原至特定的个体，并且其中蕴含了个体所不愿意公开的私密信息，则其具有第一个层次的隐私价值；对于第二个层次的隐私价值，则可结合《中华人民共和国反不正当竞争法》（以下简称《反不正当竞争法》）第九条第四款①的规定，从共有数据公开的范围、所蕴含的商业价值以及数据共有人是否采取保密措施三个方面判断其是否构成商业秘密。

---

① 《反不正当竞争法》第九条第四款："本法所称的商业秘密，是指不为公众所知悉、具有商业价值并经权利人采取相应保密措施的技术信息、经营信息等商业信息"。

但是，因为数据为共有的原因，其内含的隐私在状态上又可视为是"隐私的聚合"，是否对其进行保护还需要考察共有人的意愿。对此需要分为几种情形探讨：其一，在数据不可分的情况下，哪怕有部分共有人愿意公开其隐私信息，也因共有数据的不可分而必须保护另一部分共有人的隐私权益，因为一旦公开将导致所有人的隐私泄露；其二，在数据可分的情况下，部分共有人愿意公开其隐私，意味着其自愿将隐私公开，消除隐私"不愿为他人知晓"的状态，则法律应当尊重民事主体明确的意思表示，在此情况下相当于是共有数据人行使了自己所提供的那部分数据的权利。但对于不愿意公开的共有人而言，需要实行严格的法律保护。

在最高人民法院（2022）最高法知民终 901 号判决中，A 公司于 2000年初创建名称为"油气勘探开发类比决策专家知识库系统"（简称"DAKS系统"），A 公司授权 B 公司使用 DAKS 系统，此时 A 公司与 B 公司对 DAKS系统中的数据成立数据共有。翟某于 2009～2012 年在 B 公司任职，离职后创建了包含与涉案技术信息实质相同之被诉侵权信息的 IRBS 系统软件。2017 年 8 月，翟某将 IRBS 系统软件转让给 C 公司，转让价款为 350.72 万元。C 公司在其全资子公司 D 之网站上运营 IRBS 系统。本案中，A 公司与 B 公司主张的商业秘密为 DAKS 系统软件中的相关技术参数及工程数据（涉案技术信息），其中秘点 1 为"包含 1339 个油气藏数据的 DAKS 系统数据库中，用于定义油气藏属性信息的 474 个技术参数（数据库字段）"；秘点 2 为"包含 1339 个油气藏数据的 DAKS 知识系统数据库中，用于定义各油气藏属性信息的 474 个技术参数（数据库字段）及其对应的工程数据"。法院认为，翟某与 C 公司及 D 公司成立对 A 公司、B 公司涉案商业秘密的共同侵权。判令 C 公司、D 公司及翟某立即停止使用涉案技术秘密，并令 C 公司及 D 公司共同赔偿 A 公司、B 公司经济损失 200 万元及合理开支 60 万元，翟某对上述金额中的 100 万元承担连带责任。理由是，C 公司在翟某携 IRBS 系统入职时，对其个人简历及 IRBS 系统著作权转让相关细节均未尽到合理审查义务，否则理应对翟某的技术实力、IRBS 系统中相关参数数据信息来源的合法性、翟某作出诚信陈述的能力产生怀疑。因此，C 公司关于其被翟某欺诈、其对翟某隐瞒其持有的 IRBS 系统软件来源不知情的主张，不予采纳。本案中，A 公司与 B 公司就 DAKS 系统之数据产生共有关系，在翟某以 IRBS 系统入股 C 公司后，C 公司、D 公司及翟某就 IRBS 系统数据产生共有关系。但因后者系翟某盗取原就职公司数据得来，且 C 公司在这场数据交易中未尽到法律要求的合理审查义务，法院否认后一数据共有的合法性，并判令 IRBS 系统数据的共有人（同时也是共同侵权人）对原共有人承担侵权责任。本案法官在两宗共有数据的可保护性判断时进行了价值比较，二者虽同为共有数据，且同具商业秘密价值，但 IRBS 系统数据系由侵权获取，其合法性即遭贬损。

2. 基于多类权利诉求的保护

"权利束"是目前学界对于在数据这一客体上所含有权利状态的通常看法（闫立东，2019），数据兼具人格权以及财产权利的属性，其中隐私权利归属于人格权的范畴，除传统民法上对隐私所表达的人格尊严、名誉等权利以外，作为"权利束"的数据还衍生出来了诸多信息时代背景下的新兴权利，例如被遗忘权、数据携带权、限制处理权、反自动化处理权等（白纶，2023），这些新兴的与数据相关的权利都与隐私保护相关，隐私权也随着现实的发展以及权利主体的被保护需求而有所延伸。虽然目前被遗忘权、数据携带权等在理论上仍存有争议，但是争议的焦点主要是在该类权利的实现方式上，其基本内涵以及权利主体所享有的权能已经争议不大。并且实践中已经产生了基于数据新兴权利而开展的隐私保护实践，这对于共有数据的隐私保护方案设计而言具有重要的参考价值。

在实践中，由隐私保护的多种诉求产生的诸多不同请求权体系庞大，对每一种请求权的构成均需详细结合现实场景作出分别判断。在《广州唯品会电子商务有限公司、周彦聪个人信息保护纠纷民事二审民事判决书》[①] 中，周某下载注册唯品会 App 并使用一段时间后，因其母亲接到陌生电话，对方对周彦聪购物留下来的个人信息有所了解，周某担心个人信息泄露，想知道唯品会收集了哪些个人信息，希望唯品会披露所收集到的其个人信息（如姓名、性别、出生年月、家庭信息、常用地址、联系方式、账户信息、设备型号、操作系统版本、唯一的设备识别符、位置信息、IP 地址等）。在与唯品会多次沟通无果后，将后者诉至法院，请求：（1）披露其在使用唯品会平台的过程中唯品会公司收集的其所有个人信息；（2）唯品会公司删除在其身上收集到的所有非必要信息。针对周某个人信息的查询权、复制权的数据使用范围，一审法院与二审法院之间存在意见分歧。一审法院认为，对于"哪些信息被用于用户画像"，因周某并未提交证据证明唯品会公司作出了对其个人权益有重大影响的自动化决策，其诉求唯品会公司披露具体哪些信息被用于用户画像，无事实和法律依据，不予支持。关于"浏览记录"及"与第三方（包括第三方支付机构）共享的个人信息"，一审法院同样不予支持。二审法院则支持了周某对"购物习惯""浏览记录"及"与第三方共享的个人信息"的查询复制权。对于一审法院支持的对"第三方 SDK 收集的个人信息"的披露请求，二审法院却以证据不足为由予以驳回。同时，二审法院也在判决书中提示："虽然本院未支持周彦聪关于披露第三方 SDK 收集的个人信息的诉讼请求，但唯品会公司作为唯品会 App 的运营方，仍应谨慎选择使用第三方 SDK，通过加强动态监测和安全评估工作、完善与第三方 SDK 提供者的合作协议等有效举措，积极防范 SDK 安全漏洞、违法违规收集使用个人

---

① 　参见《广东省广州市中级人民法院（2022）粤 01 民终 3937 号民事判决书》。

信息等风险，切实保障用户个人信息安全。"这实际上是对数据共有人，特别是实际占用数据的企业提出了更高的合规要求。一审、二审法院一致驳回了周某删除其非必要个人信息的请求，其理由是："唯品会公司虽然收集了周彦聪主张的"非必要个人信息"，但取得了周彦聪本人的同意。"

综上所述，法院正确地区分了隐私保护工具箱中的不同权利的应用场景、构成要件和合法性事由。对于涉个人信息数据的查阅、复制请求权，其理论基础是数据共有人对数据的控制权，实际占有人不仅负有相应的义务，还应为个人行使该权利提供必要的便利，如在上案中法院认定，唯品会公司应当选择便于查阅的方式向周彦聪提供个人信息电子化副本，包括 Word 文档，Excel 表格等形式。对于非必要个人信息删除权，则因知情同意规则构成个人信息收集的合法性要件，同时也就构成了删除权的阻却要件。法院也注意到，请求权主张—义务履行的保护方式陷入全有全无的困境，企业数据合规、企业自身数据保护制度构建亦为重要的共有数据隐私保护手段。

总结而言，共有数据的隐私的保护需要考量到"权利束"当中的各项具体权利，其并非"全有或者全无"的一种断然式保护，需要对《民法典》当中共有规范、隐私保护规范作出有效衔接。

3. 基于多元规范交互的保护

共有数据的隐私包含了个人的私密信息以及企业的商业秘密，对其实行法律保护无法以单一的法律规范作为依据，而是需要综合衡量隐私保护规范、商业秘密保护规范、共有数据的相关规定。为此，或可以从规范的类型出发，结合共有数据受保护的阶段，设计共有数据的隐私保护方案。

可将共有数据隐私受保护的阶段划分为二：第一阶段是共有数据尚未对外披露，此时数据并不处于"静止"状态，而是在各共有人之间共享或者处理，各共有人互负不得将对方隐私披露于外的义务。第二阶段则是共有数据处于被处理中，即处于《个人信息保护法》第四条第二款规定的"存储、使用、加工、传输、提供、公开"等状态时，则需要结合《民法典》的共有规范以及隐私权保护规范、《个人信息保护法》对敏感个人信息的处理规则等进行综合判断。在部分情况下，即便符合了《民法典》关于共有人处理共有物的要求，但是由于共有数据内含个人隐私，共有人不得随意处理，需要考量其处理是否可能导致共有数据内的隐私被不当披露，是否符合《个人信息保护法》第六条规定的比例原则等，方能适用共有数据。例如，在"张某、广州某公司个人信息保护纠纷民事二审民事判决书"中[①]，一审法院认为 A 公司将"张某情况说明"及附件提供给 B 公司，系使该信息在特定人群、限定空间、限定事项内合理使用，不会侵害张某的合法权益。二审法院则推翻了这一观点，认为 A 公司在处理其与案外人 B 公司的商业纠纷中，将包含张

---

① 参见《广东省广州市中级人民法院（2023）粤 01 民终 30936 号判决书》。

某个人信息的《出生医学证明》提供给 B 公司，A 公司该使用张某个人信息的行为，既未取得张某的同意，也不属于法律规定的不需取得个人同意的情形，不具有合法性。在"胡某与云南某航空有限责任公司、北京某航空有限公司个人信息保护纠纷一审民事判决书"中①，法院认为，被告云南某航空基于其与胡某的客运纠纷而查询关联公司即被告北京某航空已收集的胡某订购机票信息，其行为尚属于合理使用旅客个人信息的范围，没有侵犯胡某的个人信息权益。被告北京某航空公司基于客运关系而收集旅客个人信息，将收集的旅客个人信息录入旅客订座系统，并共享于某集团旗下的其他公司，其收集和处理旅客个人信息的行为没有违反约定的用途，没有违反法律规定。法院作出这一认定显然以如下观念为基础，即胡某所同意的《隐私条款》《隐私政策》本身即包含了对共有数据中的个人信息收集、共享之同意。但正如学者指出，在个人信息领域存在合同关系和知情同意的二分，即承诺和同意的二分。《隐私政策》仅为公司内部治理政策，不足以此证明胡某对个人信息共享的同意。《隐私条款》系北京某航空与胡某之间的基础合同关系，对胡某具有法律约束力。但出于个人信息保护的目的，《个人信息保护法》第十五条特别赋予当事人以个人信息同意的撤回权。胡某撤回此同意之后，北京某航空处理、共享其个人信息的合法性即告消失。当然，此时作为数据共有人及债权人的北京某航空，可以依据《隐私条款》追究胡某的违约责任。这一案件也显示出，在多种规范聚合的场合下，共有数据的合法使用需满足诸多要件。即使通过《隐私条款》已经满足了《民法典》关于共有物处分的规定，当原始数据涉及个人信息时，仍需满足知情同意的要求。若当事人未同意或事后撤回了同意，数据共有人仍无法仅凭共有数据处分权对外使用数据。

（二）三重场景下的共有数据隐私保护

价值、权利以及规范的类型化是从较为抽象的层面去探讨共有数据内含的价值、权利类型以及所依据的规范会给其隐私保护设计方案提出什么样的要求、带来何种挑战。场景化视域下共有数据隐私保护则需要深入到实践当中分析数据的应用场景，就此而言，结合实践样态可将其分为数据授权、数据处理以及数据交易三类场景，并以此为基础设计共有数据隐私保护的具体方案。

1. 基于信息自决的授权使用

自 1983 年德国联邦宪法提出个人信息自主以及相应的权利保护理论以来，个人信息自决的理论以及依据于此所建构的相关规范不断充实完善，目前一致的看法是，即便含有个人信息（包括隐私信息）的数据被大规模收集

---

① 参见《昆明铁路运输法院（2023）云 7101 民初 309 号判决书》。

并被分析、处理，即形成大数据产品时才具有价值，不得因此随意披露该大数据产品内的个人隐私信息，这是由隐私信息所含有人权价值所决定的（俞立根、顾理平，2024）。换言之，共有数据（大数据产品）的原始提供者将数据提供给数据处理者，虽然是一种明确的授权，但是后者对数据的处理权限仍然有限，必须要符合隐私保护的相关规范才可对数据进行处理。然而，一些实践场景表明，我国法律层面上被授权的数据共有人享有的数据处分权相当强大。例如，在肖某、天津某公司个人信息保护纠纷案中①，肖某在使用某公司的 App 时添加其他用户微信，被平台判定为"向其他平台引流"的违约行为，对其账号予以封禁。肖某将该平台诉至法院，认为：一是平台无权封禁其账号；二是肖某注销案涉平台账户并再次注册时不能通过身份核验，可以推断某公司仍保存肖某个人身份信息。而根据《个人信息保护法》等相关法律规定，自然人的个人信息受法律保护，账户注销后应当删除个人信息或者匿名化处理。某公司并未彻底删除肖某的个人信息，违反法律规定。再审中，天津市高级人民法院认为，对于诉讼请求一，根据《用户协议》《××隐私政策》，用户存在利用某 App 向其他平台引流、可能导致诈骗或者其他违法行为等情形时，某公司有权根据情节的严重程度进行账户封禁或者移送司法机关处理等措施。某公司对肖某的封禁处理并无不当。对于诉讼请求二，删除属于个人信息处理之一种，根据《个人信息保护法》第六条第一款的规定，处理个人信息应当具有明确、合理的目的，并应当与处理目的直接相关，采取对个人权益影响最小的方式。因此，某公司删除肖某个人信息的方式应当坚持目的限制和权益影响最小化原则。肖某案涉平台账户封禁、销户的原因系其存在违规行为并可能产生损害平台正常运行的后果，某公司在肖某注销账户后采取保存用户个人信息的措施，目的在于对封禁用户重新注册时进行身份识别和验证，确保平台的其他不特定用户的信息和财产安全免受违规行为的侵害。某公司此种删除个人信息的方式与肖某在案涉平台存在的违规行为直接相关；留存其个人信息用于身份核验是维护网络交友平台持续健康运行的必要措施，具有合理性。

　　总结裁判观点可知，一方面，身为数据处理者和数据占有者的平台，对数据的控制权和处分权范围相当广泛。其不仅可以对外直接排他控制数据，对内更可以通过一时或永久封禁、注销账户等方式，剥夺作为数据共有人的平台用户对数据的使用权。当然，这种物权上的限制可以通过《用户协议》等债法合同予以正当化，自不必说。另一方面，平台在删除个人信息数据时，仍可基于合理目的保留一部分数据，这在多大程度上能够契合数据共有法理，又在多大程度上偏离了个人信息知情—同意—撤回规则，不无疑问。法院在裁定书中多次强调合理目的原则及合目的性原则，或许也正是为了限

---

① 参见《天津市高级人民法院（2023）津民申 2250 号裁定书》。

制平台这一超级数据控制权。不过，保留范围如何界定，此情况下当事人是否有权获得额外救济，如何判断保留目的之合理性，以及这种保留许可如何与实在法相容，仍亟待解答。

此外，可额外关注的一点是，欧盟 GDPR 对数据的控制者赋予了较重的妥当存储、保护义务，其原因在于数据的可复制性，也即共有数据并未像一般的动产或不动产，在共有人随意行使处分权时将在占有的权能上对其他共有人造成损害，数据的可复制性决定了不会造成此种损害。因此需要在源头上对共有人（主要是数据的控制者）施加更严格的义务。这实际上也是对共有数据隐私的一种保护（苏君华、杜念，2024），我国或可借鉴。

2. 基于匿名技术的数据处理

数据处理包含了对数据的收集、存储、传输、加工、使用、公开等一系列行为，是为原始的海量单一数据赋予价值化的过程，经过数据处理，商业秘密也被附加在了数据之上。基于此，经过处理后的数据是否含有商业秘密，是否需要受到法律保护是需要重点分析的内容。根据"数据二十条"，数据资源持有权以及加工使用权是数据处理者享有的权利，这为其赋予了私权的性质，即数据处理者以及数据产品的持有者能够享有数据排他性以及竞争性所带来的益处。

在此场景下，需要区分数据处理是匿名化处理抑或非匿名化处理，匿名化处理的数据由于通过数据的"清洗"等将个人隐私信息排除出数据信息之外，因此不具有可还原为具体个体的可能性，此时数据持有人可享有完整的数据（或数据产品）所有权，占有、使用、处分、收益等权能不受限制。但是，实际上完全的匿名化处理在数据实践当中并不多见，因为正是数据内所含有的个人信息才使得企业或者公共管理机构可对某一个体进行"画像"，进而提供个性化的服务或者针对性的管理。因此，非匿名化或者半匿名化的数据处理才是现实常态（黄闪闪、王欣悦，2023）。对于此种场景下共有数据隐私保护，仍然需要依照前述的分层思想，对于第一个层次内原始数据提供者的个人信息实行隐私权的保护，对于第二个层次内的企业数据则实行商业秘密保护。

3. 基于数据客体的交易行为

数据交易场景下的对象有两类：一是原始数据的交易；二是经过加工处理后的数据产品的交易。可将其分别理解为数据要素的交易以及数据商品的交易。在这两类场景下，共有数据的隐私保护也有所区别。

对于数据要素的交易，由于数据当中蕴含着大量的个人信息，此时的隐私保护需要采取法律规范与交易主体内部控制相结合的方式。具体而言，法律规范直接指向《个人信息保护法》对一般信息以及敏感个人信息处理（交易）时的强制性规范，如敏感个人信息在每一次交易时都需要取得原始数据提供者的同意，"知情—同意"原则仍然是该类场景下对共有数据隐私保护的最佳方案。但同时，由于"知情—同意"原则属于私法上的规范，且在实践中常常被有意规避（马更新，2024），因此还需要外部的行政监管予以配合从而保障该原则的真正落实。为此，一方面需要行政法上的规范对于数据交易过程中侵犯个人隐私的行为明确法律责任；另一方面还需要数据处理者内部的机制完善予以配合，如建立数据合规部门以加强内部的交易行为审查，减少被行政处罚的风险。以"法律 + 自治"的方式保障共有数据内的隐私信息不被滥用。

对于数据商品交易场景下的隐私保护，此时的侧重点在于数据处理者对经处理后数据所享有的商业秘密，在法律保护时需要关注数据商品是否构成商业秘密、数据交易方的何种行为侵犯了商业秘密、如何侵犯商业秘密等。

在某公司与某汽车销售有限公司等数据服务合同纠纷案中[①]，某公司与某汽车销售公司之间约定：某公司通过自身资源及附送的车展资源帮助某汽车销售公司获取 2020 年度 9 月份的销售线索数据，并附送线下车展服务，费用合计 153 万元。某公司保证其提供的线索数据及其来源应符合法律、法规的规定以及某公司与被收集者之间的约定，某汽车销售公司有权审核某公司的数据获取方式。任何一方违约的，应向守约方支付上限为合同总金额 5% 的违约金。某公司履行车展服务及数据交付义务，数据内容包括自然人用户的姓名、电话、意向车型（基本为某汽车销售公司所提供之外的其他车型）等，某汽车销售公司接受并使用了该数据，但未支付任何款项。团车网搜集网络用户信息时的《团车隐私政策》并未告知网络用户会将其个人信息有偿提供给他人。可见，某公司转卖数据之行为，未获个人信息数据来源者的同意，系属非法。一审法院认为，原告某公司已履行主要义务，被告某汽车销售公司应当依约履行其付款义务，并应支付违约金。二审法院推翻一审判决，认为涉案数据买卖合同虽属有效，但某公司提供的数据记载了个人信息，其未经网络用户同意将未经去标识化的个人信息有偿提供给他人，违反了法律对个人信息处理的相关规定，违反了《民法典》第一百一十一条关于不得非法收集、买卖个人信息的强制性规定，不属于有效的合同义务履行行为。某公司因此无权请求支付该部分合同对价。本案确立了两个裁判规则：一是数据交易合同一般不因最终交付非法数据而被认定为无效。二是对于有效数据交易合同，当事人交付非法数据请求对方支付对价的，不予支持。据此，法院并未将交付非法数据界定为瑕疵履行，而直接将其认定为履行不能，似有如下考虑，即某公司未取得原始数据共有人的同意而处分该数据的，系属无权处分。数据共有因此不能当然扩张至受让人某汽车销售公司身上。然而，在未获原始数据来源者明确拒绝前（包括对共有物处分的拒绝，

---

① 该案入选《2022 年深圳法院数字经济知识产权司法保护典型案例》。此案一审判决见《广东省深圳市罗湖区人民法院（2021）粤 0303 民初 26631 号判决书》。

以及对个人信息利用的拒绝），此合同是否已经陷入履行不能，仍有疑问。该认定结果显示出无权处分数据与出卖他人之物在法律评价上的差异，如何坚持民法体系的一惯性，遂成问题。且某汽车销售公司实际上已占有了该部分非法数据，遽认合同为履行不能或不合适。法院提出的"不应支持其从违法数据处理行为中获利"作为裁判依据也有向一般原则逃逸之嫌。不论如何，该案对数据产业如何防范非法数据交易风险进行了有益指引，展示了人民法院积极支持合法数据交易、严厉打击违法个人信息处理行为的鲜明态度。

对于数据商品交易的隐私保护，不仅需要对数据共有人的处分权限进行限制，同时还要通过对交易相对方赋以义务的方式以保护隐私。具言之，数据商品交易时，数据商品的接受方以对方"您应当保证所提供数据产品不具有法律上的争议，来源合法"等约定来规避自身责任的方式已被证明不被司法实践所接受，其需要履行更高程度的注意义务，也即数据商品的交易方也需要对数据商品进行一定程度的审查，确保数据商品没有侵犯他人隐私，才能避免后续过程中与数据商品出售方共同承担侵犯隐私的连带责任。司法实践对交易相对方负以更高程度的注意义务要求也是由于数据的特性所致。

五、结　　语

数字化的发展带动着经济、社会、文化等层面的变化甚至是变革。在数字化与人工智能技术给生活带来极大便利的同时，数据与隐私保护观念的引入与落地也改变着我国的社会共识、公众的行为方式。本文以共有数据的隐私保护为切入点，便意图针对数字化发展当下的现实需求，通过明确共有数据的性质与权能、分析法律规制的现状、引入类型化与场景化的理论以及由此细化相应的实践进路等层次来展开相应法律讨论。诚然，囿于文章篇幅以及视角的局限，本文的论述无法涵盖共有数据隐私保护在实践中引发的所有问题，但也希望借此引起针对共有数据的理论与实践讨论，并为有效的隐私保护提供切实的方案。就数字法治的发展而言，面对层出不穷的、日新月异的技术类型，需要始终把握的核心便是"以人为本"，由此才能够有效实现数字社会的可持续与正义。

参 考 文 献

［1］白纶：《"权利束"视角下数据权益的法律配置》，载《郑州大学学报（哲学社会科学版）》2023 年第 1 期。

［2］承上：《数据隐私的权利保护与反垄断监管的协同实施》，载《情报杂志》2023 年第 6 期。

［3］崔国斌：《大数据有限排他权的基础理论》，载《法学研究》2019 年第 5 期。

［4］崔建远：《物权：规范与学说——以中国物权法的解释论为中心（上册）》，清华大学出版社 2011 年版。

［5］管洪博：《大数据时代企业数据权的构建》，载《社会科学战线》2019 年第 12 期。

［6］郭如愿：《数字隐私保护的权利体系构造——基于数字隐私的信息及数据重塑》，载《行政法学研究》2024 年第 2 期。

［7］韩玮、陈樱花、陈安：《基于 KANO 模型的突发公共卫生事件信息公开的公众需求研究》，载《情报理论与实践》2020 年第 5 期。

［8］贺文奕：《信息存档中的个人信息保护义务豁免———基于欧盟实践的评析与借鉴》，载《档案学通讯》2022 年第 4 期。

［9］贺小石：《大数据背景下公民信息安全保障体系构建——兼论隐私政策的规制原理及其本土化议题》，载《中国特色社会主义研究》2021 年第 6 期。

［10］黄闪闪、王欣悦：《智慧治理中数据隐私的安全困局与防治对策》，载《领导科学》2023 年第 5 期。

［11］纪海龙：《数据的私法定位与保护》，载《法学研究》2018 年第 6 期。

［12］解正山：《数据泄露损害问题研究》，载《清华法学》2020 年第 4 期。

［13］林洹民：《个人数据交易的双重法律构造》，载《法学研究》2022 年第 5 期。

［14］刘家安：《物权法论》，中国政法大学出版社 2015 年版。

［15］龙松熊：《论侵害个人信息权益的损害赔偿》，载《中国海商法研究》2023 年第 4 期。

［16］马更新：《数据交易中个人信息保护制度之完善——以"知情—同意"规则为核心》，载《河北学刊》2024 年第 2 期。

［17］马特：《隐私权研究》，中国人民大学出版社 2014 年版。

［18］瑞柏律师事务所：《欧盟〈一般数据保护条例〉GDPR（汉英对照）》，法律出版社 2018 年版。

［19］宋方青、邱子键：《数据要素市场治理法治化：主体、权属与路径》，载《上海经济研究》2022 年第 4 期。

［20］苏君华、杜念：《国外公共数据资源开放共享中的隐私风险控制研究综述》，载《现代情报》2024 年第 3 期。

［21］孙笑侠：《数字权力如何塑造法治？——关于数字法治的逻辑与使命》，载《法制与社会发展》2024 年第 2 期。

［22］汪厚冬：《数据个人与数据业者共有数据权的理论逻辑》，载《私法》2023 年第 3 辑。

［23］王利明：《论个人信息权在人格权法中的地位》，载《苏州大学学报》2012 年第 6 期。

［24］王全兴：《〈民法典〉背景下劳动法与民法的关系》，载《中国法学》2023 年第 3 期。

［25］王益民：《关于建立中国特色社会主义数据共有制的研究》，载《行政管理改革》2022 年第 5 期。

［26］王泽鉴：《民法物权》，北京大学出版社 2009 年版。

［27］吴韬：《加快数字领域立法推动云南数字经济健康发展》，载《创造》2022 年第 8 期。

［28］谢鸿飞：《个人信息泄露侵权责任构成中的"损害"——兼论风险社会中损害的概念化》，载《国家检察官学院学报》2021 年第 5 期。

［29］徐明月、安小米：《数智治理概念体系构建：要素、特征及关系》，载《中国科技术语》2024 年第 3 期。

［30］闫立东：《以"权利束"视角探究数据权利》，载《东方法学》2019 年第 2 期。

［31］杨艳、王理、廖祖君：《数据要素市场化配置与区域经济发展》，载《社会科学研究》2021 年第 6 期。

［32］姚佳：《个人信息主体的权利体系——基于数字时代个体权利的多维观察》，载《华东政法大学学报》2022 年第 2 期。

［33］俞立根、顾理平：《隐私何以让渡：量化自我与私人数据的日常实践》，载《苏州大学学报（哲学社会科学版）》2024 年第 2 期。

［34］张新宝：《互联网上的侵权问题研究》，中国人民大学出版社 2003 年版。

［35］赵燕菁、宋涛：《平台经济的公共属性与市场边界》，载《社会科学》2023 年第 11 期。

［36］［德］马克斯·韦伯：《社会学的基本概念》，胡景北译，上海人民出版社 2020 年版。

The Current Regulation, Theoretical Introduction and Practical Approaches for Data Privacy Protection

Yaofan Ling　Fang Du

Abstract: The growing demand for data protection and the thriving data economy market both require a more detailed discussion on data privacy protection. Shared data, frequently encountered in practice and involving multiple subjects and interests, makes the discussion on its privacy protection of both practical and theoretical significance. As for "shared data" itself, it transcends traditional property rights objects, possesses diverse attributes, and differs from shared data in certain respects. In terms of the shared power of shared data, it also carries three distinct connotations. Currently, the privacy protection of shared data faces multiple challenges, including conflicts between private and public interests, conflicts of interests among co-owners, and doubts regarding the applicability of existing systems. Therefore, an analysis can be conducted based on typology and scenarios as a theoretical foundation, and corresponding practical solutions can be proposed. On one hand, a typological protection approach can be applied, considering the dual privacy value of shared data, various rights claims, and the interaction of multiple norms. On the other hand, a scenario-based protection approach can be developed, focusing on consent-based authorized use, anonymous data processing, and transaction behavior based on data objects.

Keywords: Shared Data Informed Consent Right Typological Research Scenario Theory Privacy Protection

JEL Classification: K24 O32 O33

从单一链条到平台枢纽：劳动密集型
产业组织模式重塑研究

——基于东莞 D 镇毛纺产业的考察

黄佳鹏*

摘　要：以毛纺产业为代表的中低端制造业面临制度运转、劳动用工与日常管理等生产成本激增困境，其根源在于传统生产组织模式表现为一种单一链条的线性特征，致使生产组织过程中的权力结构、资源配置与要素整合过于刚性化，无法实现降本增效目标，这构成了该产业生产组织模式重塑的内在需求。本文基于实地调研经验，从组织协作理论出发，发现毛纺产业已实现由单一链条的线性生产转向多主体协同的平台枢纽型生产。毛纺产业生产组织模式得以重塑的关键，在于该组织模式基于充分的劳动力市场竞争与深厚的老乡地缘与血缘关系网络，实现了灵活用工、管理责任转移与运营成本转化等提质增效目标。在该生产组织模式下，不同类型生产主体相互协作，重塑了整个产业的生产组织权威结构，既提升了各生产环节的资源配置效率，又高度契合劳动力群体的内生需求，从而优化了产业"成本—利润"结构，进一步激发了劳动密集型产业的市场活力。

关键词：产业组织　多主体协作　灵活用工　枢纽型平台

一、问题的提出

改革开放 40 余年来，中国从一个工业落后国逐渐建立了较为完整的工业生产体系。从发展区域来看，"珠三角"的产业发展是典型代表，利用外来资本与本地丰富的生产资源和廉价劳动力，经早期"三来一补"逐渐发展壮大（向晓梅、吴伟萍，2018）；从产业类型来看，总体上依然以制造业为主体，中低端产业同样获得长足发展。中国生产了全球 80% 以上的中低端制造商品，其中"珠三角"就是中国中低端制造业的主力军（仇叶，2020）。但近年来制造业的外在生存环境越发严苛，不利因素不断凸

---

* 基金项目：本文受江西省高校人文社会科学研究项目"乡村振兴视域下农村党支部组织力建设研究"（SH23201）资助。

感谢匿名审稿人的专业修改意见！

黄佳鹏：南昌大学公共政策与管理学院；地址：江西省南昌市红谷滩区学府大道 999 号，邮编：330031；E-mail：15927348192@163.com。

显，加上"人口红利"的逐渐丧失，中低端制造业市场活力消减，转型需求越发急迫。

党的二十大提出要实现经济高质量发展目标，其关键在于顺利实现我国产业转型升级。问题在于，产业转型是一个长期持续的过程，当下以劳动密集型产业为代表的中低端制造业依然是大量农民工就业的重要依托，在目前产业转型过渡期发挥着稳定器和压舱石的功效。但这一功效正遭受世界经济形势所引致出口收缩等负面影响，中国经济下行压力陡增，劳动力供需错位、企业运营成本上升以及产业结构问题等逐渐凸显，进一步加重了以劳动密集型为主体的中低端制造业运营管理成本（林毅夫，2019）。因此，劳动密集型产业能否顺利适应客观经济社会环境的变化，不仅影响中低端产业转型升级，也关乎我国高质量发展战略实施效果。

基于此，本文重点探讨现阶段劳动密集型产业的生产组织模式，进一步分析其内部的用工结构、管理责任与成本控制，以期顺利渡过产业转型带来的"阵痛"，稳定总体就业形势。具体而言，以东莞 D 镇毛纺产业为典型案例代表，剖析当下普通劳动密集型产业运营及其转型所面临的现实困境，总结化解这一困境过程中平台枢纽组织生产模式的形成路径，以此来回应现在中低端制造业市场活力与稳定就业的重大现实问题。

D 镇位于东莞市核心区，其核心特征表现为经济与社会两个宏观维度。首先，从经济特征来看，2022 年全镇生产总值（GDP）超 300 亿元，其中毛纺产业是当地三大支柱产业之一，其产值在 2008 年以前稳占总产值的 1/2，后面逐年有所下降，2022 年约占总产值的 1/3。其次，从社会维度而言，本镇是外来流动人口聚集地，其中四川广安籍占据流动人口的 1/2，这构成了产业发展的社会基础，尤其是具备基于血缘和地缘而成的老乡关系与初始情感网络，这些均会影响产业运营及其转型路径。从经济社会学的视角出发，本地毛纺产业急需重新激发产业活力，提升市场竞争力，而其中的关键就是深度激活和重组产业实践中的社会组织网络关系。笔者主要采用实地调研和参与式观察的方法收集资料，并通过个案研究法进行论证分析。具体调研时间为 2022 年 11 月 20 日至 12 月 5 日，资料来源于深入访谈和查看当地统计资料，经笔者整理而成。

二、毛纺产业运行困境与传统生产组织模式特征

以毛纺为代表的整个劳动密集型产业面临利润空间压缩的现实困境，这一困境根源于制度成本、用工成本与企业管理成本等诸多成本的上升，如何降本增效成为产业发展的内在需求。这一背后的核心指向则反映了生产组织系列过程急需优化，以改善生产组织模式，从而应对日益上升的生产运营成本，提升产业本身的市场竞争力。

（一）高成本与低收益：传统毛纺产业困境的集中体现

毛纺产业的发展历程印证了我国"珠三角"产业发展的轨迹，发轫于"三来一补"外资助推，较长时期内维系着"外来资本与外来雇工"的产业运作模式。汪建华等（2018）认为"三来一补"运作模式本质上是低端代加工厂，是以劳动要素密集为核心的生产组织方式，近年来却面临制度成本、用工成本与企业管理成本持续上升等困境。

（1）制度成本急剧上升。中低端产业的运行遭遇环保、社保、劳动强度受限等相关用工制度的强制约束，导致产业发展的制度成本急剧上升。生态环境部向媒体通报各地 2018 年 1~9 月环境行政处罚案件与《中华人民共和国环境保护法》（以下简称《环境保护法》）配套办法的执行情况显示，全国实施五类案件总数为 29847 件，比上年同期（28708 件）增长 4.0%。其中，按日连续处罚案件 583 件，比上年同期（822 件）减少 29.1%，罚款金额 9.1264 亿元，比上年同期（9.6058 亿元）减少 5%；查封、扣押案件16019 件，比上年同期（13115 件）增长 22.1%；限产、停产案件 5322 件，与上年同期（6420 件）减少 17.1%；移送行政拘留 5871 起，比上年同期（6278 件）减少 6.5%；移送涉嫌环境污染犯罪案件 2052 件，与上年同期（2073 件）基本持平。[①] 这说明我国的环保法更加完善，环保政策执行更加严格，对高能耗、污染型产业"一刀切"实施，与以毛纺产业为代表的低端代工厂的本质属性形成悖论，这是该类型产业制度性成本上升的一种体现。

制度性成本的另一重要体现是社保费用的缴纳。对于内含附加值偏低的毛纺产业来说，大多这类企业为了降低自身成本而不给员工缴纳社保，且员工构成以农民工为主，流动性大，农民工群体自身也更期望获取现金，而非稳定性更强的社保，甚至不愿意缴纳自己个人应缴纳的部分费用。因此，缴纳社保对企业和员工双方均会增加成本，特别是企业不愿意缴纳社保，或者有意降低缴费基数来降低缴费金额（高文书、高梅，2015）。但是 D 镇 2018年 9 月发文规定所有正常运营的企业原则上都要给员工缴纳社保，并严查征缴基数不真实的企业，逐步实现这一政策全覆盖。

第三类制度成本来自当下雇佣工人劳动强度的受限。从 D 镇毛纺产业的发展路径来看，其壮大的主要优势是充分利用了农民工劳动力的高强度和强韧性，尤其是第一代农民工极为勤奋耐劳，完全以积累货币为导向，愿意加班以获取更多的劳动收入，因而企业得以获得低廉劳动力并降低生产成本。但随之而来的是，D 镇 2018 年 4 月出台一份劳动时间文件，原则上规定所有

---

① 《生态环境部通报 2018 年 1－9 月环境行政处罚案件与〈环境保护法〉配套办法执行情况》，生态环境部，https://www.mee.gov.cn/xxgk2018/xxgk/xxgk15/201810/t20181027_667536.html，2018－10－27。

企业遵从八小时工作制，不允许加班，由相关部门每月例行检查该政策实施情况，违者企业将被现金处罚并责令整改，这也极大增加了毛纺企业的制度成本。

（2）雇佣成本上升。不同于第一代农民工以资源积累为导向，承担着完成家庭再生产的压力。新生代农民工的家庭压力大部分被转移至父辈，他们进城务工最主要的目标是享受现代城市生活，追求看上去体面而又自由的工作（罗竖元，2015）。这种高工作期望与实际工作能力形成反差，导致年轻劳动力的离职率较高，如表 1 所示。

表 1　　　　　　　　2022 年 1 ~ 6 月 S 企业员工离职率及其用工需求

时间	离职率（%）	主导年龄段（岁）	用工缺口（%）
1 月	1.49	18 ~ 25	37.00
2 月	2.17	22 ~ 24	25.00
3 月	1.79	25 ~ 27	15.91
4 月	1.50	29 ~ 31	13.89
5 月	1.49	27 ~ 34	19.83
6 月	1.24	35 ~ 38	34.78
均值	1.61	25 ~ 31	24.40

注：主导年龄段是指，占离职者一半以上的人员所在的年龄范围（含两端），例如，表中的 1 月份有一半的离职者均为 18 ~ 25 岁。

资料来源：笔者根据相关资料整理所得。

表 1 虽是个案，但典型反映出该产业员工整体上较高的离职率，且大多为 30 岁左右的年轻劳动力，致使企业长期处于用工缺口的境地，难以及时寻找合适替代者。尤其是熟练员工临时离职，不仅直接造成企业雇佣成本上升，也扰乱了企业正常用工节奏。此外，从整个产业劳动力供需结构来看，毛纺产业包含一系列工序，其中有些需要更加熟练的工人操作，有些工序则相对简单、替代性强，还有个别工序需要具备一定的技术能力，包括操作机器、简单编程等，但这些工作要求难以得到满足，懂技术的工人嫌这份工作"不体面"、收入不高，最终离职概率大；从事简单操作的工人嫌工作重复枯燥而"没意思"，企业依然难以留住人，导致企业陷入"用工荒"与"招工难"并存的困境。

（3）组织管理成本高。劳动密集型企业的组织管理偏向非正式，私人化的关系运作取代规则运作，若无法有效应对企业内丰富的成员间私人关系，将增加企业组织管理成本。对于新生代农民工而言，他们更加追求彼此交往体验，权利意识更强，因志趣相投或地域相同而结成各种小团体，并以自身的私人小团体为基础开展一系列"地下"活动，甚至在自身利益要求无法得到满足时带头组织或参与罢工（汪建华、孟泉，2013），这些构成了企业管理中的隐患，甚至有可能直接演变为一系列社会后果，增加了企业组织管理成本。

上述三个方面构成了毛纺产业目前的主要困境，一定程度上代表了中低端产业的整体运行现状。产业运行困境的背后反映了生产组织模式的不足，以毛纺为代表的产业运行不仅面临各项制度成本上涨的刚性压力，同样也面临订单来源受制于上游规模型企业、原材料采购渠道单一狭窄、人员流动性大以及固定用工成本高等系列生产组织环节困境。系列困境的根源在于传统生产组织模式是一种单一链条的线性生产过程，组织权威单一且刚性化是其核心体现，极大压缩了生产组织过程的灵活性和弹性空间，因而亟待重塑生产组织模式。

（二）单一链条的线性生产：毛纺产业传统生产组织模式的核心特征

（1）单一链条线性生产组织模式的形成路径。发展之初，毛纺产业被定义为出口导向，大多为外贸型订单，对产品的要求较高，因而形成了"大厂＋加工厂"单一链条生产组织模式①。该模式具体是指由规模型大厂为主导，由大厂承接国外订单并细化订单环节，由大厂主导整个生产过程。在具体运行过程中，大厂往往会将生产过程的部分环节以拆分订单的形式外包给本地有技术资质的加工厂，再由加工厂具体组织工人完成生产过程。早期由于订单稳固，对技术要求较严格，加工厂一般都会雇用固定工人，防止技术和人员流失。因此，得天独厚的本地人成为承接外资环节订单的主体，本地人开办的加工厂大量兴起，外地流动人口主要在大厂里或本地加工厂务工。

大约在 2000 年以后，由于外地农民工大量涌入，且不少农民工已在异地务工多年，积累了丰富的打工经验，特别是那些最早在毛纺行业从业的农民工群体，他们逐渐习得毛纺相关技术，同时在老乡聚集的人力资源优势下，具备出来单干的原生动力和基础条件，不少农民工自己办小作坊。因此，D 镇逐渐形成了"大厂＋加工厂＋小作坊"的生产组织模式，不仅承接外贸订单，也会同时针对国内市场展开内销模式。相对而言，内销对产品本身的质量要求并不高，进入门槛低，但需通宵加班赶货，极为辛苦，因此以外地人小作坊为主，但是大多数订单依然掌握在大厂或有资质的加工厂手里，小作坊仅仅能够私下承接一些小额订单，依然需要依靠上游的大厂或加工厂才能存活下去。从这个意义上而言，传统的"大厂＋加工厂"抑或"大厂＋加工厂＋小作坊"生产组织模式，其生产组织过程可概括为单一链条的

---

① 大厂是指规模型企业，有固定的组织结构，员工数量一般在两百人以上，主要承接国外或境外大订单；加工厂是指拥有一定技术、能够承接大厂订单的企业，老板以本地人为主，偏向私人化运作，员工数量一般在 100 人以下。

线性生产组织特征，内部呈现出的是一种垂直化的资源配置特征，注重对生产过程所需的资源、要素以及过程等进行"统合"，并没有预留足够的弹性空间，导致运行过程刚性化，进而各项成本较高。

（2）从单一到枢纽转型的内在驱动力。受 2008 年金融危机以及世界经济形势影响，导致国际订单减少、各项政策制度严格以及用工成本上升等，劳动密集型产业的生产成本急剧上升，既有的传统单一线性生产组织模式面临成本上升困境，利润空间不断压缩，如何保证有效降低成本且不影响生产成为关键（冯俊华、唐萌，2018）。从这个角度而言，以毛纺为代表的产业发展急需调整生产过程，重新组织各生产环节，以更加灵活的方式开展原材料采购、生产、销售以及用工等，并尝试突破生产组织过程中过于依赖上游规模型企业和各生产环节承受过高相关制度成本等问题，这些问题将导致产业运行出现权威单一化和过程刚性化等不利影响。因此，重塑生产组织模式是产业发展的必然选择，构成各生产主体调整生产关系的内驱力。

在 D 镇毛纺行业的转型实践中，逐渐形成了以"门市"为统筹的"平台枢纽型"生产组织模式，即以门市为组织枢纽，将大工厂和小作坊等生产主体相勾连，形成"大工厂 + 门市 + 小作坊 + 一线产业工人"的多主体相互协同的平台型生产组织模式。这里的"门市"是指直接连接产业上下游环节并协同各生产主体的中型规模实体店面，这种店面数量较多，置于闹市当中，故称为"门市"。"门市"一般成集群样态分布，对上可以承接各类订单，对下可以灵活高效组织各种类型的生产小作坊，并由此实现与众多一线产业工人的对接。由于"门市"数量多，单个"门市"的规模不大，彼此之间基于充分的市场竞争而存活，因此难以形成单一权威主导的现象，反而会基于自身的生存与发展需要积极发挥其协调上下游生产环节的枢纽功效。因此，由传统单一链条的线性生产组织模式转向多主体协同的平台枢纽型生产组织模式，不仅实现了生产过程中要素与资源的灵活高效配置，达到降本增效目标，更呈现出了一种统分结合且刚柔并济的生产组织特征，这一转型机制和实际功效成为本研究的核心关切。

三、平台枢纽型生产组织模式的形成机制

在平台枢纽型生产组织模式下，一线生产主体在"门市"统筹下逐渐下沉至联合式的小作坊，并在各生产环节分工过程中实现多主体协作，以最大化保证每个环节的利润。该生产模式具有多主体、网络状、协作式与枢纽型等平台型生产组织特征，其中，虽然大工厂数量较少，但却具备国际订单和技术优势，而众多灵活弹性的小作坊能够低成本高效率完成直接生产性的工作，"门市"作为整个生产网络中心的枢纽，能够将产业上下游链条中的要素环节或主体进行统筹组合，提升要素或主体间的协作效率。平台枢纽型作

为一个从复杂生产实践中总结出来的组织模式，虽然从分析的角度而言具有理想类型的意涵，但其生成机制也具有深厚的经济社会学理论基础，展现了组织协作理论的具体应用，并在实践过程中呈现出不断演化路径，符合产业提质增效和产业工人自由的工作追求等现实需求。

（一）组织协作：毛纺生产组织重塑的理论基础

传统的组织协作理论认为协作是个人和组织成功的必然途径，是避免受到外在环境约束从而实现组织目标的重要方式（田凯，2015）。尤其在工业组织生产中要注重各要素之间的合作，包括企业与当地政府、社会团体以及企业内部雇主、股东与员工之间的关系，要让这些不同要素之间处于协作状态，但这种协作是建立在权威结构基础上的，以最大化实现企业组织的生产效率。但这一理论并未对协作的组织类型进行划分，更没有进一步阐述不同类型组织之间的协作对其权威结构的影响，而这些将对整个产业生产效率造成影响。

毛纺产业生产组织重塑的实地经验表明，存在不同类型组织之间的协作过程，大致可分为科层理性较强的正式组织之间的协作，例如规模型大厂和"门市"之间的高度市场理性关联；也有私人关系联结较为丰富的非正式组织，例如诸多的小作坊之间的非正式关系网络，它们大多采用非正规经营，并与农民工之间保持密切的私人关系。因此，在整个毛纺产业生产过程中，可以看到不同组织类型之间并未呈现上下等级严格的权力秩序，而是彼此协作的互补式关系，正如于显洋（2009）所指出的，组织权威结构出现扁平化，在实践中表现为"权力共享"，而非"权力统治"，因而形成了全新的产业组织逻辑与实践路径（见图 1）。

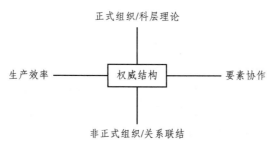

图 1　组织协作理论下的生产组织重塑路径

在"权力共享"逻辑下，产业生产过程本质上体现的是一种分享经济组织模式（崔倩等，2023），即基于生产环节共享而形成的平台型组织系统，该系统是由众多自治组织和自治个体构成的不依赖于雇佣关系和正式权威结构的组织形态。因此，在扁平化的权威结构和互惠式关系网络基础上，整个生产组织过程才能更加灵活，并形成产业集群发展样态（付伟、滕飞，2024），以此促成不同生产要素高效配置，在不增加成本的前提下极大提升了毛纺产业的生产效率。

（二）分工与统筹：生产组织体系重塑的经验图景

以"门市"为统筹、工厂与小作坊共同参与的平台枢纽型生产组织体系，不仅实现了不同生产工序之间的专业分工与组织协作，且将整个生产过程所需要的原材料、订单、具体工序环节以及劳动力等要素进行分流与整合，以更加灵活的组织方式实现整个产业生产体系再造（见图 2）。

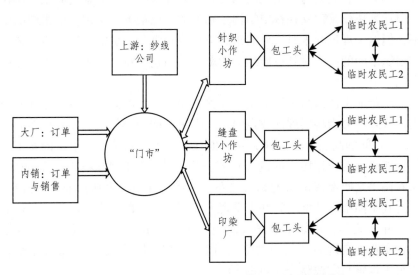

图 2　D 镇毛纺产业平台枢纽型生产组织体系重塑结构

图 2 反映出 D 镇毛纺行业的完整生产组织体系，呈现了从订单到产品成型的整个经验图景，揭示了这一过程的关键组织载体是"门市"，展现了"大工厂 + 门市 + 小作坊 + 一线工人①（大多为农民工）"的多主体协作与资源灵活配置的产业组织实践路径。在"门市"统筹下，其生产组织体系包括以下几个主要步骤：第一步，"门市"先从本镇的纱线公司购买毛纱原材料；第二步，"门市"将毛纱发给针织小作坊织成每个小片，织完后又收回至原"门市"；第三步，"门市"将织好的小片发给缝盘小作坊进行缝盘，将每个小片缝成整件衣服，至此完成了初品。完成后由该"门市"进行收回，进行下一步工作；第四步，将初品发给染厂进行染色，完成后再收回至原"门

---

① 这里所指的一线工人也可称之为农民工，这和当下制造业以农民工为劳动力主体的现状相契合。特别说明的是，图 2 中的临时农民工 1 和临时农民工 2 并非代表只有两个农民工，也并非指每个农民工都一样，而是指数量众多，只是因为无法一一列举，所以用"2"代表数量多的意思。

市"。经过这四步之后，整个毛纺产业的前序工序已完成，行业称之为"前枕"① 工序，最终形成的是一件按照客户需求或自主设计好款式的初成品。这一过程的完成体现了"门市"作为统筹性生产组织的功效，通过一收一发的"收—发"循环过程完成了与其他小作坊的合作，实现了各个环节的统筹。

通过不断地"收—发"过程，"门市"完成了初品的制造，接下来则由"门市"自己完成"查衫"（检查是否有次品）、熨烫、贴商标及包装等后续工作，这一块统称为"后枕"，主要由"门市"老板自己家人和雇佣临时农民工完成，其用工形式与各小作坊一样，都是"人随事动"的灵活用工模式。上述就是单个"门市"发挥功效的具体经验路径，而毛纺整个生产体系的重塑就是由众多"门市"共同构筑，由此推动整个产业生产组织体系的再造。

（三）充分竞争与老乡关系：灵活用工的实践基础

之所以能够重塑生产组织体系，最终形成以"门市"为统筹、多环节外包的网络状、协作式平台枢纽生产组织体系，且能够不用固定工人，实现灵活用工的目标，关键在于充分的市场竞争环境与深厚的老乡关系网络基础。

（1）充分的市场竞争。不论是处于毛纺行业上游的纱线公司，还是"门市"本身，或是承接各个环节的针织、缝盘等小作坊，均呈现为数量多、彼此充分竞争的现状。以 D 镇 X 村为例，仅纱线公司就有 2000 多家，"门市"和各环节小作坊加起来 1 万多家，还包括少量的规模型工厂，由此形成了一个完整的毛纺产业体系，同时也意味着高度竞争的市场现状。这种充分竞争引致两个方面效果：首先，企业时刻有降低成本、吸引顾客的压力，从而倒逼提升产品质量；其次，不同工序企业组织之间协作的选择性更多，是一种交叉选择方式，避免了依赖某一单个协作组织而陷入权威过于集中的困境。以"门市"的收发过程为例，既可以将缝盘环节交给缝盘作坊 A，也可以交给同样有能力承接的作坊 B；换个角度而言，对于作坊 A 而言，既可以承接"门市" A 的缝盘工作，也可以承接"门市" B 的缝盘工作。因此，"门市"与小作坊之间彼此是双向选择的，这种双向选择关系同样也适用于其他任何两个生产主体或生产环节。其中，是否有信任基础以及产品质量如何是影响双方主体协作是否继续的关键因素，在这种交叉的选择过程中，可实现利益最大化和成本最小化，并最终有利于产品质量的提升。

（2）深厚的老乡关系。不用固定工人的灵活用工模式之所以奏效，其中关键因素是 D 镇聚集了大量的农民工群体，而且是以同一地域为特征的聚集

---

① "前枕"是毛纺产业工序的一种统称，包含诸多具体的工序，因在整个工序的顺序中处于前端，故而称为"前枕"；顾名思义，"后枕"则是与"前枕"相对应的一种称谓。

居住。以四川广安人为例，在 D 镇就有数十万人，且主要从事毛纺行业。由此形成的结果是，一旦货多需要人手时，通过微信群或者老乡关系就可以临时叫来一大批农民工，一般由包工头对接具体的农民工和小作坊主。不论是小作坊主、包工头还是临时农民工，他们都是外地人，以老乡关系为基础，彼此是一个相对熟知的关系网络，从而形成了一个灵活但高效的人员整合队伍，以此为依托低成本承接"门市"外包的生产环节，从而降低了整个毛纺产品的生产成本。

值得注意的是，包工头与临时农民工之间并不是层次明显的结构化关系，换言之，只要能够与小作坊主取得业务联系，能够从小作坊主那里接活，那么谁都可以成为包工头，两者之间并没有形成确定的界限，可相互转化，因而内部是一个扁平化的结构，信息共享是其最大的特点。在这种信息共享的关系下，农民工之间充分交流、充分共享工作信息，哪里缺人干活就去哪里。某一农民工可在多家作坊务工，是一种充分的、交叉且灵活性很大的就业方式，因而无须固定在某一家小作坊，而且也不可能有哪一家小作坊能够保证常年有活干。因此，这种基于紧密关系网络下的信息共享成为不用固定工人模式的关系基础，对雇主和员工是双赢的举措。

四、效率与效益兼具：平台枢纽型生产组织模式的实践功效

这种以"门市"为统筹、各生产主体合作的"网络状、协作式"组织网络本质上是一种平台枢纽型的生产模式，改变了原有生产组织模式中的单链条与直线式要素整合模式，实现了由单一链条的线性生产向多主体协同的平台枢纽型生产转变，不仅能够最大限度降低各环节生产成本，且符合以农民工为主体的一线产业工人的内在需求，因而兼具产业效率和社会效益。实质上，这种生产组织模式的最大特点是灵活高效、有统有分，是一种"人随事动"的方式，无须雇佣固定工人，来了货再与包工头联系，由包工头带领一批临时农民工过来干活，按计件算工资，做完就走，因而可称为一种"不养工人"的生产组织模式。在这种生产组织模式下，各生产要素得以迅速且灵活整合，有助于降低生产成本，同时这种用工模式也有助于激发产业工人的积极性，契合他们的内生需求。

（一）优化产业"成本—利润"结构

通过再造生产组织体系，毛纺产业得以进一步优化"成本—利润"结构，并通过灵活用工和各生产环节的有效协作，降低了企业运转的制度性成本、用工成本以及组织管理成本，从整体上最大化压缩了企业运转成本，有效拓展了产业持续发展的利润空间。

（1）压缩企业制度性运转成本。以"门市"统筹、各小作坊协作的生

产方式本质上是一种非正规的生产组织形式，尤其对于实际承接诸多具体生产环节的小作坊而言，它们受到环保政策的约束较小，制度运转成本相对那些正规、规模型企业要小得多。此外，小作坊与当地基层政府、村民之间已形成互惠共赢的利益结构，因为小作坊的大量存在给当地经济发展作出较大贡献，且小作坊开展生产所需场地大多租用当地村民房屋，因而给当地村民贡献了大量的租赁收入。从这个意义上而言，当地基层治理主体不会为了配合上级政府的环保政策而轻易关停所辖区域内的小作坊，政策执行力度存在差异。即使政策执行力度加大，实际上也无法消除小作坊这一生产组织形式，这与该组织形式的低进入门槛密切相关，关停了一家后马上又会有新的一家出现。

　　同时，从整个生产组织体系来看，除了规模型大厂和少数组织结构较为严格的"门市"，大部分"门市"以及几乎所有的小作坊均呈现出非正规性的运营方式，这种非正式性在以下两个层面有助于降低企业用工成本：其一，不用按政策规定强制给农民工买社保；其二，工作方式更加灵活自由，较少受到企业严格等级规则的管束，更契合新生代农民工的工作期望，因而员工流失率较低，降低了企业用工成本。

　　（2）提升单位时间内劳动力的生产效率。不用固定工人的"灵活用工"模式，解决了劳动力不充分利用的问题，提高了劳动力的单位时间生产效率（肖巍，2019）。随着中国人口红利的逐渐消失，并受到世界经济形势的影响，国际订单逐渐向东南亚转移，致使大厂的用工成本增大，大量固定工人因为订单的减少而处于"半闲置"的未充分利用状态。因此，将某些生产环节外包给"门市"是必然趋势，符合其降低成本的原动力，既可以省却大工厂的固定用工成本，同时"门市"可以利用与各小作坊的非正式用工关系，在不用固定工人的模式下完成订单的生产。更为重要的是，经由充分赋权"门市"这一枢纽型组织主体，改变了传统生产组织当中以规模型大厂为权威主体的垂直线性结构，避免了垂直权威结构下各生产环节与用工过程过于刚性的弊端，通过环节外包、弹性用工与计件算薪酬等方式降低生产固定成本。

　　与此同时，由于受到制度约束较少，在新的生产组织形式下，企业可变通应对劳动法的相关要求，遵从产品生产的需求以及农民工自身意愿，非常灵活且低成本与产品对接。若产品订单较多，临时农民工在小作坊内可彻夜加班以在预定时间内完成产品的生产；若一段时间内产品订单较少，农民工也可以寻求其他的临时性工作，既不影响农民工的收入，也没有增加企业生产成本。换言之，农民工在单位时间内的劳动力得以最大化利用，有助于降低整个产业生产环节的成本。

　　（二）契合农民工群体的内在需求

　　农民工在城市社会的主要目标是货币积累，借此顺利完成家庭再生产。

　　但是，他们同时也追求自由，尤其对于新生代农民工而言，"自由地挣钱"是该群体最理想的工作方式，也符合他们在外务工的两大原动力：有能力就出来单干，或者追求不受管束的自由职业。

　　以"门市"为统筹、各小作坊协作的平台枢纽型生产组织模式契合农民工的上述两大原动力，符合他们追求"自由工作"的预期目标。具体而言，对于前期在工厂或本地人开办的加工厂务工的部分农民工而言，他们当中有些人头脑灵活、学习技术的能力强，因此会出来单干，即自己开"门市"或者小作坊，这是其技术基础。此外，"门市"或者小作坊的投入并不大，以"门市"为例，主要投入包括锅炉、熨斗等，总共不到 1 万元，劳动力以自家人为主；订单可以通过自己积攒的人脉和产品本身的时尚吸引客商而获得。因此，该组织生产模式的进入门槛并不高，只需具备一定的基础条件，而且生产方式非常自由。

　　普通农民工虽然不像中层精英一样具有一定的技术、资金和人脉基础，但是也非常符合他们参与小作坊劳动的内在需求。在不与某个生产组织发生固定雇佣关系的基础上，农民工以一种临时性的身份参与毛纺产业市场，既可以自由地选择所要从事的小作坊，也可以在忙时穿梭于不同小作坊之间交叉工作，旺季时每月可获一两万元收入，既自由，又挣钱。当然，这种高工资是以辛苦熬夜加班获取的，但却是农民工自主选择的工作方式，"宁愿忙的时候多干点，累了就休息两天"，这是农民工群体的普遍话语。因此，这种生产组织体系增加了农民工的可选择性，符合他们务工追求的"两大原动力"。

　　枢纽型生产组织体系的重塑不仅是生产工序的重组，也极大提升了各生产要素的组合效率，最大化降低了企业各项运营成本，进一步提升了劳动力的生产效率；与此同时，通过新型的组织协作方式，企业与员工之间、不同企业之间以及员工群体内部之间均是非固定性关联，这种弹性关联与扁平化的权威结构将企业原有的组织责任和管理成本进行分流，逐级下沉至各具体生产主体以及一线员工自身。与此同时，这一生产组织模式也极为契合广大一线农民工的内生需求，具有较高的社会效益。因此，兼具产业效率与社会效益的平台枢纽型生产组织模式，实现了整个产业"成本—利润"结构优化，进而助推产业转型升级实践。

五、结论与讨论

　　本文通过对毛纺产业生产组织模式的历时性考察，从经济社会学的研究视角探讨该产业生产组织模式重塑的实践过程，以期助力劳动密集型产业转型升级战略。以毛纺产业为典型代表，其传统生产组织模式实质上呈现为单一链条的线性生产组织特征，表现为"大厂＋加工厂"或"内销＋小作坊"

等具体形式，内部呈现出的是一种垂直化的资源配置特征，注重对生产过程所需的资源、要素以及过程等进行"统合"，并没有预留足够的弹性空间，导致运行过程刚性化，进而各项成本较高。而由"门市"统筹、"大工厂＋门市＋小作坊"等多主体相互协同组成的平台枢纽型生产组织模式，注重各相关主体在生产过程中的协作与整合，在资源、要素和运行过程中表现为统分结合、刚柔并济，既有较为统领性的生产主体，也注重预留灵活空间。因此，由单一链条的线性生产组织模式转至多主体协同的平台枢纽型生产组织模式，不仅实现了生产过程中要素与资源的灵活高效配置，达到降本增效目标，更呈现出了一种统分结合且刚柔并济的生产组织特征。

通过生产组织的重塑，逐渐形成了兼具灵活性、生产性与高效性的组织形式，更加适应目前宏观经济结构环境下的产业生产环境，契合整个产业转型的需求。在"门市"这一枢纽型生产组织的统筹下，一方面对接由大工厂析出的部分订单，另一方面又能对接各类工序的小作坊，通过与小作坊建立非正式合作关系，在"不养工人"的模式下，省却了大量的制度性、管理性及用工本身的成本，既最大化降低了产业生产环节中的各项制度成本，又符合一线产业工人"自由与挣钱"的双重工作追求。因此，这种生产组织模式兼具产业效率与社会效益。从产业转型升级的角度而言，不同于学界主流提倡的规模化与技术化的产业升级路径，毛纺产业的发展变迁表明，一方面，很难走规模化与技术化的路径，这由劳动密集型产业本身的特点所决定（钟耕深，2016）；另一方面，整个产业面临利润下降而必须降低生产成本的现实需求，而且随着国家相关生产政策的严格收紧，导致规模化、正式化的传统生产组织形式难以大量为继，面临新一轮的生产组织转型（姚智谋，2011）。

基于此，本文通过经验研究发现，通过重塑生产组织模式，建立更加灵活高效且具备组织韧性的生产模式才能契合产业发展实际，进而最大化降低成本和提升生产效率，这是整个劳动密集型产业的共同特征。生产模式重塑有助于维系中国制造业的竞争力，为整个产业转型升级赢得资源纵深和时间缓冲。换言之，只有转向适应新市场环境的生产组织方式，才能进一步维系我国制造业强国的国际经济地位，并在此基础上逐渐向新技术产业转型升级，走出"中等收入国家陷阱"（贺雪峰，2014）。由世界制造向世界创造是一个渐进的过程，中低端产业的淘汰升级是必然趋势，且机器对人的替代也可能会逐步凸显，但是灵活高效且兼具组织韧性的生产模式将在未来一段时期长期存在，尤其存在于中低端劳动密集型产业的转型实践之中。

参 考 文 献

［1］崔倩、李春利、高良谋：《元组织视角下分享经济组织的模式与治理研究》，载《产

业经济评论》2023 年第 2 辑。

[2] 冯俊华、唐萌：《改革开放以来我国传统制造业的持续转型升级》，载《企业经济》2018 年第 8 期。

[3] 付伟、滕飞：《数字柔性产业链：传统产业数字化转型的探索与实践》，载《浙江学刊》2024 年第 2 期。

[4] 高文书、高梅：《城镇灵活就业农民工社会保险问题研究》，载《华中师范大学学报（人文社会科学版）》2015 年第 3 期。

[5] 贺雪峰：《城市化的中国道路》，东方出版社 2014 年版。

[6] 林毅夫：《中国的新时代与中美贸易争端》，载《武汉大学学报（哲学社会科学版）》2019 年第 2 期。

[7] 罗竖元：《新生代农民工的择业行为与就业质量》，载《华南农业大学学报（社会科学版）》2015 年第 1 期。

[8] 仇叶：《乡村工业化模式与农村土地制度变迁——一次对沿海地区集体经营性建设用地制度的研究》，载《中国农村经济》2020 年第 4 期。

[9] 田凯：《关于组织理论新制度主义发展路径的反思》，载《学术研究》2015 年第 9 期。

[10] 汪建华、范璐璐、张书琬：《工业化模式与农民工问题的区域差异——基于珠三角与长三角地区的比较研究》，载《社会学研究》2018 年第 4 期。

[11] 汪建华、孟泉：《新生代农民工的集体抗争模式——从生产政治到生活政治》，载《开放时代》2013 年第 1 期。

[12] 向晓梅、吴伟萍：《改革开放 40 年持续性产业升级的动力机制与路径——广东迈向高质量发展之路》，载《南方经济》2018 年第 7 期。

[13] 肖巍：《灵活就业、新型劳动关系与提高可雇佣能力》，载《复旦学报（社会科学版）》2019 年第 5 期。

[14] 姚智谋、朱乾龙：《企业网络分工与我国产业组织结构转型》，载《江海学刊》2011 年第 4 期。

[15] 于显洋：《组织社会学（第二版）》，中国人民大学出版社 2009 年版。

[16] 钟耕深：《战略转型与制造业升级——第九届中国战略管理学者论坛综述》，载《经济管理》2016 年第 12 期。

From Single Chain to Platform Hub: Research on the Reshaping of Labor – Intensive Industrial Organization Mode

—Based on the Investigation of the Woolen Textile Industry in Town D, Dongguan

Jiapeng Huang

Abstract: The mid-to-low-end manufacturing industry, represented by the wool textile industry, is facing the dilemma of a sharp increase in production costs such as institutional operation, labor employment, and daily management. The root cause lies in the traditional production organization model, which is characterized by a single linear chain, resulting in overly rigid power structure, resource allocation, and factor integration in the production organization process, which cannot achieve the goal of cost reduction and efficiency improvement. This constitutes the inherent demand for reshaping the production organization model of this industry. Based on field research experience and starting from organizational collaboration theory, the article finds that the wool textile industry has shifted from linear production with a single chain to platform hub production with multi-entity collaboration. The key to reshaping of the production organization mode in the wool textile industry lies in the fact that this organizational mode is based on a fully competitive labor market and a deep network of geographical and blood relations among fellow villagers, achieving the goals of improving quality and efficiency such as flexible employment, transfer of management responsibilities, and conversion of operating costs. Under this production organization model, different types of production entities collaborate with each other, reshaping the authoritative structure of the entire industry's production organization. This not only enhances the efficiency of resource allocation in each production link, but also closely aligns with the endogenous needs of the labor force group, optimizing the industry's "cost-profit" structure and further stimulating the market vitality of labor-intensive industries.

Keywords: Industrial Organization Multi-agent Collaboration Flexible Employment Hub Platform

《产业经济评论》 投稿体例

  《产业经济评论》是由山东大学经济学院、山东大学产业经济研究所主办,由经济科学出版社出版的开放性产业经济专业学术文集。它以推进中国产业经济科学领域的学术研究、进一步推动中国产业经济理论的发展,加强产业经济领域中海内外学者之间的学术交流与合作为宗旨。《产业经济评论》为中文社会科学引文索引(CSSCI)来源集刊、中国人文社会科学(AMI)核心学术集刊、国家哲学社会科学学术期刊数据库收录集刊、国家哲学社会科学文献中心收录集刊。

  《产业经济评论》是一个中国经济理论与实践研究者的理论、思想交流平台,倡导规范、严谨的研究方法,鼓励理论和经验研究相结合的研究路线。《产业经济评论》欢迎原创性的理论、经验和评论性研究论文,特别欢迎有关中国产业经济问题的基础理论研究和比较研究论文。

  《产业经济评论》设"综述"、"论文"和"书评"三个栏目。其中:"综述"发表关于产业经济领域最新学术动态的综述性文章,目的是帮助国内学者及时掌握国际前沿研究动态;"论文"发表原创性的产业经济理论、经验实证研究文章;"书评"发表有关产业经济理论新书、新作的介绍和评论。

  《产业经济评论》真诚欢迎大家投稿,以下是有关投稿体例说明。

  1. 稿件发送电子邮件至:rie@ sdu. edu. cn。

  2. 文章首页应包括:

  (1)中文文章标题;(2)200 字左右的中文摘要;(3)3~5 个关键词;(4)作者姓名、署名单位、详细通信地址、邮编、联系电话和 E-mail 地址。

  3. 文章的正文标题、表格、图形、公式须分别连续编号,脚注每页单独编号。大标题居中,编号用一、二、三;小标题左齐,编号用(一)、(二)、(三);其他用阿拉伯数字。

  4. 正文中文献引用格式:

  单人作者:

  "Stigler(1951)……""……(Stigler,1951)""杨小凯(2003)……""……(杨小凯,2003)"。

  双人作者:

  "Baumol and Willig(1981)……""……(Baumol and Willig,1981)"

"武力、温锐（2006）……""……（武力、温锐，2006）"。

三人以上作者：

"Baumol et al.（1977）……""…… （Baumol et al.，1977）"。

"于立等（2002）……""……（于立等，2002）"。

文献引用不需要另加脚注，所引文献列在文末参考文献中即可。请确认包括脚注在内的每一个引用均有对应的参考文献。

5. 文章末页应包括：参考文献目录，按作者姓名的汉语拼音或英文字母顺序排列，中文在前，Word 自动编号；英文文章标题；与中文摘要和关键词对应的英文摘要和英文关键词；2 ~ 4 个 JEL（*Journal of Economic Literature*）分类号。

参考文献均为实引，格式如下，请注意英文书名和期刊名为斜体，中文文献中使用全角标点符号，英文文献中使用半角标点符号：

［1］武力、温锐：《1949 年以来中国工业化的"轻重"之辨》，载《经济研究》2006 年第 9 期。

［2］杨小凯：《经济学——新兴古典与新古典框架》，社会科学文献出版社 2003 年版。

［3］于立、于左、陈艳利：《企业集团的性质、边界与规制难题》，载《产业经济评论》2002 年第 2 期。

［4］Baumol, W. J. and Willig, R. D., 1981: Fixed Costs, Sunk Costs, Entry Barriers, and Sustainability of Monopoly, *The Quarterly Journal of Economics*, Vol. 96, No. 3.

［5］Baumol, W. J., Bailey, E. E., and Willig, R. D., 1977: Weak Invisible Hand Theorems on the Sustainability of Multiproduct Natural Monopoly, *The American Economic Review*, Vol. 67, No. 3.

［6］Stigler, G. J., 1951: The Division of Labor is Limited by the Extent of the Market, *Journal of Political Economy*, Vol. 59, No. 3.

［7］Williamson, O. E., 1975: *Markets and Hierarchies*, New York: Free Press.

6. 稿件不作严格的字数限制，《综述》《论文》栏目的文章宜在 8000 字以上，欢迎长稿。

7. 投稿以中文为主，海外学者可用英文投稿，但须是未发表的稿件。稿件如果录用，由本刊负责翻译成中文，由作者审查定稿。文章在本刊发表后，作者可以继续在中国以外以英文发表。

8. 在收到您的稿件时，即认定您的稿件已专投《产业经济评论》并授权刊出。《产业经济评论》已被《中国学术期刊网络出版总库》及 CNKI 系列数据库收录，如果作者不同意文章被收录，请在投稿时说明。

《产业经济评论》的成长与提高离不开各位同仁的鼎力支持，我们诚挚地邀请海内外经济学界的同仁踊跃投稿，并感谢您惠赐佳作。我们的愿望是：经过各位同仁的共同努力，中国产业经济研究能够结出更丰硕的果实！

让我们共同迎接产业经济理论繁荣发展的世纪！